Harry DENT

LE GRAND BOOM
DE 1994

Préface de Jean Boissonnat

Traduction : Françoise Fauchet
Adaptation française : Philippe Dutertre

Editions générales F1RST

Achevé d'imprimer sur les presses de
BRODARD & TAUPIN
en septembre 1993 pour le compte
des Éditions générales F l R S T
N° d'édition : 244
N° d'impression : 12351-5

ISBN : 2-87691-215-5

SOMMAIRE

PREMIERE PARTIE

REINVENTER L'ECONOMIE, *LE FACTEUR HUMAIN !*

DEUXIEME PARTIE

COMMENT PROFITER DU BOOM DE CROISSANCE A PARTIR DE 1994

PREFACE

Le plus grand boom de l'histoire de l'économie mondiale est pour demain. Très exactement pour la fin de 1994. L'auteur d'une telle prophétie, Harry Dent, a rencontré une immense audience outre-Atlantique. Sera-t-il aussi bien accueilli en Europe? Ce n'est pas sûr. Les Européens se complaisent dans la morosité. Il viennent pourtant de traverser une période sans précédent dans leur histoire : fin des guerres européennes (c'est la première fois, depuis mille ans, que quarante années se sont écoulées sans qu'un seul conflit ait éclaté entre deux ou plusieurs des douze pays membres de la Communauté européenne); écroulement du communisme; élévation sans précédent du niveau de vie; grande stabilité politique (les dernières dictatures politiques en Europe méditerranéenne ont disparu dans les années soixante-dix). Malgré cela, les Européens broient du noir. Il est vrai qu'il y a le chômage : dix pour cent de la population européenne cherchent du travail sans en trouver. Mais ce chômage est pour une part — pas seulement — le produit de l'enrichissement. L'Europe est assez riche pour indemniser ses chômeurs. Beaucoup d'Européens répugnent à faire des travaux pour lesquels on a fait venir des travailleurs africains et asiatiques. Il est vraisemblable que la notion de plein emploi n'a plus le même sens aujourd'hui qu'à la fin de la guerre, quand tout le monde était prêt à faire n'importe quoi pour satisfaire les besoins de base de sa famille et quand beaucoup de femmes excluaient de faire autre chose que les travaux domestiques. Dans bien des pays — à commencer par la France — un chômeur indemnisé dans les années 90 gagne davantage qu'un ouvrier au travail dans les années 30.

Mais peu importe ces données objectives. Le chômage est vécu comme un mal — même si certains s'en accommodent. Il génère des populations qui se sentent exclues des normes de la société moderne et qui cherchent des compensations dans la drogue ou la délinquance. Aucune société ne peut prendre son parti d'une telle exclusion. L'Europe peut vivre avec cinq pour cent de chômeurs périodiquement renouvelés (c'est le nouveau « plein emploi »). Elle ne survivra pas longtemps sans de violentes secousses avec plus de dix pour cent de chômeurs dont beaucoup le sont depuis plus d'un an.

Car les Européens — et singulièrement les Français — vivent le chômage comme une fatalité irréversible. Pour eux, la grande période de croissance économique qui a suivi la guerre est finie. Et, de toute manière, la croissance reviendrait-elle qu'elle ne créerait plus d'emplois. Harry Dent cherche précisément à démontrer dans son livre que la croissance reviendra et que l'emploi repartira. Il prend même le risque d'en dater le retour — dès le deuxième semestre de 1994 aux Etats-Unis, un peu plus tard en Europe — et la durée — pour vingt ans. Risque probablement excessif car toute erreur de date menace de faire perdre leur crédibilité aux raisonnements sous-jacents, lesquels méritent de retenir l'attention et de nourrir un débat fécond.

Tout est dit quand l'auteur écrit : « Ce livre ne parle pas d'autre chose que des gens — et du fait que le comportement humain est le moteur de notre économie ». Pratiquement, Harry Dent construit son raisonnement sur la combinaison de deux courbes fondamentales : la courbe démographique et la courbe technologique. La demande et l'offre, entre lesquelles il n'y a d'ailleurs pas de cloisons étanches. Au contraire.

L'auteur part d'un constat : tous les pays industrialisés ont connu un « baby boom » au lendemain de la guerre; plus fort aux Etats-Unis qu'en Europe; plus long en Europe qu'au Japon. Or ces générations du baby-boom approchent de l'âge où la consommation atteint son maximum, entre quarante et cinquante ans. Contrairement à tout ce qu'on proclame ici ou là, la consommation n'est donc pas sur le point de s'effondrer, par on ne sait quel effet de saturation ou de désenchantement. Elle va exploser entre la deuxième moitié de la décennie 90 et la première décennie du siècle prochain, quand la plus grande partie des enfants du baby-boom aura entre 40 et 50 ans.

Naturellement, ce sera une consommation façonnée par les mentalités de ces générations. Ici l'auteur distingue les générations « conformistes » attirées par des produits standardisés, et les générations « individualistes » (celles du baby-boom), séduites par des produits plus personnalisés.

Parallèlement la technologie — l'offre — évolue et propose non seulement de nouveaux produits et de nouveaux services, mais aussi de nouveaux processus pour produire et vendre biens et services, anciens et nouveaux. Schématiquement, la société industrielle est en train de passer d'une civilisation de l'automobile, caractéristique du XXe siècle, à une civilisation de la micro-informatique qui façonnera le XXIe siècle. Mesurons le chemin qui reste à parcourir à la France en ce domaine : le nombre d'ordinateurs personnels pour 100 habitants est de 18 aux Etats-Unis, d'une dizaine en Grande-Bretagne et en Allemagne, de 4 au Japon et de 2 en France.

Ce livre bouscule les idées à la mode selon lesquelles la productivité et la liberté des échanges seraient à l'origine du chômage. C'est exactement le contraire qui est vrai. La productivité est la seule façon d'élever durablement le niveau de vie des populations puiqu'elle permet de créer plus de richesses avec chaque unité de travail. Elle seule autorise de vivre mieux en travaillant moins. Par rapport à sa situation d'il y a un siècle, chaque Français vit cinq fois mieux et travaille moitié moins. La diminution de la durée du travail ne va d'ailleurs pas s'arrêter ; Keynes avait prédit à ses arrière-petits-enfants qu'ils ne travailleraient plus que trente heures par semaine. Quant à la liberté des échanges, elle favorise la meilleure localisation des activités entre des régions qui se situent à des stades différents du développement. Si l'on veut que le Tiers Monde se développe, il faut accepter que des industries très standardisées se déplacent vers lui, ce qui rendra solvables leurs populations pour acquérir dans les pays plus avancés des produits et des services nés dans des industries plus personnalisées. Naturellement, il en est de la liberté des échanges comme de toute autre liberté, elle exige un minimum de règles, d'institutions, de contrôles et de sanctions. Une ville sans feux tricolores pour régler la circulation n'est pas une ville où l'on circule mieux, c'est une ville engluée dans un immense embouteillage, c'est-à-dire où l'on ne circule plus. Il n'y a de liberté que régulée.

Sans se laisser impressionner par les tendances actuelles au retour des nationalismes économiques, Harry Dent n'hésite pas à écrire : « La vraie tendance à long terme est la disparition progressive de l'Etat-nation en tant qu'unité économique et la montée des grandes multinationales en tant qu'entités économiques, voire politiques, de l'économie mondiale ». Ce qui n'exclut ni secousses, ni retour en arrière. Nous avons toujours trop tendance à surestimer le présent pour prévoir l'avenir. Le monde n'évolue pas en lignes droites mais en superposant des cycles qui ne sont jamais, chacun, l'exacte répétition du précédent.

Un autre économiste américain, Peter Drucker, annonçait déjà, au début de la décennie 80, la formation d'un nouveau système économique dans lequel s'articuleraient trois centres de pouvoir, « la micro-économie de l'individu et de l'entreprise, l'économie intermédiaire de l'Etat et la macro-économie

*de l'économie mondiale » (Vers une nouvelle économie, Inter-
Editions). Nous vivons, aujourd'hui, dans une sorte de
colonne de distillation à l'intérieur de laquelle ces trois formes
de la vie économique s'étagent, peu à peu, les unes par rapport aux autres.*

*Mais à supposer que l'opération n'échoue pas dans quelque
explosion, par surchauffe ou défaillance des installations, elle
ne garantira jamais un état stable et apaisé. Car la civilisation
industrielle est révolutionnaire par nature, c'est-à-dire qu'elle
bouleverse en permanence les équilibres établis. Si, un jour,
elle sombre dans une implosion planétaire, c'est que l'espèce
humaine n'aura pas pu supporter indéfiniment le mouvement,
le changement, la remise en cause. L'économie moderne aura
exténué l'espèce ou épuisé la nature.*

*Nous avons déjà observé, en moins de deux siècles, les
changements de rapports de forces dans le monde. L'Angle-
terre a été rejointe par l'Allemagne, puis doublée par les
Etats-Unis avant que ceux-ci ne soient rejoints par le Japon,
lequel voit grandir la Chine à sa porte. Harry Dent croit à un
retour en force des Etats-Unis alors que le Japon subirait
bientôt un formidable krach financier dont il ne se remettrait
que lentement. En Europe, aussi, les équilibres seraient boule-
versés : l'Allemagne traverserait une phase difficile du fait de
l'intégration des provinces orientales, laquelle ne peut
qu'affaiblir — dans un premier temps — la productivité globale de l'économie allemande.*

*L'Europe, confrontée à tous ces changements à l'Est, mar-
querait le pas dans sa marche vers l'unité. Puis elle repartirait
de l'avant, stimulée par la renaissance américaine. Dans cette
optique, la monnaie unique serait plutôt pour le début du
siècle prochain que pour la fin de celui-ci. Encore faudra-t-il
lui donner une assise politique qui lui manque passablement
aujourd'hui. L'auteur n'est pas assez familier des problèmes
européens pour en avoir discerné toutes les complexités.*

En revanche, il est bien armé pour analyser l'évolution des besoins des consommateurs, des cycles de vie des produits et des modes d'organisation des entreprises. A ce sujet, on se demande pourquoi la gauche française répugne tant, aujourd'hui, à parler d'autogestion. Le mot ne fait pas peur à notre auteur. La structure verticale et hiérarchique des entreprises lui paraît condamnée par les mentalités (les enfants du baby-boom sont trop individualistes pour la supporter encore longtemps) et par les techniques (le micro-ordinateur portable permettra de travailler pour l'entreprise sans jamais être dans l'entreprise). « La principale caractéristique de l'entreprise du futur pourrait être résumée comme suit : le vendeur ou "consultant clientèle" se déplace au domicile ou au bureau du client avec toutes les capacités de l'entreprise entière incluses dans son bloc-notes électronique. »

Nous avançons inéluctablement vers un univers de firmes où, selon l'heureuse formule de Stan Davis dans 2020 Vision, « Chaque client est un marché. Chaque employé est une entreprise ».

Ne craignez pas d'être dépaysé par ce livre dont vous allez commencer la lecture : il est traduit en français; mais il est pensé en américain. C'est parfois agaçant mais souvent rafraîchissant. Dégustez cette gorgée d'optimisme réaliste. Tant il est vrai que, qui regarde l'avenir, le change.

Jean Boissonnat
Juillet 1993.

AVANT-PROPOS

L'idée d'une relance par la consommation n'est pas neuve. C'est plutôt dans la manière d'en jouer qu'Harry Dent se démarque indubitablement. Après avoir rappelé, pour ceux qui auraient pu l'oublier, que l'activité des ménages est le seul vrai moteur de l'économie, l'auteur en fait une analyse tant humaine qu'historique ou sociologique. Le résultat de cette enquête minutieuse, traduit dans un langage débarrassé du pompeux de la science économique, apparaît comme lumineux, d'une évidence insoupçonnée : la santé du monde est étroitement liée à sa démographie. Chaque boom des naissances est porteur d'espoir pour la génération qui en est issue. Or justement, 1994 et les suivantes vont voir arriver à maturité une génération généreuse, issue du grand boom de l'après seconde guerre mondiale. C'est le signe que la récession actuelle n'est qu'un passage, précurseur d'un redémarrage foudroyant et salutaire.

Comme le remarque justement Jean Boissonnat dans sa préface, ce livre a été traduit en français et pensé en américain. Dans l'adaptation, nous nous sommes attachés à réduire cette dualité autant que possible, par la mise en évidence de règles universelles contenues dans les propos de l'auteur. Notre tâche a été souvent contrariée par l'insuffisance de la documentation économique et financière de notre pays. Les statistiques sont quasiment inexistantes, du moins incomplètes jusqu'au lendemain de la seconde guerre mondiale. En outre, certaines données, livrées par l'auteur à l'appui de son analyse sur la consommation américaine, font cruellement défaut en France, ou se retrouvent noyées dans un flot de relevés accessoires. Ainsi, tant que l'INSEE que le CERC n'ont pas été en mesure de produire une évolution du patrimoine des Français par tranche d'âge.

Au-delà de ces lacunes documentaires, que certains recoupements ont pu heureusement combler, et toujours dans son souci d'approcher l'universalité de la démonstration d'Harry Dent, l'adaptation s'est appliquée à modérer la coloration par trop américaine de l'ouvrage. Pour l'intérêt de la lecture, et à titre documentaire, nous avons conservé cependant des développements illustrant suffisamment le sentiment de l'Amérique vis-à-vis de ses concurrents et amis, comprenez les Japonais et les Européens.

Certains objecteront que l'analyse d'Harry Dent fait bon marché de problèmes particulièrement sensibles au public du Vieux Continent. L'auteur néglige ainsi les désordres monétaires qui sont habituellement la plaie des relations européennes, mais aussi de continent à continent. Mais comme le souligne Harry Dent, l'essentiel est l'humain. Au lecteur d'accepter de bonne grâce ce parti pris.

REINVENTER L'ECONOMIE, LE FACTEUR HUMAIN

Se préparer au plus grand boom de l'histoire

La première partie s'adresse à tous.

Tout le monde doit savoir quelles sont les nouvelles orientations que nous allons prendre au cours du plus grand boom que nous ayons connu depuis que ce terme est utilisé par les économistes. Dans cette première partie, je présente et définis tous les outils qui me permettent de faire mes prévisions. J'explique les raisons pour lesquelles nous allons assister à une formidable hausse du pouvoir d'achat des consommateurs. Je réserve les scénarios d'investissement pour la seconde partie. Néanmoins, je vais déjà vous donner quelques conseils sur la façon de vous protéger des contrecoups de l'effondrement prochain de l'économie japonaise.

Enfin, cette première partie développe la logique qui sous-tend les stratégies exposées dans la seconde partie.

1

La courbe des générations

*De nouveaux outils prédisent
le plus grand boom de l'histoire*

TELEX

Contrairement à ce que prétendent la plupart des théoriciens, l'économie est tout à fait prévisible. De nouveaux outils permettent en effet de prévoir l'éclosion d'une ère de prospérité avec un Dow Jones atteignant près de 8 500 points entre 2006 et 2010 (les taux de l'emprunt hypothécaire tombant à 5 ou 6 % dès 1998), la disparition de l'inflation et le retour des Etats-Unis au premier rang des grandes puissances économiques mondiales.

Préparez-vous !

Préparez-vous à l'avènement d'un boom économique sans précédent. Oubliez la croissance lente et mesurée dont parlent actuellement certains experts. Oubliez la dépression annoncée par les plus pessimistes.

J'ai de bonnes nouvelles pour vous. Nous allons assister à une formidable reprise de l'économie : nous sommes à l'aube d'une nouvelle ère de prospérité dans laquelle nombre d'entre vous se sentiront vraiment riches.

Difficile à croire ? Certes. Nous sommes actuellement en récession. Certains en ont pâti. Il est tout à fait humain de croire que le sentiment d'incertitude actuel va perdurer et que nous allons nous embourber dans une profonde et interminable récession.

Vous l'avez vu. Lorsque l'économie a marqué le coup — comme je vous l'ai prédit pour 1993 et probablement jusqu'en 1994 — les économistes, les politiciens, les grands manitous des médias et autres prétendus experts nous ont présenté une fois de plus l'avenir sous le jour le plus sombre.

Effectivement, les indicateurs à court terme ne laissent rien présager de bon. Cela fait des années que l'économie connaît des hauts et des bas. D'ici la parution de ce livre, la Bourse aura probablement chuté. La baisse des taux d'intérêts, simple manœuvre politique de campagne électorale, sera probablement inversée fin 1993 ou début 1994. Le fléchissement conjoncturel qui s'ensuivra renforcera l'idée profondément pessimiste selon laquelle quelque chose ne va pas au niveau de la structure même de l'économie de nos pays occidentaux.

Comme cette récession a eu tendance à s'aggraver en 1993, certains experts commencent à craindre l'approche imminente de la prochaine grande dépression.

Ils auront tort ! Je suis formel : il n'y aura pas de crise majeure au cours des années 90. Même si tout semble indiquer le contraire puisque la récession persistera jusqu'au milieu de l'année 1994.

Cette phase finale de la récession qui a marqué la période 1990-1993/1994 est simplement la dernière dose de vaccin destinée à nous préparer au plus grand boom économique de notre histoire. Je ne parle pas d'une expansion à court terme. Et je ne prédis pas une croissance lente et mesurée. L'économie va bientôt définitivement sortir de cette récession, elle connaîtra une croissance bondissante, marquée de simples réajustements ponctuels, jusqu'au siècle prochain.

Oui, la tendance du début des années 90 s'inversera d'elle-même plus brusquement que cela n'a été le cas après la récession de 1980 à 1982, qui a été suivie par un incroyable boom, accompagné d'une baisse notable des taux d'intérêts. Souvenez-vous, de 1982 à 1990, nous avons, à notre grande surprise, assisté à une formidable reprise — en 1992, les actions avaient en fait plus que quadruplé de valeur. Si nous avions pu disposer de mes outils prévisionnels à l'époque, nous aurions parfaitement pu prévoir cette hausse de la conjoncture.

Le boom qui s'annonce surprendra encore davantage par son intensité, sa durée et les sommets qu'il atteindra. Alors pendant que nous digérons cette crise temporaire, nous devrions déjà nous préparer à la grande surprise du siècle : une longue période de prospérité sans précédent, sans inflation !

Alors... qu'en est-il de cette récession ?

C'est simple. La récession *devait* arriver. C'était une étape logique dans la vie économique, un mal prévisible et nécessaire au changement. C'était le prix à payer pour que notre économie délabrée retrouve sa force et sa vitalité.

Depuis 1988, grâce à mes outils prévisionnels simples, mais performants, je prédis une récession prolongée avec un marché immobilier déflationniste et un système bancaire chaotique. En tant que consultant, j'incite mes clients à profiter de cette récession pour procéder à la réorganisation de leurs entreprises afin qu'ils soient prêts à relancer la productivité. J'encourage les chefs d'entreprise à innover de nouveau. Je leur conseille de réorienter leurs stratégies à temps afin d'être en mesure de faire face à la nouvelle situation économique.

Bref, j'insiste continuellement sur les tendances du boom les plus marquantes à long terme, arguant du fait que la crise ne durera pas plus de deux à trois ans. Je décris cette récession comme le coup final porté à l'inflation, marquant le début d'une période revitalisée par la baisse des taux d'intérêts et des prix, lors de laquelle la consommation de la génération du baby boom atteindra son maximum.

Je ne prends aucun plaisir à voir se réaliser mes prévisions les plus pessimistes. A ceux qui en ont pâti, je dis : « Reprenez courage. La récession sera terminée d'ici la fin 1994. Préparez-vous à une nouvelle ère de prospérité et d'abondance. »

Une période d'expansion ?

Absolument. Je dis aux gens : « Je sais que vous n'allez pas aimer ce que je vais vous dire, mais si nous laissons passer cette « crise déflationniste », vous verrez que tous vos efforts seront récompensés grâce aux effets positifs de la baisse des prix et de la décrue des taux d'intérêts. » Peut-être Tom Peters a-t-il justement défini le thème des années 80 dans *Thriving on Chaos*, mais les années 90 et suivantes seront différentes. Le cours de l'économie est beaucoup plus prévisible qu'on ne le pense. Les taux d'intérêts vont reculer. L'inflation — ce lourd tribut que nous payons depuis des décennies — va disparaître. Notre niveau de vie, notre pouvoir d'achat et notre qualité de vie vont considérablement s'améliorer. Je dis à ceux que je rencontre que le Dow Jones va au moins quadrupler entre fin 1993 et 1995.

Je leur dis aussi : « Soyez prêt. »

La réaction est toujours la même, regards méfiants et sourcils froncés. Les gens me regardent comme si j'étais fou, parce que mon scénario est très différent des sages prévisions économiques conventionnelles. Pourtant, ils rejettent rarement mes prévisions en bloc. Ils ressentent cet optimisme instinctif à l'homme, ce no man's land situé entre l'espoir et le désespoir, ce moment d'hésitation pendant lequel ils demandent : « *Qu'en savez-vous ?* ».

Ils veulent des preuves. Des arguments concrets pouvant justifier la venue de temps meilleurs. Ils veulent trouver une raison d'envisager l'avenir avec espoir. C'est justement pour faire partager à tous mes arguments et mon optimisme que j'ai écrit ce livre.

Alors voici la découverte simple mais essentielle à laquelle m'ont conduit mes années de recherche en tant qu'homme d'affaires et consultant auprès d'entreprises de pointe en matière de technologie et de gestion. Cette découverte qui va changer notre façon d'envisager les affaires tient en quelques mots...

L'économie est hautement prévisible !

C'est vrai, les instruments de mesure tout à fait nouveaux dont je me suis servi pour étudier l'économie démontrent que, contrairement à une opinion largement répandue, l'économie est prévisible.

Ces nouveaux outils prévisionnels, aussi fiables que le sont les tables actuarielles des compagnies d'assurances, me permettent d'annoncer une formidable période d'expansion dès le milieu des années 90 et jusqu'au siècle prochain. J'en ai même établi l'agenda. Mes certitudes sont suffisamment grandes pour que je prévoie les hausses et les baisses que connaîtront les taux d'intérêts, l'inflation et la Bourse.

Ces outils vous sont indispensables pour prendre les bonnes décisions en ce qui concerne votre secteur d'activité, votre travail ainsi que vos investissements personnels et profiter de la vague de prospérité à venir.

Jusqu'à présent la crise a été dure, mais le boom qui surviendra au cours de l'année 1994 ne sera pas forcément plus facile. Même si elle marque le début de changements longuement attendus, cette explosion s'accompagnera également d'un ensemble de complications tout à fait particulières : les transformations s'opéreront à un rythme accéléré et la concurrence sera acharnée. D'une certaine façon, il va vous falloir :

Un guide de survie économique

Ce livre fournit les informations et les outils de gestion nécessaires à chacun pour s'adapter au boom. Voici quelques applications pratiques pour votre vie professionnelle et privée :
- des prévisions précises concernant les économies occidentales, des Etats-Unis et mondiale
- des recommandations concernant la gestion de votre portefeuille de titres
- les différents types d'actions et les secteurs dans lesquels il faut investir
- les marchés porteurs des années 90
- les grandes tendances sociales et culturelles
- les stratégies commerciales permettant de s'attaquer aux marchés porteurs
- les nouvelles méthodes d'organisation des entreprises
- un aperçu des changements que connaîtront nos emplois et nos méthodes de travail.

Mais comment peut-on prédire l'économie ?

Si je vous répondais que c'est magique, vous m'enverriez définitivement promener. Si je vous disais que c'est un secret professionnel
que j'ai acquis au fil de mes recherches après avoir obtenu mon
diplôme à Harvard, vous m'enverriez également promener... et
encore moins poliment.

Je vous dirai donc qu'il ne s'agit pas de magie. Et que ce n'est pas
non plus un secret professionnel. Il s'agit simplement d'étudier des
facteurs qui sont à la portée de tous. Il n'est pas besoin de modèles
informatiques complexes ni de diplôme d'Harvard. Pour comprendre
l'économie, il suffit de reconnaître sa simplicité fondamentale.

L'économie n'est pas une science inaccessible

Voici un schéma simple qui résume les principes que j'expose. Je l'ai
intitulé la courbe des générations. Les quatre vagues successives
sont la représentation de facteurs déterminants pour le cours de
l'économie.

Cette courbe indique comment, tout au long de leur croissance,
les générations affectent l'économie dans tous ses aspects. Toutes les

Courbe des générations

VAGUES :	natalité	innovation	consommation organisation	
AGES :	0	22	49	65
	naissance	majorité	âge adulte	maturité

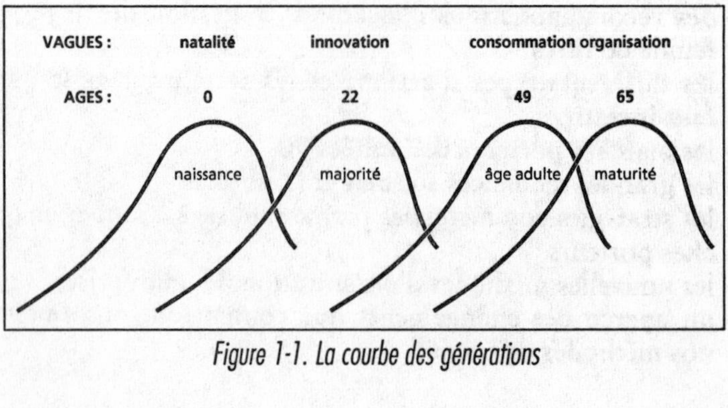

Figure 1-1. La courbe des générations

Courbe de la génération du baby boom

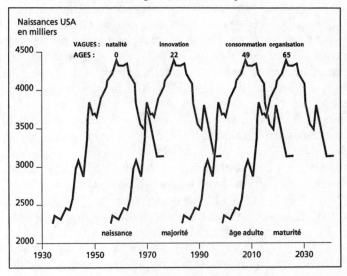

Figure 1.2a. La courbe de la génération du baby boom aux Etats-Unis

Courbe de la génération du baby boom

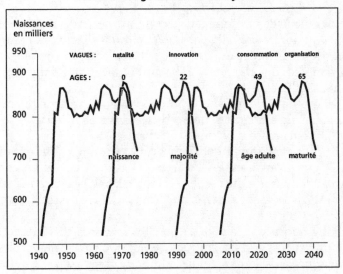

Figure 1-2b. La courbe de la génération du baby boom en France

générations évoluent selon un cycle prévisible. Dans sa jeunesse, chaque génération innove sur le plan technologique et social. A l'âge adulte, elle adopte ensuite ces innovations en utilisant ses revenus et son pouvoir d'achat, ce qui provoque un cycle d'expansion.de l'économie. Arrivée à l'âge mûr, cette même génération finit par contrôler les investissements ainsi que le pouvoir commercial et politique, qu'elle utilise pour transformer les entreprises et les institutions.

Ce sont des caractéristiques communes à toutes les courbes de génération. Voyons maintenant le cas particulier de la génération du baby boom.

Sur la figure 1-2a, vous constaterez que la courbe de natalité de la génération du baby boom aux Etats-Unis atteint son point culminant entre 1957 et 1961. La courbe suivante correspond au moment où elle a atteint la majorité : fin des années 70 et début des années 80 ; c'est la période durant laquelle la jeunesse innove, embrasse de nouvelles valeurs sociales et adopte de nouvelles technologies telles que la micro-informatique, encore en phase de développement. La troisième courbe représente la vague d'expansion — période de pointe de la consommation. Comme on pouvait le prévoir, les salaires et le pouvoir d'achat croissent rapidement pour culminer au moment où la génération du baby boom atteint l'âge de 49 ans. Les technologies et les produits nouveaux font alors partie des biens de consommation courante. A partir de là, les nouvelles technologies connaissent une explosion de croissance et supplantent les anciennes, avec autant d'ardeur que lorsque l'automobile a remplacé les chemins de fer au premier rang industriel dans les années folles.

De 40 à 60 ans, la génération du baby boom prend finalement le pouvoir dans le secteur commercial et industriel et bouleverse totalement la manière de structurer le travail et les entreprises. De 1994 à 2010, la courbe de la consommation et le taux d'adoption des technologies nouvelles s'accéléreront tandis que les entreprises entreront dans une nouvelle ère d'innovations et de changements, aussi importante que celle que nous avons connue dans les années 70 et 80.

Le baby boom français, que l'on peut situer entre 1946 et 1974, génère une succession de courbes de natalité très différenciées, car plus étendue dans le temps que le modèle américain. Les effets en sont toutefois comparables avec une période d'innovations située des années 1970 à l'an 2000, suivie d'une phase adulte, partant de la seconde moitié des années 1990 pour s'achever après 2025 et d'une phase de maturité, culminant entre 2015 et 2040. Ce décalage apparent de la reprise française sur l'américaine, qui se traduit par un retard de trois à quatre années, doit être nettement réduit en considération de l'effet d'entraînement d'une économie sur l'autre. Ainsi, il est raisonnable de penser que les effets d'une relance engagée Outre-Atlantique seront perçus moins d'un an après en Europe et en France.

Dans leur livre intitulé *Generations*, William Strauss et Neil Howe montrent que le cycle des générations se reproduit tout au long de l'histoire de notre pays. La dernière génération, par exemple, que j'appelle la génération Charles Trenet, est née entre 1897 et 1924. Au cours de son cycle d'innovation dans les années 30 et 40, elle nous a apporté la bombe A, la télévision, les grands ordinateurs, le moteur à réaction, le radar, les nouveaux appareils électroménagers tels que le lave-linge et le sèche-linge automatiques, la puissance automobile et l'électronique de consommation. Elle a combattu pendant la Deuxième Guerre mondiale. La vague de consommation qui a suivi a donné lieu à la grande période de prospérité des années 50 et 60. Et depuis les années 60, de la présidence de De Gaulle jusqu'à celle de Mitterrand, cette génération domine nos institutions politiques et industrielles — en appliquant les pratiques managériales qu'elle a acquises au cours de la Deuxième Guerre mondiale.

La courbe des générations constitue la pierre angulaire de l'argumentation de cet ouvrage, à savoir :

Nous allons connaître le plus grand boom économique de l'histoire, non pas en raison de quelque projet gouvernemental, industriel ou individuel, mais des orientations fondamentales déjà infléchies par la génération du baby boom. L'impact de ces tendances se fera particulièrement sentir au cours de la prochaine décennie car c'est à cette période que la vague de consommation, la vague d'innovation et la vague d'organisation produiront des effets conjugués. Ces scénarios, ainsi que les cycles de consommation, d'innovation et d'organisation, sont parfaitement prévisibles. Ce sont en fait des outils qui permettent de prévoir le cours de l'économie de manière précise.

Voici un bref résumé des mécanismes de chacun de ces cycles.

La vague de consommation

Le niveau des revenus et le schéma de consommation d'une génération affectent l'économie de façon spectaculaire. Ces éléments qui déterminent les booms et les crises économiques font l'objet du second chapitre. En fait, mes recherches font état d'une donnée fondamentale jusque là largement ignorée. Nous savons précisément, en moyenne et par âge, à quel moment les consommateurs dépensent leur argent. Une génération consomme, épargne, travaille et mûrit selon des scénarios prévisibles à chaque âge. Et si vous savez à quel moment les gens consomment, vous pouvez prévoir l'économie. C'est aussi simple que cela !

En ce qui concerne la consommation, le comportement des différentes générations, notamment les plus importantes sur le plan numérique, a des répercussions nettement visibles sur l'économie. Ces incidences peuvent être représentées par des graphiques et projetées dans le futur. Nous disposons alors d'un outil permettant de prévoir les tendances économiques. Actuellement, la consommation moyenne des ménages atteint son maximum vers 49 ans environ. Plus la génération est numériquement importante, plus les répercussions de la pointe de consommation sont grandes. Prenez n'importe quelle génération, étudiez son taux de natalité et projetez celui-ci 47 (génération Charles Trenet) à 49 ans (génération du baby boom) plus tard. Vous pouvez tout à fait déterminer le moment où la natalité aura une incidence sur l'économie. Comme je l'ai indiqué plus haut, la vague de consommation de la génération Charles Trenet, née entre 1897 et 1924, s'est traduite par le boom des années 50 et 60. En fait, la courbe de natalité de la génération du début du siècle, projetée 47 ans plus tard, correspond si bien à l'évolution du Standard & Poor's 500 (cours moyen de 500 valeurs cotées en Bourse) qu'il ne peut s'agir d'une simple coïncidence.

Pensez aux effets qu'entraînera la génération du baby boom. La plus grande génération de notre histoire est loin d'avoir atteint son maximum en termes de revenu et de consommation. Lorsqu'elle s'en approchera, elle aura un formidable impact sur l'économie et créera le plus grand boom de notre histoire.

La vague d'innovation

La courbe des générations comporte en elle un second outil très utile : la courbe de l'innovation, étroitement liée à la courbe de la consommation.

La courbe de l'innovation indique comment les nouvelles technologies sont élaborées et adoptées. Les innovations vieillissent et suivent leurs propres cycles de vie, tout comme les individus. Leur phase de développement correspond à leur prime jeunesse, de la naissance à l'adolescence. Les innovations connaissent ensuite une période de croissance considérable à partir du moment où elles sont adoptées par la génération qui les a mises au point et qui dispose d'un large pouvoir d'achat. Elles arrivent finalement à maturité et reculent progressivement tandis que de nouvelles technologies, qui finiront par les supplanter, apparaissent à leur tour. Ce qui est remarquable à propos de cette courbe, c'est qu'elle permet de prévoir à la fois l'échéancier et l'amplitude des différentes phases que traversent les innovations. L'échéancier constitue donc un outil prévisionnel supplémentaire.

Dans le chapitre 5, je montre comment la courbe de l'innovation permet de prévoir la durée de vie des technologies. La phase de développement d'une nouvelle technologie, s'accompagnant d'une expansion de 0 à 10 % du marché, est aussi longue que sa phase de croissance, qui correspond à une expansion de 10 à 90 %. Cet instrument permet d'identifier les produits et les innovations qui remplaceront les produits déjà établis et arrivés à maturité. Un simple outil, la courbe en S, vous permettra d'établir le graphique correspondant à la durée de vie des nouveaux produits et technologies au fil de leur apparition dans l'économie.

C'est un élément très important. Qu'auriez-vous dit, par exemple, si vous aviez su prévoir le moment où le radial allait totalement dominer le marché du pneumatique ? Si vous aviez pu prévoir que le disque compact allait remplacer le vinyl ? Si vous étiez dans les pneumatiques ou l'industrie du disque, qu'est-ce que cela aurait signifié pour vous ? Si vous étiez un investisseur rusé, qu'est-ce que le fait de savoir exactement où vous mettiez les pieds aurait changé pour vous ?

Voici une autre donnée remarquable que mes recherches m'ont permis de découvrir :

Les périodes d'inflation et de déflation sont prévisibles ! Parfaitement, il y a une explication rationnelle à l'existence, à la durée et à l'intensité de l'inflation.

Que diriez-vous de connaître le calendrier de l'inflation ? Vous auriez pu prévoir l'inflation des années 70 et 80. Vous auriez su quand investir dans l'immobilier et l'or pour vous protéger de l'inflation.

Je vais vous montrer pourquoi les périodes d'inflation sont inévitables en période d'investissement accru et de faible productivité, lorsque les technologies anciennes commencent à reculer. Vous comprendrez pourquoi l'intégration d'une nouvelle génération dans la population active nécessite un gros effort d'investissement. Lorsque la vague de consommation transforme une technologie nouvelle en un bien de consommation courante, l'inflation disparaît progressivement. Ce phénomène a d'incroyables répercussions sur le pouvoir d'achat des deux décennies suivantes.

Il est capital de comprendre le mécanisme de l'inflation. A l'approche d'une période de déflation, vous comprendrez pourquoi les entreprises se replient, parce qu'elles ne sont pas suffisamment performantes pour être compétitives en période de chute des prix. Fort de cette information, vous auriez pu prévoir l'effondrement du marché immobilier entre la fin des années 80 et le début des années 90.

A long terme, vous serez capable de commencer à vous protéger contre les périodes d'inflation grave, que nous qualifions de dépressions. Toutes ces informations à propos de l'inflation et de la déflation vous seront données au chapitre 3.

Le chapitre 4 est consacré aux répercussions de l'effondrement de l'économie japonaise sur l'économie mondiale, que j'appelle « Le raz de marée de Tokyo ». Le Japon connaîtra un échec aussi terrible que celui de l'U.R.S.S. parce que la planification centralisée ne peut pas réussir dans l'ère de l'informatique.

Dans le chapitre 6, j'explique comment les vagues d'innovation génèrent une croissance commerciale et industrielle prévisible. Une fois que nous avons compris comment les vagues d'innovation et de consommation entrent en interaction, nous pouvons prévoir les scénarios relatifs aux investissements à l'échelle mondiale, qui font l'objet des chapitres 7 et 8.

Aux chapitres 9 et 10, nous verrons comment le monde des affaires peut tirer parti des industries porteuses générées par les vagues d'innovation et de consommation de la génération du baby boom.

La courbe de l'organisation est abordée dans le chapitre 11. Il est très utile de comprendre les répercussions des innovations d'une génération sur sa propre culture. Ce savoir représente un outil qui permet de mieux comprendre comment il faudra s'y prendre dans les relations commerciales avec les membres de la nouvelle génération. Bien sûr, ces effets d'ordre logistique ont déjà commencé à se faire sentir dans de nombreux secteurs commerciaux, comme Tom Peters le souligne dans ses ouvrages remarquables. Steve Jobs chez Apple, Bill Gates chez Microsoft et T. J. Rogers chez Cypress Semiconductor sont trois exemples du héros des temps modernes.

Vous lirez bientôt de nombreux autres ouvrages consacrés à ces hommes et femmes dynamiques qui dirigent et gèrent mieux leurs entreprises que les cadres dirigeants de la génération précédente. La véritable passation de pouvoir débutera vers 1995, au moment même où les effets de la vague de consommation, de la vague d'innovation et de la vague d'organisation seront sur le point de converger.

C'est en raison de la conjugaison de tous ces effets que le boom économique qui s'annonce sera aussi spectaculaire et s'accompagnera d'une telle concurrence et de tant de changements.

Mes conclusions

En vous faisant part de mes raisonnements et de mes recherches, je vais vous montrer comment je suis arrivé à mes conclusions sur l'économie. Je vais vous soumettre des dizaines et des dizaines de statistiques et d'exemples qui prouvent ce que j'avance. Mais tout d'abord, voici...

Mes prévisions économiques en bref :

- Dégringolade du Dow Jones pouvant atteindre des baisses entre 1 700 et 2 350 points entre la fin 1993 et la fin 1994, puis remontée éclair entre 2006 et 2010 à près de 8 500 points.

- Chute du prix du pétrole à 10 $ le baril, voire plus bas, en 1994, puis relative stabilité pendant des décennies.
- Baisse du cours de l'or à 200 $ l'once en 1994, après une hausse temporaire fin 1992 ou début 1993.
- Décrue d'au moins 20 % de l'indice des prix à la consommation entre 1992 et 1994, la plus forte baisse intervenant probablement en 1993.
- Augmentation de 10 % ou plus des bons du trésor américains sur 30 ans en 1993, qui retomberont à 4 ou 5 % entre 1994 et mi-1998.
- Baisse des taux de l'emprunt hypothécaire également à 5 ou 6 % à la mi-1998.
- Recul de 20 % ou plus du prix moyen des logements en 1994 par rapport au prix maximum de 1989 — avec des chutes massives de 30 à 60 % sur les marchés particulièrement gonflés tels que la Californie — avant une reprise.
- Peu ou pas d'inflation pendant les 20 ans à venir, en dépit de l'énorme croissance économique.
- Chute des actions et déclin du pouvoir industriel japonais — l'indice Nikkei perdant 80 à 90 % entre fin 1993 et 1994 par rapport aux niveaux atteints en 1989.
- Effondrement du marché immobilier japonais (extrêmement surévalué à 16 milliards de dollars) consécutif à l'écroulement de la Bourse. Ce sera le plus grand krach financier de notre temps. Il provoquera une crise mondiale de l'immobilier et du système bancaire et conduira à un ralentissement de croissance au Japon tout au long des années 90.
- Transfert de richesses vers de nombreux pays du tiers monde, notamment vers le Mexique et l'Europe de l'Est, qui s'industrialisent et font concurrence à l'Extrême-Orient pour la production en sous-traitance des produits et des composants de base.
- Les Etats-Unis et le reste de l'Amérique du Nord, ainsi que l'Europe qui arrive progressivement en seconde position, domineront à nouveau l'économie mondiale des années 90 jusqu'en 2010 et après.
- Prochaine dépression prévue entre 2010 et 2025 environ.

Les implications de telles prévisions

Ce livre a des implications pour les lecteurs d'Europe, de l'ancien bloc soviétique, du Japon et de la Chine ainsi que de certains pays d'Amérique du Nord et d'Australie. Voici les messages clefs destinés aux lecteurs de *The Great Boom Ahead* et les avantages qu'ils pourront en tirer :

Une meilleure qualité de vie sur le plan matériel. La génération du baby boom aura les moyens d'un niveau de vie plus élevé que ses parents, sa grande peur étant d'être plus pauvre qu'eux. La génération suivante fera même encore mieux durant ce boom.

Disparition de « l'impôt de l'inflation ». Les enfants du baby boom payent l'impôt de l'inflation depuis tellement longtemps que celui-ci fait désormais partie intégrante de leur niveau de vie. Il est possible qu'un jour les deux conjoints d'un même ménage ne soient plus obligés de continuer à travailler pour compenser les effets de cette ponction, comme ils l'ont fait par le passé afin d'éviter de voir leur niveau de vie baisser. Mais je suppose que la plupart décideront de rester actifs tous les deux, ce qui signifie de plus grandes capacités de revenus et de consommation par ménage que dans les périodes de prospérité antérieures.

Augmentation du pouvoir d'achat. Lorsque l'impôt de l'inflation aura disparu, tout le monde ressentira les effets de la hausse immédiate du pouvoir d'achat. A l'âge mûr, les enfants du baby boom seront riches, ils auront les moyens de s'offrir une voiture de luxe et une résidence principale plus coûteuse, en banlieue ou dans une petite ville de province.

Logements abordables. La baisse des taux d'intérêts et des prix du logement alimentera le marché de la construction et de la vente immobilière — malgré le recul du mariage.

Transformation des marchés et débouchés commerciaux. De nombreux produits et services actuellement minoritaires et occupant des niches au sein de leur secteur industriels connaîtront une croissance beaucoup plus rapide dans les années 90 et au début des années

2000 que dans les années 70 et 80. Ce qui implique un changement de classement parmi les industries de pointe, menaçant de nombreux produits et services établis.

Possibilités d'investissements plus sages. Grâce aux prévisions économiques, le financement des retraites et des études supérieures sera davantage contrôlé et planifié à l'avance.

Amélioration du marché de l'emploi. Davantage d'emplois créatifs et dynamiques s'ouvriront. Les gens dégoûtés des emplois de bureau ennuyeux, machinaux et routiniers — qui seront automatisés — trouveront davantage de débouchés intéressants dans les nouvelles industries porteuses puisque les entreprises seront remodelées pour répondre aux exigences de la génération individualiste du baby boom.

Changements dans le mode de vie en général. Une préférence généralisée pour la sécurité, la qualité de l'air, la vie privée et l'intimité sélective — une sorte d' »humanisation » — conduira à un mouvement migratoire des banlieues vers les petites villes comparable au déplacement de la génération précédente des villes vers les banlieues.

Préférence pour le sur mesure. La génération du baby boom exigera des produits plus personnalisés, sur mesure et de grande qualité. Ces exigences amèneront les industriels à abandonner la production de produits standards fabriqués à la chaîne pour se consacrer aux produits et services spécialisés et personnalisés, fabriqués par des entreprises qui se voudront aussi proches que possible de leur clientèle. Les nouvelles technologies rendront la production personnalisée plus abordable pour le citoyen moyen — il ne s'agira pas d'une simple tendance yuppie.

Plus grande présence féminine dans les postes à responsabilité. Les nouvelles tendances en matière d'organisation et de gestion favoriseront l'intégration des femmes aux postes les plus hauts, qui seront davantage axés sur la logistique et l'encadrement que sur la direction et le contrôle. Plus les postes à responsabilité seront occupés par les membres de la génération du baby boom, plus les femmes seront nombreuses. Elles verront bientôt leur contribution dans l'économie reconnue à sa juste valeur.

La résurgence des Etats-Unis. L'économie américaine guidera le monde vers le boom. Les Etats-Unis possèdent la génération du baby boom la plus importante sur le plan numérique. Par ailleurs, la tendance à la personnalisation favorise le monde industriel et les techniques américaines. La génération américaine du baby boom produira les plus grands effets économiques et commerciaux. Le Canada et le Mexique, associés aux Etats-Unis, contribueront à la résurgence de l'Amérique du Nord.

La réémergence de l'Europe. Sur le plan de la puissance économique, le destin des pays européens est partiellement lié à celui des Etats-Unis. Mais l'Europe bénéficiera elle-même de l'ouverture progressive de ses marchés. Cependant, ce processus s'avérera plus lent que prévu. La vague de consommation de la génération du baby boom européen, moins importante, atteindra son point culminant cinq à six ans après celle des Etats-Unis. L'Europe mettra probablement plus de temps à se remettre de cette récession, en raison des lenteurs de la restructuration des pays de l'Est et de l'ancienne Union soviétique.

Augmentation des chances économiques de l'ancienne Union soviétique. Les Etats de l'ancienne U.R.S.S. mettront plus de temps à se remettre de la récession en raison du chaos économique qu'ils traversent. Mais ils finiront par s'industrialiser et se développer avec le reste de l'Europe et reprendront la sous-traitance bon marché aux pays d'Extrême-Orient.

L'émergence de la Chine en tant que grande puissance économique. Les éléments sont en place pour que la Chine connaisse un formidable développement au cours des prochaines décennies. En 2040, la Chine commencera à faire sa place parmi les superpuissances économiques.

Le déclin du Japon. Après avoir subi le plus grand krach financier de notre temps, le Japon verra la vague de consommation de sa propre génération atteindre son point culminant entre 1990 et 1997. L'effondrement de son énorme fortune de papier et son protectionnisme croissant affaibliront son potentiel de croissance dans le futur. L'indice Nikkei et les marchés immobiliers subiront une chute vertigineuse, si ce n'est pas déjà fait lorsque ce livre paraîtra.

Une crise mondiale. Je prévois une dépression pour les années 2010 à 2022 ou 2025, mettant un terme au plus grand boom de l'histoire. Personne ne veut entendre parler d'une autre crise de 1929, bien sûr, mais ce pronostic vous permettra en fait de vous préparer et de survivre à ce que j'appelle (en reprenant un terme utilisé par un dirigeant peu connu du tiers monde) la « mère de toutes les dépressions ».

Oubliez pour un moment vos arguments à propos de mes prévisions et de leurs implications. Cessez quelques instants de vous dire qu'il est impossible à quiconque de faire de telles prévisions dans un domaine aussi complexe que l'économie.

Au lieu de discuter et de douter, envisagez seulement une seule possibilité, aussi improbable que celle-ci puisse vous paraître. Demandez-vous... *Et s'il avait raison ?* Que signifieraient pour vous des prévisions aussi sérieuses ?

Je vais vous le dire. Cela vous simplifierait la vie.

Vous seriez capable d'en savoir davantage sur l'avenir que les soi-disant experts en économie. Vous auriez davantage confiance en vous pour vous lancer dans n'importe quel type d'affaires ou d'investissement, et prendre vos décisions.

Vous seriez moins anxieux à l'idée de savoir, par exemple, si vous avez opté pour le bon secteur d'activités ou choisi les bons placements pour l'éducation de vos enfants ou si vous devriez vous agrandir.

Les professionnels sauraient quand investir dans de nouveaux équipements, lancer des campagnes de marketing et embaucher.

Les consommateurs sauraient quand investir en Bourse, quand se tourner vers des placements plus sûrs, quand le marché de l'emploi sera facile ou difficile et quels types d'emploi seront disponibles.

Les propriétaires sauraient quand acheter ou vendre une maison en anticipant l'orientation générale des taux d'intérêts et des taux de l'emprunt hypothécaire.

Chacun serait en mesure de :

Contrôler sa propre vie

Nous vivons dans une ère individualiste dans laquelle la créativité et les décisions personnelles remettent en question les vieilles structures mises en place par les dirigeants, les bureaucrates et les experts. La réussite de votre carrière ou de votre entreprise dépendra de votre aptitude à utiliser vos performances et votre force créative dans votre propre vie. Vous pouvez y parvenir en ouvrant les yeux sur les débouchés que nous réservent l'avenir.

Vous souvenez-vous des premiers mots que vous avez lus dans ce chapitre ? *Préparez-vous !* Ce livre vous est nécessaire pour vous aider à vous préparer, voire survivre, au boom qui s'annonce et qui durera jusqu'au cours de la première décennie du siècle prochain. Vous devez savoir comment survivre parce que ce boom particulièrement dynamique s'accompagnera d'une concurrence acharnée entre les chercheurs d'emploi, entre les entreprises qui voudront dominer les marchés et entre les pays qui chercheront à contrôler les marchés mondiaux.

Pouvoir contrôler votre propre vie. Voilà la promesse que je veux vous faire avec ce livre. Est-ce possible ? A vous de décider. Restez à l'écoute. Vous allez comprendre car je vais tout vous expliquer, sans avoir recours à un jargon économique incompréhensible, mais en faisant appel au bon sens et en restant simple.

Maintenant jetons un œil à la courbe de la consommation, le plus performant de tous les outils prévisionnels.

2

La vague de consommation

La locomotive de l'économie

```
┌─────────────────────────────────────────────┐
│                  TELEX                        │
│  Nous disposons d'outils permettant d'expliquer rationnellement │
│  la récession du début des années 90. Ce qui est plus important, │
│  nous pouvons déterminer précisément la fin de la récession pour │
│  le second semestre 1994 ! Nous pouvons virtuellement prévoir │
│  l'économie sur un demi-siècle et même identifier les virages déci- │
│  sifs dans l'activité boursière.              │
└─────────────────────────────────────────────┘
```

Prévisions économiques traditionnelles

Oubliez un instant toutes les explications compliquées que vous avez entendues jusqu'à présent à propos des prévisions économiques. Oubliez la gestion gouvernementale des taux d'intérêts. Oubliez les quotas d'importation. Oubliez le déficit. Les statistiques du chômage? Le Dow Jones? La création de nouvelles entreprises? Les faillites bancaires? Les réserves monétaires? Oubliez tout cela. Ce n'est pas cela qui détermine, et encore moins dirige, le cours de l'économie. Il le suit. Donc, par définition, *il est impossible de s'en servir pour prévoir l'économie — sauf dans les scénarios à court terme!*

Alors, qu'est-ce qui régit l'économie ?

Les consommateurs ! C'est la consommation qui compte !

Les modèles traditionnels ne fonctionnent pas. Voyons pourquoi.

L'imparfait modèle prévisionnel humain

Etude après étude, nous constatons que, dans l'ensemble, si les pré-visions économiques des experts tombent juste, c'est un peu le fait du hasard. Même avec les modèles informatiques les plus sophisti-qués et les données les plus détaillées, les conjoncturistes finissent toujours par commettre une erreur inhérente à la nature humaine. Ils ont une fâcheuse tendance à appuyer leurs prévisions sur le pro-longement linéaire des orientations en cours. C'est ce que montre le modèle prévisionnel humain, qui prouve que, malgré leurs outils sophistiqués, les experts sont victimes des mêmes erreurs de juge-ment que l'homme de la rue.

Toutes les prévisions, à l'exception des tendances à court terme, sont souvent fausses, mis à part les suppositions auxquelles seul le hasard donne raison.

C'est parce que, par nature, nous avons tendance à nous concen-trer davantage sur les symptômes présents que sur les causes pro-fondes. Ceci nous amène souvent à faire fausse route. De plus, nous pensons et nous projetons en ligne droite, alors qu'en réalité la conjoncture est cyclique.

Dès que la croissance monte en flèche, ces projections linéaires sont dépassées. Les marchés et la croissance réelle poursuivant leur ascension, les spécialistes sont rarement capables de prévoir long-temps à l'avance l'approche du seuil maximal. Chaque fois que l'on en arrive au stade le plus haut d'un important boom économique, il y a toujours de grands experts pour déclarer : « Nous ne verrons plus de récessions. La banque fédérale américaine a trouvé le bon réglage de notre économie. » C'est là qu'il faudrait tirer la sonnette d'alarme!

En tant qu'humains, nous avons du mal à accepter les périodes de déclin économique. C'est pourquoi nous devenons trop optimistes lorsque la conjoncture est bonne. Et nous avons d'autant plus de difficultés à accepter les situations négatives.

Ainsi, lorsque l'économie donne des signes de faiblesse, on entend parler d' »atterrissage en douceur ». Souvenez-vous des erreurs de prévision concernant l'atterrissage en douceur de 1989 et l'absence de récession pour 1990. Une association d'économistes américains a déclaré qu'il n'y aurait pas de récession pendant un à trois ans — elle a même annoncé publiquement que tous ses membres étaient d'accord sur ce point. Pourtant, un mois plus tard la crise était bien là. Et bientôt, prévoyant que les tendances à la baisse poursuivront leur plongeon, la plupart des économistes et des conjoncturistes penseront que la récession actuelle tourne à la dépression et déclareront que « la situation ne peut que s'aggraver ».

Que l'économie amorce un décollage vers l'expansion ou qu'elle plonge, les experts passent quasiment toujours à côté des tournants décisifs. Les quelques spécialistes capables de prévoir les hauts et les bas sont généralement perçus comme des empêcheurs de tourner en rond.

Enfin, lorsque nous finissons par accepter l'aspect négatif de la situation, nous sommes enclins à réagir avec un pessimisme exagéré. Les bonnes nouvelles nous laissent sceptiques car nous avons trop souffert pendant trop longtemps.

Pensez à ce modèle prévisionnel humain lorsque vous regardez la vague de pessimisme actuelle qui s'accroît dans les pays occidentaux au fur et à mesure que la récession s'aggrave, comme c'est toujours le cas avant un renversement de situation. Quelle est cette humeur ? Nous l'entendons dans les déclarations telles que : « L'Amérique n'est plus compétitive à l'échelle mondiale. » « Les enfants du baby boom et la jeunesse actuelle n'ont pas une éthique professionnelle très solide, ils n'aiment pas obéir aux ordres. » « Notre système d'éducation se détériore. » « Les nouvelles technologies vont certainement éliminer des emplois. » Certains diront que je suis un esprit contrariant, mais je pense que ce profond pessimisme est en fait du meilleur augure.

Il nous suffit d'avoir des outils fiables et simples pour contrebalancer le modèle humain et prévoir exactement ce qui va arriver dans l'économie.

La simple mais puissante
locomotive de notre économie

A eux seuls, les consommateurs représentent 67 % du produit national brut. Si l'on tient compte des capitaux investis pour répondre à la demande des consommateurs, ce pourcentage s'élève à près de 80 %. La contribution du gouvernement dans notre économie représente un peu plus de 20 %.

En France, la consommation représente un peu moins de 60 % de l'activité économique nationale, avec un peu plus de 4 000 milliards de francs sur les 7 000 milliards de produit national brut, mais les investissements qui lui sont consacrés lui donnent aussi un poids déterminant dans l'économie. Avec un budget de plus de 1 400 milliards de francs, l'Etat français intervient de manière pratiquement équivalente à l'administration américaine dans la constitution de la richesse nationale.

Mais même si cette part provient entièrement du produit des impôts sur les revenus et le chiffre d'affaires, le gouvernement n'est pas le moteur de l'économie — il n'est pas même son propre moteur — la locomotive, *c'est nous*. En effet, nous finançons le gouvernement avec nos impôts et alimentons l'économie avec notre consommation.

> Aussi libres et spontanés que nous nous revendiquions, nous sommes des mammifères aux réactions largement prévisibles. L'économie est beaucoup plus prévisible que la plupart d'entre nous ne le pensent, parce que nous sommes des consommateurs hautement prévisibles.

Les compagnies d'assurances ont pris conscience de cet état de fait il y a déjà bien longtemps. C'est pour cette raison que les primes d'assurance automobile sont plus élevées pour les jeunes conducteurs masculins que pour les jeunes conductrices et les adultes.

Les compagnies d'assurance-vie font leur beurre en prévoyant de manière très précise les chiffres de la mortalité. *Ces gens savent quand — en moyenne — nous allons mourir !* Ils savent exactement combien ils devront débourser dans le temps et, par conséquent, quel est le montant des primes nécessaire pour couvrir leurs dépenses et leurs frais généraux en réalisant malgré tout un bénéfice dont une partie sera consacrée aux investissements. Si une compagnie d'assurances connaît des difficultés, ce n'est pas parce que ses actuaires se sont trompés dans leurs prévisions sur l'espérance de vie et que la population commence à succomber par milliers. Non, c'est que quelqu'un est devenu trop gourmand et a acheté trop de titres sans valeur avec les réserves de la société.

Aussi complexe qu'elle soit devenue, l'assurance-vie se résume à une donnée élémentaire : l'espérance moyenne de vie.

Si l'on applique la même logique à l'économie, nous pouvons démontrer que cette science est aussi prévisible que l'assurance-vie. Seulement nous ne parlons pas de gens qui meurent. Nous parlons des âges parfaitement prévisibles auxquels les gens consomment. Nous gagnons et nous dépensons à des niveaux différents au fur et à mesure que nous vieillissons. Lorsque nous sommes nombreux à gagner et à dépenser davantage, l'économie réagit par la croissance. Il est aussi facile de prévoir quand nous consommerons et quel effet cela aura sur l'économie que de prévoir quand nous mourrons.

Ce facteur rend l'économie plus proche des sciences statistiques utilisées dans le domaine des assurances-vie. C'est ce que j'appelle :

LA VAGUE DE CONSOMMATION

Le fait que notre économie prospère ou périclite est déterminé par les cycles de gain et de consommation des personnes au fur et à mesure qu'elles vieillissent et fondent un foyer; et les répercussions de cette vague de consommation sur l'économie sont totalement prévisibles.

Ce principe est tellement simple que vous allez vous demander pourquoi nous discutons de l'avenir de l'économie depuis tant de siècles. Quel dommage que ce raisonnement soit justement beaucoup trop simple pour la plupart des économistes.

49 ans - âge où la consommation des ménages atteint son niveau le plus haut

Les périodes de prospérité surviennent lorsque la courbe ascendante prévisible des gains et des dépenses des nouvelles générations de consommateurs atteint son point culminant, entre 45 et 49 ans, plus récemment aux environs de 49 ans. Après 49 ans, les ménages commencent à ralentir leurs dépenses, notamment en ce qui concerne les biens de consommation durables tels que le logement et le mobilier, ce qui provoque une baisse de l'économie. Ne peut-on pas de toute évidence prévoir ce qui va se passer lorsqu'on a une énorme génération qui vieillit, qui fonde des familles, achète des maisons et consomme davantage ? Bien sûr que si. *Plus une génération est importante, plus elle affecte l'économie.*

Comment les gens gagnent et dépensent leur argent

Un seul coup d'œil à ces chiffres vous permet de constater pourquoi je dis que l'économie est prévisible. Les jeunes de moins de 20 ans ne gagnent pas beaucoup d'argent et celui qu'ils dépensent est généralement celui de leurs parents. Une fois diplômés, ces jeunes commencent à travailler et à fonder une famille. Ils gagnent et dépensent davantage. Puis leurs performances progressent régulièrement, ils obtiennent de plus grandes responsabilités sur le plan professionnel et se rapprochent peu à peu de l'âge où ils consomment le plus. Après 49 ans, ils gagnent et dépensent moins d'argent parce que leurs enfants ont quitté le nid.

Maintenant, pensez aux implications de ce phénomène pour la génération du baby boom. Nous parlons d'environ 80 millions d'Américains et 22 millions de Français dont les familles vont gagner et dépenser davantage plus ils approcheront de 49 ans. Faites le calcul vous-même. Quel effet à votre avis cela va-t-il avoir sur l'économie ? Je dirais un effet substantiel.

L'augmentation de la capacité de consommation de la population active tient à deux facteurs. Le premier est lié au pouvoir d'achat. Au fur et à mesure qu'ils acquièrent une expérience professionnelle, les gens obtiennent de plus grandes responsabilités et des salaires plus importants. Le second, le cycle de formation des familles, est en rapport avec la consommation. Entre le début de la vingtaine et la fin de la quarantaine d'années, la famille type élève ses enfants et réunit son patrimoine de base, c'est-à-dire logement, meubles et voiture.

Les biens durables que nous acquérons entre 20 et 40 ans, notamment les logements, les meubles et les voitures ont le plus grand impact sur l'économie. Pourquoi ? Il s'agit des facteurs les plus cycliques et les plus fugaces de notre économie. Le crédit bancaire, par exemple, et la réserve monétaire se dilatent et se contractent en

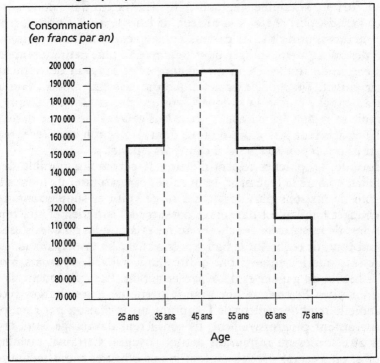

Consommation moyenne des ménages par âge regroupée par tranche de 5 ans (source INSEE)

Figure 2-1. Consommation maximale pour la génération du baby boom âgée de 45 à 49 ans (Source : I.N.S.E.E.)

fonction de la conjoncture immobilière. L'achat de logement en particulier crée un énorme effet de levier financier. Voyons donc cet effet dans les détails.

Le bien le plus durable — le logement

Lorsque vous achetez un logement, normalement vous apportez les premiers 20 % et la banque vous fournit les 80 % restants sous forme de prêt. C'est ce que j'entends par effet de levier. Naturellement, cet achat s'accompagne généralement d'un large éventail d'équipement en électroménager, en meubles et autres services.

Au début, les ménages achètent des logements peu chers. Plus tard, lorsque la famille s'agrandit, ils déménagent dans une maison plus grande, plus chère, « la maison de leurs rêves ». Enfin, lorsque les enfants sont partis, les parents ont souvent tendance à quitter le nid déserté et à emménager dans une maison plus petite, un appartement ou un studio. De même, le nombre et la valeur des véhicules augmentent. Du modèle économique on passe au modèle familial ou au break, puis à la première voiture des enfants. Lorsque la famille se réduit, les parents s'accordent généralement une dernière folie et achètent la voiture de luxe dont ils ont toujours rêvé, mais dont ils ont repoussé l'achat à cause des enfants.

Ensuite, les parents cessent d'élargir le patrimoine durable de la famille, comme le logement, les meubles et la voiture. Ils n'ont plus besoin de maisons plus spacieuses ni de voitures supplémentaires. Le budget familial est davantage consacré à l'entretien et aux réparations, ils remplacent les choses au fur et à mesure qu'elles s'usent. Avant tout, ils réduisent le budget concernant les principaux achats. Une fois que les enfants ont quitté l'université, les parents n'ont plus besoin de gagner et de dépenser autant. Par conséquent ils ne le font plus. Et comme une grande partie de leurs charges fixes, comme le remboursement de l'emprunt sur la maison par exemple, disparaissent progressivement, ils consacrent davantage leurs revenus aux sorties au restaurant et aux voyages. Certains travaillent moins, ou à temps partiel, ou font moins d'heures supplémentaires. L'un des conjoints se retire de l'activité. Certains prennent leur retraite durant la quarantaine ou la cinquantaine. Les gens commencent à économiser davantage et à moins dépenser afin de préparer leur retraite.

Bref, à partir de 49 ans, la réduction des revenus et des dépenses ralentit l'économie, notamment les secteurs des biens de consommation durables de base qui sont particulièrement sensibles à l'effet de levier.

Que veut dire tout cela pour l'économie ? Simplement que l'on peut mesurer l'effet de la vague de consommation actuelle en étudiant les taux de natalité d'il y a quelques décennies. La raison pour laquelle nous pouvons prévoir le cours de l'économie est que nous connaissons les habitudes et les comportements des consommateurs aussi bien que nous connaissons l'espérance de vie moyenne. Les gens naissent. Plus ils vieillissent, plus ils gagnent. Plus ils gagnent, plus ils dépensent. La consommation atteint son plus haut niveau vers 49 ans, puis elle décline. C'est le cycle. Il commence, ce qui est assez normal, à la naissance, qui constitue le point de départ de la vague de consommation.

L'économie est prédéterminée par le nombre des naissances

La figure 2-2a montre les cycles des naissances aux Etats-Unis aussi loin que le nombre des naissances a été répertorié.

Le siècle actuel a vu la formation de deux générations de consommateurs aux Etats-Unis. La plus importante est de loin celle de l'énorme baby boom des années 40, 50 et début des années 60. Elle compte environ 80 millions d'individus et représente plus des deux tiers de la population active. En 1995, elle comprendra les trois quarts de la population active, où le revenu et le pouvoir d'achat sont créés.

En France (figure 2-2b), le baby boom qui a suivi la Deuxième Guerre mondiale, de 1946 à 1974, soit pendant une durée de 27 années, a produit pour sa part une génération de 22 millions d'individus, qui en 1995 représenteront les quatre cinquièmes de la population active.

C'est tout ce que vous avez besoin de savoir pour construire un outil de prévision à long terme.

Il vous suffit de faire la projection des cycles des taux de natalité à 49 ans, âge auquel la génération consomme le plus.

Ne tenez pas compte des années de naissance... Les nouveaux-nés ne dépensent rien, d'accord? Ne vous occupez pas non plus de la période de 18 à 22 ans, âges auxquels les jeunes font leur entrée dans la vie active. La jeunesse n'a pas d'impact sur l'économie en comparaison des personnes en pleine productivité. Tout ce qu'un jeune de 18 ans possède se résume à un vélo ou un scooter et un logement en désordre.

Pour tester l'efficacité de la courbe de la consommation, il vous suffit d'effectuer la projection du taux de natalité de les figures 2-2 sur 49 ans pour la génération du baby boom, sur 47 ans pour la génération précédente et de comparer ce résultat avec l'indice Stan-

Taux de natalité de ce siècle aux Etats-Unis

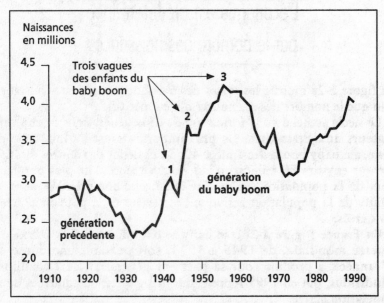

Figure 2-2a. Cycles des taux de natalité aux Etats-Unis (Source : Bureau de recensement des Etats-Unis)

Taux de natalité de ce siècle en France

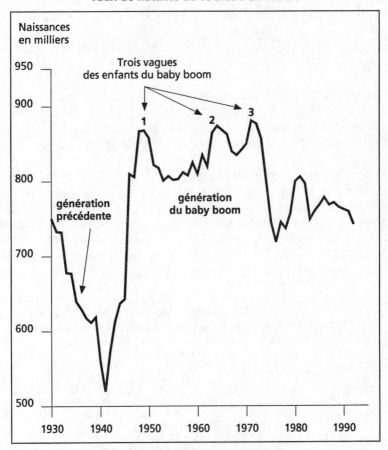

Figure 2-2b. Cycles des taux de natalité en France

dard & Poor's 500. On peut procéder de même avec la courbe de consommation française en la comparant à l'évolution de l'indice CAC 40, représentant un échantillon des quarante valeurs les plus importantes inscrites au règlement mensuel de la Bourse de Paris. Qu'obtenez-vous ? Un parallèle frappant entre les deux cycles, comme l'indique la figure 2-3a.

L'indicateur de base de la génération des 47-49 ans appliqué à la conjoncture actuelle

La figure 2-3a montre à quel point cette projection de la natalité sur 47/49 ans correspond aux mouvements généraux de l'économie américaine depuis 1956, lorsqu'on utilise l'indice S&P 500, corrigé du taux d'inflation, comme indicateur de la santé de l'économie américaine.

Cet indicateur prévoit précisément les hauts et les bas de l'économie américaine dans des tolérances raisonnables. Il signale également la plupart des vagues de récession et de croissance intermédiaires. La courbe de la consommation indique les principales dates du boom des années 50 et 60, qui culmine précisément fin 1968. Elle prédit également le déclin économique des années 70. Elle montre la première vague de la génération du baby boom qui com-

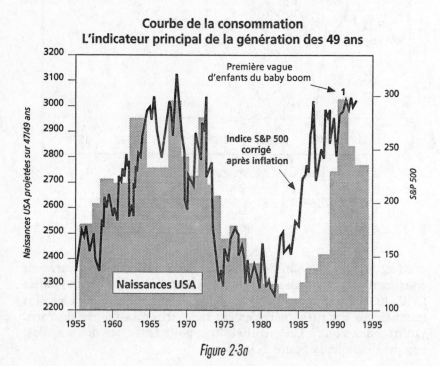

Figure 2-3a

**Courbe de la consommation en France
L'indicateur principal de la génération des 45-50 ans**

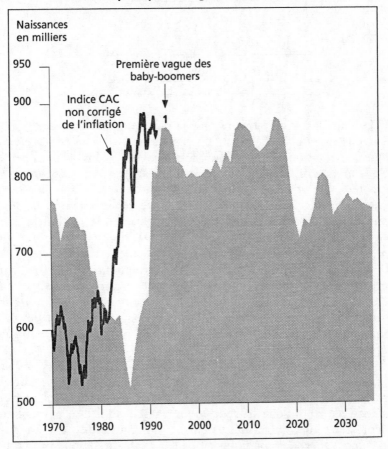

*Figure 2-3b. Historique de l'impact des taux de natalité sur l'économie 47 à
49 années plus tard*

Remarque : *les gens se mariant et ayant des enfants plus tard, la pointe de
la consommation est légèrement décalée. La projection est donc de 47 ans en
ce qui concerne les naissances de 1909 à 1921, de 48 ans pour celles de
1922 à 1935 et de 49 ans à partir de 1936.*

mence à amorcer la croissance au début des années 80. L'accumulation de la dette sans précédent des années 80 a généré un effet de levier qui a provoqué une hausse des actions supérieure aux prévisions fournies par notre indicateur de base.

Justification des distorsions entre indices

Un indicateur à long terme tel que la courbe de la consommation ne peut pas prévoir les facteurs dus au hasard, ni les décisions politiques. Il n'aurait pas pu vous dire le mois du krach boursier de 1987, mais il aurait pu vous dire que les actions étaient largement surcotées. Voyez où les actions se sont retrouvées lorsque le marché s'est effondré... Aussi bas que la tendance dessinée par la vague de consommation. Il me semble clair que le krach de 1987 ne traduisait pas un fléchissement de la consommation des ménages et des entreprises. C'était le résultat d'une surspéculation boursière et d'un soudain revirement politique, le gouvernement américain ayant autorisé une flambée des taux d'intérêts juste après une baisse radicale. Cette augmentation était en effet nécessaire à cause du déficit commercial et budgétaire ; le dollar, puis les taux d'intérêts devaient remonter afin d'attirer les capitaux étrangers qui combleraient ces déficits.

Mais c'est aussi ce qui fait le charme de ces outils. Les chefs d'entreprise ne pouvaient pas savoir qu'il ne fallait pas prendre ce krach au sérieux dans leur planification. Les investisseurs ne pouvaient pas savoir que le choc allait passer, qu'il ne s'agissait pas encore du signe d'un affaiblissement plus important. Il était donc finalement inutile de paniquer et de se retirer du marché pendant le krach.

Voyons les quatre distorsions sur les courbes de la figure 2-3a nécessitant un examen plus approfondi :

1958 à 1962 — surcapacité industrielle et surchauffe   Après la prospérité des années 50, l'industrie américaine s'est trouvée en situation de surcapacité. Les prix ont donc chuté pendant un certain temps et la concurrence s'est accrue. La consommation a continué à progresser, mais certaines entreprises ont vu leurs bénéfices diminuer. En l'espace de quatre ans, la situation s'est rétablie d'elle-même de sorte qu'en 1965, les indices étaient à nouveau parfaitement alignés.

1970 — la récession Cette récession était une réaction classique à la surévaluation des actions, ce qui arrive systématiquement lorsqu'on parvient au sommet d'une longue vague d'expansion et que le marché, se rendant compte qu'il ne pourra pas continuer à se développer éternellement, corrige son cours de lui-même sous forme de baisse brutale. Notez à nouveau la rapidité avec laquelle le marché s'est stabilisé et a repris la grande direction de la courbe de consommation.

1973 à 1974 — le premier choc pétrolier Vous vous souvenez sans aucun doute de l'effet qu'a eu sur l'économie mondiale la décision de l'O.P.E.P. de contrôler la fourniture du pétrole à l'Occident? Les répercussions de cette distorsion à long terme n'auraient pas pu être prévues à l'aide de la courbe de la consommation. Mais après le premier choc pétrolier et la récession de 1973/1974, la Bourse est totalement retombée sur ses pieds.

1986 à 1987 — spéculation boursière Comme je l'ai dit, ce krach a été provoqué par la politique de la banque fédérale américaine qui a facilité puis augmenté les taux d'intérêts. La Bourse s'est enflammée, puis s'est effondrée, reprenant du jour au lendemain le cours que la courbe de la consommation aurait dessinée.

Pour moi, le plus important n'est pas que ces distorsions aient eu lieu, mais que même si l'on n'en tient pas compte, il est frappant de constater la constance avec laquelle le cours de l'économie suit la courbe de ce simple et unique indicateur.

De même faut-il trouver une explication aux distorsions constatées entre l'équivalent français des courbes de consommation et l'évolution du CAC 40.

Remarquons d'emblée que le thermomètre de la Bourse de Paris ne retient pas les francs constants comme unité de compte. Autrement dit, l'indice CAC 40 est établi non corrigé de l'inflation. Il s'ensuit un décalage qui n'en affecte pas pour autant la concordance des deux tracés, celui marquant une remontée très nette s'apparentant à celle de la première vague des baby boomers français.

L'évolution du CAC 40 est étroitement liée à la politique de jugulation de l'inflation engagée par la France depuis la fin des années quatre-vingt, et qui s'est traduite pour les entreprises par un étranglement de leurs marges après plusieurs années d'euphorie pendant la précédente décennie.

L'aggravation du chômage en France n'est pas restée sans effet sur l'activité de la consommation, les Français privilégiant l'épargne de précaution aux dépens des achats d'équipement. Cette attitude se retrouve dans les comptes des entreprises, sans épargner celles du CAC 40.

Le changement politique, l'annonce de nouvelles périodes de vaches maigres n'a en outre guère encouragé les investisseurs à se dégarnir, qu'ils soient particuliers ou entreprises, la détente des taux d'intérêts, négociée sur le plan européen, devrait cependant redonner un peu de vigueur aux acteurs de l'activité économique française, permettant ainsi à l'indice boursier de suivre l'évolution de la courbe de la consommation.

Utilisons maintenant la courbe de la consommation comme un outil prévisionnel.

Projection de la courbe de la consommation dans le futur

Maintenant que j'ai démontré que la courbe de la consommation suit celle de la conjoncture, effectuons une projection sur 49 ans.

Le baby boom est formé de trois vagues successives, représentées sur la figure 2-2a. La première, dont la courbe de consommation culmine fin 1992, a amené le boom des années 80. La récession s'aggravera jusqu'en 1993, au moment où la consommation diminuera et l'effet stimulateur des politiques fiscales liées aux élections américaines s'atténuera.

Cette projection est riche d'enseignements. Tout d'abord, elle nous indique que la récession disparaîtra vers la fin 1994, mais seulement après que la crise de l'endettement aura provoqué une baisse

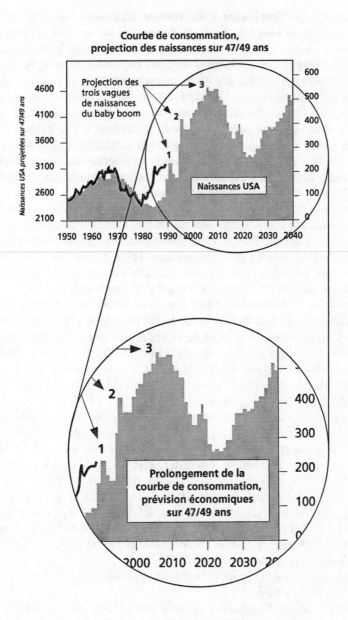

Figure 2-4. Projection de la courbe de consommation sur 49 ans

des actions, les entrainant à un niveau nettement inférieur à celui prévu par l'indicateur de base. Je pense que les actions subiront un recul de 1 700 à 2 350 points par rapport au Dow Jones. Deuxièmement, lorsque nous sortirons de cette récession, nous connaîtrons une remontée en flèche. En effet, la seconde et la troisième vague, encore plus importantes, du baby boom provoqueront des hausses conjoncturelles et boursières encore plus élevées pendant 12 à 16 ans, avec un Dow Jones culminant à environ 8 500 points. Donc la prochaine vague de consommation n'atteindra pas son apogée avant 2006 à 2010 environ, lorsque la troisième vague ne consommera plus. Elle subira éventuellement quelques soubresauts entre la fin 1996 et 1997, après le pic de la seconde vague.

Vous constaterez à quel point la génération du baby boom aura un impact important. Dans son ensemble, l'augmentation est extrêmement rapide et forte. Le prolongement de la courbe de la consommation laisse prévoir une formidable hausse de la Bourse et indique les principaux tournants décisifs du cours de l'économie. C'est la bonne nouvelle pour le long terme, bien sûr.

Toutefois, l'effondrement qui suivra le boom sera en tous points aussi dévastateur que la reprise aura été salutaire. Il devrait intervenir vers 2010, lorsque le haut de la vague du baby boom traversera sa période de consommation maximale. C'est pour cette époque que je prévois l'arrivée de la « mère de toutes les dépressions » — contrairement aux nombreuses prévisions plaçant la grande crise dans les années 90.

Combien de temps la dépression durera-t-elle aux Etats-Unis ? 12 à 15 ans. Pourquoi ? Le taux de natalité du baby boom a atteint son point culminant entre 1957 et 1961. Il a fallu attendre 1973 à 1976, pour voir la natalité reprendre, soit 12 à 15 ans plus tard. On peut donc s'attendre à un fort déclin économique entre 2010 et 2022 ou 2025 environ. Aucun effort de la part du gouvernement ne pourra l'empêcher, de même qu'il a été impossible d'empêcher la crise de 1929. En France, le baby boom se termine en 1974. Si la loi des 49 ans décrite ci-dessus s'applique, un déclin économique est à prévoir autour des années 2024-2025.

Voici donc la principale orientation prévue pour l'économie jusqu'au siècle prochain.

Le fin mot de l'histoire ? Ça marche. Vous pouvez utiliser la courbe de la consommation pour déterminer quelle sera la situation économique dans 49 ans. Quel meilleur délai souhaiteriez-vous demander ?

Affinement de la courbe de la consommation

Naturellement, la consommation est plus compliquée que les indications fournies par la projection sur 49 ans. Le logement est le facteur clef de l'économie, notamment en période de récession. La vague de consommation la plus concentrée du cycle de vie d'une famille intervient à l'approche des 43 ans, lorsque la plupart d'entre nous achètent sa plus grande maison ainsi que tous les meubles qui vont avec. L'achat de logement chute une première fois lorsque les consommateurs approchent le point maximum de consommation à l'âge de 49 ans environ, puis chute radicalement. N'oubliez pas, le logement est également l'achat à l'effet de levier le plus marqué

Vague Natalité	Pointe du logement 43 ans plus tard
1. 1939-1943	1982-1986
2. 1945-1947	1988-1990
3. 1950-1957	1993-2000

Figure 2-5a. Tableau des pointes de consommation en logement de la génération du baby boom aux Etats-Unis

Vague Natalité	Pointe du logement 43 ans plus tard
1942-1949	1985-1992
1959-1964	2002-2007
1970-1971	2013-2014

Figure 25b. Tableau des pointes de consommation en logement de la génération du baby boom en France

puisque les banques créent 80 % du pouvoir d'achat par l'intermédiaire des prêts.

Même si l'on considère généralement que le baby boom couvre aux Etats-Unis la période de 1946 à 1964, au cours de laquelle le taux de natalité a dépassé la moyenne, en termes économiques, les facteurs importants sont les hausses et les baisses de natalité de toutes les générations. Ces mouvements provoquent des périodes de croissance et de récession prévisibles. De mon point de vue, les naissances ont augmenté de 1933 à 1961, où elles ont atteint leur apogée, puis ont diminué. C'est au cours de cette période que sont apparues les trois vagues de naissances concentrées qui affecteront le plus la consommation de la prochaine vague de prospérité, notamment dans le domaine du logement.

Ces vagues sont inscrites pour la France dans la première colonne de la figure 2-5b. La deuxième colonne indique leur projection sur 43 ans. Ce tableau vous donnera une idée des périodes lors desquelles la consommation sera la plus concentrée sur le marché du logement. Les banques et le crédit connaîtront naturellement une expansion correspondante.

Voyons l'effet que la hausse du marché du logement de la première vague a eu sur l'économie américaine de fin 1982 à 1986. La période de très forte consommation entre le second semestre 1982 et 1986 a été la plus dynamique des années 80. Mais, suite à cette première poussée, nous avons subi une récession au cours du dernier trimestre 1986 et essuyé le krach boursier de 1987.

Entre fin 1988 et 1990, malgré la pression de l'endettement sur le marché de la construction, la seconde vague a permis de maintenir l'économie jusqu'à la récession qui s'est installée courant juillet 1990.

C'est justement là que nous pouvons le mieux comprendre pourquoi nous traversons une période de récession depuis 1990. Comme l'indique le tableau, la demande de logement est inexistante entre la seconde vague de natalité dont le point culminant se situe fin 1990 et la troisième, plus importante, qui commencera fin 1993. Ce recul de la demande ainsi que la chute des prix du logement sont les principales causes de cette récession. Cela explique pourquoi nous sommes des consommateurs aussi pessimistes. Entre fin 1992 et 1994, la baisse de consommation générale de la première vague va aggraver la tendance à la récession. Les deux indicateurs étant à la baisse pour 1993, attendez-vous à ce que 1993 se révèle la pire des années de récession. A cause de l'inflation, les Américains se sont tous endettés en achetant leurs logements

dans les années 70 et 80. Mais ils ne s'attendaient pas à voir les prix du logement et la Bourse, qui soutenait cet endettement, baisser aussi radicalement.
Les banques non plus, naturellement !

Fort de cet affinement, je prévois que le logement sera le premier
secteur à commencer à sortir les Etas-Unis de la récession. Par
conséquent, malgré les tentatives de bricolage gouvernementales
pour conjurer la récession en 1991 et 1992, je n'attends aucun
signe de redressement important avant au moins la fin 1993, et il
est fort probable qu'il faille encore attendre le second semestre
1994, à cause de l'impact de la baisse de la consommation de la
première vague qui continuera jusqu'en 1994. Aucun événement
mondial ne permettra non plus d'atténuer la crise. La plus grande
concentration de consommation en matière de logement interviendra entre la fin 1993 et la fin de l'an 2000.

En résumé, l'indicateur de base de la génération des 49 ans montre
donc que le boom qui a commencé au début des années 80 s'accentuera à partir de 1994, mais n'atteindra pas son niveau le plus haut
avant 2006 ou 2010. La progression du logement due aux achats des
43 ans au cours de la vague de consommation nous permet de prévoir
à la fois les périodes de croissance optimale de la consommation et les
périodes de vulnérabilité maximale face aux récessions. La croissance
la plus importante devrait avoir lieu entre 1994 et l'an 2000 et la plus
grande vulnérabilité à la récession se situera en 1993.

En France, les vagues de natalité sont décalées par rapport au
baby-boom américain. Le baby-boom français a démarré 6 ans plus
tard en moyenne, pour s'achever 14 ans plus tard, comme l'indique
la figure 2-5b.

La demande de logement devrait donc se poursuivre en France
au-delà des années 2000. Cependant, il n'est pas sûr que la
demande française restera forte 14 ans après la dernière pointe
américaine. En effet, le poids de l'économie américaine sur l'économie mondiale est tel que la récession des années 2010 aux Etas-Unis
devrait par contre-coup ralentir la demande en Europe. Il est donc
raisonnable de prévoir une baisse du marché du logement en France
avant la fin de la première décennie du siècle prochain et non
autour des années 2015.

J'aimerais, enfin, soumettre quelques idées à propos de cette notion de « vagues d'âge ». J'entends souvent deux bonnes questions : le point culminant de la productivité n'intervient-il pas plus tard qu'à 49 ans ? L'espérance de vie n'a-t-elle pas rallongé ?

C'est vrai, la plupart des gens n'atteignent pas leur productivité maximale à 49 ans, mais en règle générale, ils dépensent moins à partir de cet âge, parce qu'ils choisissent de moins travailler. Il est également vrai que nous vivons de plus en plus vieux. Mais cette tendance ne semble pas modifier énormément le fait que c'est vers la quarantaine que nous consommons le plus. Le fait de se marier et d'avoir des enfants plus tard semble expliquer que cette phase se soit déplacée de 47 ans pour la génération précédente à 49 ans pour celle du baby boom. Le fait de vivre plus vieux aura un effet mitigé car beaucoup de gens travailleront plus longtemps, mais beaucoup seront également dépendants des aides sociales plus longtemps.

Au siècle précédent, le plus haut niveau de consommation se situait généralement entre 47 et 49 ans, par conséquent je préfère m'en tenir à ce chiffre pour la génération du baby boom jusqu'à ce que quelque chose me prouve que ce phénomène intervient plus tard.

La courbe de la consommation peut-elle expliquer les années folles et la crise de 1929 ?

Oui. Le modèle de consommation que nous avons établi indique une forte corrélation entre l'indicateur de base et la performance économique pendant les années folles et la crise de 29.

Mais comme le gouvernement américain n'a commencé à établir des statistiques annuelles de la natalité qu'à partir de 1909, j'ai dû estimer les naissances concernant la période consécutive à la guerre de Sécession en m'appuyant sur les cycles des générations mis en avant dans *Generations*.

Le résultat de cet affinement de la courbe de la consommation est illustré par la figure 2-6. Elle indique que le boom des années 20 et la crise qui a persisté tout au long des années 30 et 40 étaient tout aussi prévisibles que le boom des années 50 et 60, la récession des années 70 ainsi que l'expansion dont il est question ici.

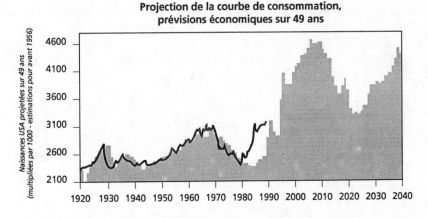

Fig. 2-6. La courbe de la consommation des années 20 aux années 90 établie à partir de taux de natalité estimés aux Etats-Unis.

Que pouvons-nous apprendre d'autre du cycle de vie des ménages ?

Les implications du cycle de vie des ménages dépassent le cadre de la consommation et l'orientation générale des marchés financiers.

Augmentation de l'épargne La figure 2-7 montre que les taux de l'épargne augmenteront au fur et à mesure que la génération du baby boom vieillira. Lorsqu'ils démarrent dans la vie, les jeunes doivent emprunter pour acquérir un logement, acheter une voiture et subvenir aux besoins de leurs enfants en bas âge. Mais les plus âgés épargnent davantage. Il y a deux phases d'épargne concentrée dans le cycle de vie des ménages. En France, elles concernent les personnes âgées de 40 à 50 ans et de 60 à 70 ans. La génération du baby boom atteint ce premier stade entre la fin des années 80 et le début des années 2000. Résultats ? Avec la hausse de l'épargne,

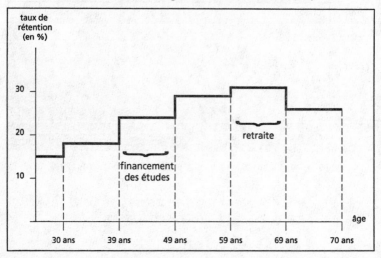

Patrimoine des ménages par âge, en pourcentage
(valeurs mobilières : obligations, actions, FCP, SICAV, SCPI)

Figure 2-7. Patrimoine des ménages par âge (source : I.N.S.E.E.)

l'économie disposera de capitaux suffisants pour investir. Pouvant bénéficier d'un capital moins coûteux, les entreprises seront plus compétitives et se tourneront davantage vers les investissements à long terme.

Pénurie de main-d'œuvre jusqu'en 2015

L'une des raisons pour lesquelles l'économie japonaise bénéficie d'une productivité supérieure à celle des économies occidentales tient au fait que les Nippons ont déjà eu à faire face au vieillissement de leur population active et qu'ils se sont rendus compte qu'il leur fallait automatiser de nombreux emplois. La population âgée a fourni l'épargne et la productivité nécessaires pour financer ce processus. L'automatisation a également entraîné une hausse de la productivité. Les Etats-Unis devront investir dans ce domaine, notamment en ce qui concerne les emplois de bureau et les emplois sans qualification car il n'y aura plus personne pour les occuper.

La figure 2-8 illustre le recul de la croissance de la main-d'œuvre américaine.

Les conclusions de ce graphique sont assez simples. L'économie américaine va connaître une forte croissance alors que la main-

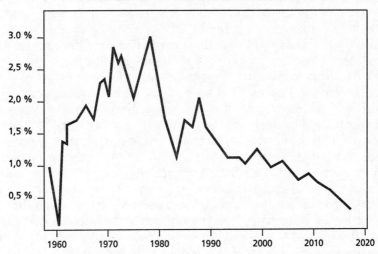

Croissance de la main-d'œuvre américaine

Figure 2-8. *Ralentissement du taux de croissance de la main-d'œuvre aux Etats-Unis (Source : Paine Webber, The Renaissance of Growth)*

d'œuvre augmentera à peine — moins d'1 % par an pendant la plus grande partie des vingt prochaines années. Cela signifie que chacun devra produire davantage. En fait, la productivité devra pratiquement avoir doublé d'ici la fin du boom. Quel contraste, quand on pense que récemment les jeunes arrivant sur le marché se montraient prêts à travailler pour 4 dollars de l'heure. Qui, dans de telles circonstances, serait disposé à investir massivement dans l'automatisation ? Personne. Trop risqué, trop d'investissements en jeu — on se contente d'embaucher des jeunes. Ce luxe disparaîtra pendant la prochaine période d'expansion.

Dans ce cas, que faire ? Evidemment :

Accroître l'automatisation L'automatisation est-elle une réalité ? Oui. Les Etats-Unis en seront bientôt au point où en était le Japon il y a dix ans. Comme les Américains épargnerons davantage, ils auront l'argent nécessaire, mais la main-d'œuvre bon marché manquera. Leur productivité atteindra un niveau similaire à celui atteint par les Japonais au cours des décennies précédentes. Par conséquent ils devront automatiser de plus en plus. Non pas parce que les Américains sont plus perspicaces. Ni parce que les dirigeants américains sont plus intelligents que les autres — encore qu'ils deviennent de plus en plus astucieux. Non pas même parce qu'ils sentent la pression de la concurrence japonaise. Peu de gens agissent de manière décisive simplement parce qu'ils sont intelligents. Généralement ils ne passent à l'action que poussés par la force des choses.

Et ils seront contraints à l'automatisation. Parce qu'en vieillissant, la société américaine aura épargné et investi davantage, les Américains ne seront pas obligés d'emprunter auprès du Japon un argent qu'il n'aura d'ailleurs peut-être pas. Il va arriver aux Américains de bonnes choses malgré eux, mais cette fois le processus d'automatisation s'effectuera sur la base d'un investissement plutôt orienté vers les systèmes informatiques souples que vers les matériels lourds qu'ils ont connus dans le passé. Ces investissements rendront les emplois plus humains et plus créatifs, plus qualifiés et mieux payés. Mais surtout, nous assisterons aux débuts de l'automatisation massive des emplois de bureau, comme cela fut le cas pour les secteurs industriel et agricole dans le passé. Plus de 70 % de la main-d'œuvre américaine est actuellement occupée à des travaux de bureau répétitifs que les ordinateurs peuvent effectuer plus vite, mieux et à meilleur marché.

Rien ne compte autant que la vague de consommation

Et les autres facteurs censés affecter l'économie ? La réserve monétaire ? Les taux d'intérêts ? La Bourse ? Qu'est-ce que toutes ces choses ont à voir avec la conjoncture ?

Ces facteurs entraînent effectivement des répercussions sur l'économie, mais celles-ci sont généralement à court terme et elles se corrigent d'elles-mêmes. N'oubliez pas ceci : si vous réduisez les taux d'intérêts et augmentez la masse d'argent disponible, vous n'élèverez ni le pouvoir d'achat ni les revenus. Vous ne ferez que faciliter l'emprunt. Les gens qui empruntent plus aujourd'hui, réduiront leurs dépenses demain, car ils se verront rattrapés par le service de la dette. Pour parler en termes clairs : ce que vous empruntez aujourd'hui, vous devrez le rembourser demain avec les intérêts, car rien n'est gratuit. L'histoire récente le prouve, lorsque la banque fédérale américaine abaisse les taux d'intérêts pendant un certain temps, comme ce fut le cas de 1986 à 1987, ces derniers ont fortement tendance à remonter ensuite. Le pouvoir d'achat ne change substantiellement qu'avec l'âge, l'expérience, les bouleversements technologiques et la réorganisation des entreprises. Quant à la Bourse, ce n'est qu'un indicateur à court terme qui ne réagit qu'en fonction des indicateurs tels que les taux d'intérêts et la réserve monétaire. Elle indique souvent très mal les tendances à long terme. Et lorsqu'elle se trompe, elle s'effondre.

Existe-t-il un outil permettant de prévoir l'économie au-delà de l'an 2000 ?

Avant que vous ne tombiez follement amoureux de l'instrument prévisionnel que représente la courbe de la consommation, j'aimerais dire ce qu'il est et ce qu'il n'est pas.

Premièrement, la courbe de la consommation est un outil qui peut être utilisé — des décennies à l'avance — pour prévoir l'orientation générale et le niveau de la consommation au fur et à mesure qu'une génération vieillit.

Deuxièmement, la courbe de la consommation ne permet pas de prévoir les chocs pétroliers; elle ne permet pas de prévoir les effets des bricolages gouvernementaux et des modifications radicales des taux d'intérêts; elle ne permet pas de prévoir les guerres contre les armées de Saddam Hussein. Où j'ai pu, j'ai souligné les effets supplémentaires des événements imprévus car il est vrai qu'à court terme, les chocs pétroliers, les guerres et les décisions politiques concernant les taux d'intérêts modifient légèrement l'évolution normale.

Vous remarquerez qu'immédiatement après le choc pétrolier, la Bourse a retrouvé le niveau exact que laissait prévoir la courbe de la consommation. Après le krach de 1987, la Bourse a également retrouvé le cours prévu.

En résumé, vous pouvez vous servir de cet instrument pour prévoir les orientations économiques à long terme. Vous ne pourrez jamais prévoir les événements mondiaux, mais vous pouvez en savoir suffisamment pour voir que le krach de 1987 était une anomalie, autrement dit pourquoi les actions ont été progressivement surcotées et pourquoi, une fois qu'elles se sont effondrées, il ne pouvait s'agir que d'un phénomène temporaire.

Dernier point à souligner : même si la vague de consommation fournit des données fondamentales, il ne faut pas oublier les deux autres vagues successives. La forte croissance due à la vague de consommation de la génération du baby boom s'accompagnera, dans sa maturité, de nouvelles vagues de transformations technologiques, sociales et logistiques tout aussi révolutionnaires que les changements économiques dont j'ai parlé.

Il est difficile d'exagérer l'influence de la génération du baby boom, à qui l'on doit déjà la plus grande partie de la consommation dans notre économie. En 1995, elle constituera également 75 % aux Etats-Unis et 85 % en France de la main-d'œuvre. Ce qui signifie que nombre des tendances adoptées par cette génération en matière de produits, de gestion, de commerce et dans le domaine social s'accéléreront au fur et à mesure que son pouvoir d'achat et sa prédominance au sein de la population active augmenteront. A partir du moment où elle commencera à faire travailler ses muscles, où elle sera leader au sein de la main-d'œuvre, des entreprises et de la scène politique, les Etats-Unis réaffirmeront leur prédominance internationale dans les secteurs commercial et technologique.

Le sursaut de l'Amérique !

L'avenir nous réserve plus qu'un simple boom économique. Nous sommes sur le point d'entrer dans une ère moderne d'automatisation et de productivité, qui touchera cette fois le monde des bureaux, où les gratte-papier céderont la place à des professionnels et des dirigeants.

Au cours de cette période, les Etats-Unis jouiront d'un double avantage : la créativité et l'esprit d'entreprise — les deux grandes forces de la génération du baby boom. Cette génération est le fer de lance de la révolution créative qui va déferler et donner naissance à une économie individualisée et personnalisée. C'est la voie dans laquelle les Etats-Unis se sont engagés. Et le reste du monde suivra.

Actuellement, tout le monde a une attitude négative vis-à-vis de l'économie américaine. La génération du baby boom est blasée parce qu'elle a été frustrée dans ses attentes. Compte tenu des troubles ponctuels et des difficultés provoquées par la drogue, les difficultés du système éducatif et le chômage, la plupart des défenseurs des minorités sont pessimistes en ce qui concerne l'économie. Et ils n'ont pas tort. Franchement, nombreux sont ceux qui auront du mal à répondre aux exigences qu'implique l'expansion économique. Mal armés pour profiter des possibilités de progression, ils se retrouveront à la traîne.

D'un autre côté, les Etats-Unis manqueront sérieusement de main-d'œuvre en cette période de croissance. Pour rester dans la course, les entreprises seront donc amenées à encourager la formation ou le recyclage dans les secteurs qui auront pris du retard. Dans l'ensemble, toutefois, le boom que j'annonce se traduira par l'augmentation du niveau de vie de la plupart des gens ainsi que la réduction du chômage et des coûts sociaux.

Par conséquent, même si le paysage semble particulièrement morose aujourd'hui, nous verrons bientôt les investissements, les sacrifices et les changements que nous avons faits au cours de ces vingt dernières années enfin récompensés. Croyez-le, la récession de 1990/1994 ne sera bientôt plus qu'un mauvais souvenir. On comprendra alors qu'en dépit des apparences, c'était un mal pour un bien.

Ce bien, qui fait l'objet du chapitre suivant, n'est autre que la fin de l'inflation.

3
La hausse du pouvoir d'achat

*La fin de l'inflation marque
le début d'une nouvelle ère de prospérité*

TELEX

Le fléau de l'inflation est sur le point de disparaître. En fait, le boom économique qui s'annonce marquera la fin virtuelle de l'inflation pour les décennies à venir. Votre pouvoir d'achat va faire un bond en avant. Les taux d'intérêts vont chuter. Les prix vont chuter. L'économie telle que nous la connaissons est sur le point d'entrer dans une nouvelle ère d'abondance.

Lorsque je parle en public du plus grand boom économique de l'histoire, personne ne reste indifférent. Les gens réagissent. Leur attitude varie entre l'espoir sceptique et le mépris incrédule.

La plupart des gens n'acceptent tout simplement pas l'idée que mes prévisions annoncent de bonnes nouvelles parce qu'ils ont souffert de l'inflation et de la baisse de la productivité trop longtemps. Les incrédules se replient généralement derrière des formules telles que : « Bon, cette histoire de génération du baby boom est bien jolie, mais nous vivons des temps nouveaux. » Ou : « Cette génération ne gagnera jamais autant d'argent que celle de ses parents. » Ou : « Comment pouvons-nous espérer le progrès avec un système d'éducation défectueux et des résultats médiocres aux examens d'entrée à l'université ? » Et plus généralement : « Les enfants du baby boom ne sont plus productifs. Les autres pays nous ont dépassé... Alors comment pouvez-vous prétendre que les revenus et la consommation vont reprendre ? » Sans oublier l'éternelle : « Et que faites-vous de l'inflation ? Dès qu'il y aura une amélioration en vue, les prix vont monter en flèche et l'inflation reprendra de plus belle. »

L'inflation, c'est le grand méchant loup. Tout le monde voit l'inflation comme un affreux dragon qui ne cesse de surgir pour terroriser les entreprises et les particuliers. La plupart des gens croient qu'une bonne nouvelle s'accompagne forcément d'un malheur ou d'un autre. Il suffit de prononcer le mot « inflation » pour que tout le monde réponde en chœur « Ainsi soit-il » ; on entend également fuser des remarques telles que « Rien ne va plus. Les choses ont changé. »

A cela je réponds : « Oui, les choses *ont* changé et il était grand temps ! » Nous allons voir une énorme différence entre les années 80 et 90, une différence qui se résume en deux mots : *pouvoir d'achat*. La génération du baby boom, de même que les autres, combat l'inflation depuis 20 ans. En réalité, c'est un impôt supplémentaire.

Mais c'est terminé. Au cours de ce boom, le dragon va être mis à mort.

Adieu à l'impôt de l'inflation

Outre les taxes locales, l'impôt sur le revenu, la T.V.A. et les charges sociales, les adultes payent entre 5 et 20 % d'impôt par le biais de l'inflation. Cette taxe de 5 à 20 % sur tout ce que nous achetons a contraint les ménages à s'endetter et à avoir un double salaire.

L'inflation représente une ponction particulièrement déconcertante pour la génération du baby boom. Non seulement il faut plus d'argent pour acheter un logement, mais les taux d'intérêts sont plus élevés à cause de l'inflation, ce qui augmente le coût des achats à tempérament. Etant la première génération de la carte de crédit, c'est dire si elle a acheté à tempérament !

Les enfants du baby boom souffrent depuis longtemps et beaucoup ne connaissent même pas la cause de leur détresse. J'imagine donc bien à quel point il leur est difficile de croire que le fléau de l'inflation est sur le point de disparaître totalement. Pourtant c'est le cas.

> *Il est fort probable que nous connaissions une période d'inflation négative —*
> *ou de déflation — ce qui implique une réelle chute des prix. Dans les années à*
> *venir, nous verrons aux Etats-Unis l'inflation passer de 5 % à moins de zéro, un*
> *niveau rarement atteint. Pour la première fois depuis les années 30, l'indice*
> *des prix à la consommation devrait subir une baisse substantielle — probable-*
> *ment d'au moins 20 %. En France, il est prévisible que l'inflation suive le*
> *même chemin, après la forte décrue observée ces dix dernières années.*

Le plus surprenant et le plus important dans ce prochain boom — et c'est pourquoi ce sera le plus grand boom que l'histoire ait jamais connu — c'est que le pouvoir d'achat va faire un bon en avant juste au moment où nous entrerons dans une ère de productivité incomparable.

Imaginez un instant... Les taux d'intérêts chutent, le prix des biens — de la boîte de conserve au logement — baisse, le prix du pétrole dégringole. Subitement, la génération du baby boom se découvre un pouvoir d'achat dont elle n'a jamais rêvé. Ses conceptions vont complètement changer. Elle envisagera différemment la taille de la maison qu'elle pourra acheter, le quartier dans lequel elle pourra s'installer et le type de confort qu'elle pourra se permettre. Tout le monde aimerait avoir la chance de pouvoir embaucher une femme de ménage et un jardinier, mais généralement on se dit que l'on n'en a pas les moyens pour l'instant (si ce n'est qu'on ne les aura jamais).

Les gens ne peuvent pas s'imaginer que dans dix ans, le citoyen moyen pourra s'acheter une maison coûtant aujourd'hui 800 000 à 1 million de francs et posséder une voiture de luxe. C'est pourtant ce qui va arriver.

Lorsque je leur demande quelles sont leurs craintes financières, les gens me répondent : « Je ne peux pas me permettre d'habiter une belle maison comme celle de mes parents. »

Nous y voilà. C'est le plus grand souci de toute la génération du baby boom et, je suppose, de toutes les générations. Les gens ont moins peur de cette chose impersonnelle qu'on appelle l'inflation que de la perspective d'avoir un niveau de vie inférieur à celui de leurs parents. Apparemment, c'est ainsi que les générations successives jugent l'échec personnel.

N'ayez crainte. Les enfants du baby boom achèteront des maisons encore plus belles que celles de leurs parents. Une maison qui coûte aujourd'hui 800 000 francs ne coûtera bientôt plus que 650 000 francs environ. Le taux de l'emprunt hypothécaire tombera à 5 ou 6 % dès le début 1998. N'oubliez pas ceci : la productivité et le revenu réel augmenteront beaucoup plus rapidement durant le boom.

> *La disparition de l'impôt de l'inflation va déclencher la reprise économique. Comme les consommateurs commenceront à vouloir jouir de leurs nouvelles richesses, la consommation redémarrera. Cet effet catalyseur, conjugué à la vague de consommation de la génération du baby boom, déjà en place, propulsera l'économie américaine vers le plus grand boom de l'histoire.*

Je me rends compte que cette façon de penser va à l'encontre de la sagesse conventionnelle. Vous souvenez-vous du modèle prévisionnel humain que nous avons vu au second chapitre ? Ne commettez pas l'erreur de suivre ces économistes qui ne prévoient aucun changement. Ne croyez pas que la stagnation va se prolonger. Ce n'est pas parce que cela fait vingt ans que vous vous battez contre l'inflation et que vous avez difficilement eu les moyens de vous payer une maison, que cela sera encore vrai dans dix ans. Les choses évoluent par cycles, vous vous en souvenez ? Surtout, ne croyez pas ces pessimistes qui essayent de démontrer que les années 20 présentent de nombreuses similitudes avec les années 80, ce qui laisse entendre que nous devons nous attendre à une autre dépression, similaire à la crise de 29. C'est faux. Au contraire, les tendances actuelles sont très *différentes* de la période qui a précédé la crise des années 30 !

Croyez-moi, je vais d'ailleurs vous expliquer les mécanismes de l'inflation. Puis je vous dirai ce que sa disparition signifiera pour vous.

Normalement, les économistes ne prévoient jamais une forte reprise après une longue période d'apathie économique. Ils prévoient un endettement général des ménages, des entreprises et de l'Etat. Ils prévoient un ralentissement du marché du logement. L'effondrement du marché de l'automobile et la stagnation générale de l'économie. Tout le monde pense qu'il n'y a pas d'autre issue que de remonter la pente tout doucement.

C'est faux. Nous allons sortir de cette récession de manière tonitruante.

Outils prévisionnels annonçant l'arrivée d'une nouvelle vague de prospérité

Il existe toute une panoplie d'instruments permettant de prévoir les périodes d'inflation avec plus ou moins de précision. Nous savons tous que la hausse des prix du pétrole et autres matières premières sont en grande partie responsables de l'inflation des années 70. Nous savons que les déficits de l'Etat et la hausse des dépenses militaires de ces vingt dernières années ont largement contribué à l'inflation américaine. Nous savons tous que la dette accumulée, notamment dans les années 80, aussi bien par le gouvernement que les ménages et les entreprises, a été le moteur de cette inflation.

Certes, tous ces facteurs ont effectivement un rapport avec l'inflation. Ils apportent d'ailleurs la preuve que mes affirmations concernant la disparition de l'inflation pour la génération du baby boom sont parfaitement justifiées. J'aborderai chacun d'entre eux pour expliquer le bien-fondé de mes propos à ce sujet.

Mais là n'est pas le principal facteur. L'élément fondamental, c'est encore une fois la génération du baby boom. J'ai déjà montré comment un simple indicateur de base, la courbe de la consommation, peut expliquer le mécanisme de l'économie. Je m'apprête à vous parler d'un outil prévisionnel étonnant qui, par lui-même, s'avère être l'explication clef de l'inflation subie par la génération du baby boom.

Le facteur clef de l'inflation L'unique facteur de l'inflation est l'arrivée massive de la génération du baby boom sur le marché du travail. Vous souvenez-vous de la figure 2-8 du second chapitre ? Elle illustre le taux de croissance de la main-d'œuvre. Au cours des recherches que j'ai effectuées pour rédiger ce livre, j'ai découvert qu'il existait un étonnant rapport entre le taux de croissance de la main-d'œuvre aux Etats-Unis et le taux d'inflation.

La figure 3-1 illustre cette corrélation mieux que tout autre facteur — et je les ai tous étudiés ! Compte tenu de la baisse de productivité et de la hausse des investissements, il a fallu environ trois ans pour incorporer cette génération dans la population active après son arrivée sur le marché du travail. C'est pourquoi j'ai décalé la croissance de la main-d'œuvre sur trois ans.

Si l'on avait pu en disposer plus tôt, ce graphique aurait permis de prévoir que l'inflation allait monter en flèche en 1980, ce qui s'est produit, et que nous traverserions une première période de déflation entre 1980 et 1986 — ce qui correspond précisément à la tendance donnée par l'indicateur d'inflation de la croissance de la main-d'œuvre. L'inflation qui atteignait près de 20 % en 1980 est retombée à 3 % en 1986. Après 1986, l'image pratiquement parfaite fournie par l'indicateur aurait permis de prévoir une légère augmentation de l'inflation jusqu'en 1990, suivie d'une seconde période de déflation de 1990 environ à 1997.

Pour moi, le rapport est flagrant, ce graphique est une découverte aussi sensationnelle que la courbe de la consommation. De nom-

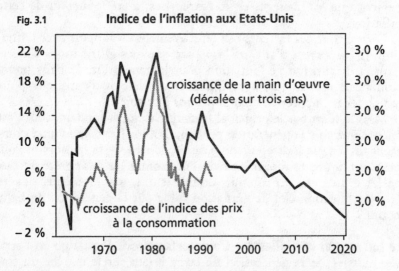

Figure 3-1. Entrée de la génération du baby boom américaine dans la population active — un outil prévoyant le maintien des prix bas tout au long de la prochaine période d'expansion

breux facteurs expliquent l'inflation, mais la proportion d'enfants du baby boom arrivant sur le marché du travail constitue à elle seule un outil prévisionnel extraordinaire.

Pourquoi ?

Pour en savoir davantage, il faut avant tout dépasser l'idée largement répandue selon laquelle les déficits publics sont les seules causes d'inflation. Il faut savoir que nous avons également connu de très lourds déficits publics pendant les périodes de déflation, voire de dépression comme dans les années 30, par conséquent rien ne prouve qu'il y ait un rapport direct entre les déficits et l'inflation.

> Je définis simplement l'inflation comme le moyen de financer les périodes de fort investissement. En d'autres termes, l'inflation intervient dans les périodes où il est nécessaire d'investir, mais où la productivité, l'épargne ou les bénéfices sont trop faibles pour assurer ce financement. L'économie emprunte alors de manière interne ou auprès des consommateurs tout simplement en augmentant les prix des biens et des services.

Si vous jetez un coup d'œil sur l'histoire, la première chose que vous remarquerez, c'est que l'inflation a tendance à se manifester en période de guerre. Ce phénomène s'explique très facilement. D'une part les combats nécessitent une hausse des investissement et, d'autre part, la productivité est faible parce que peu de gens sont disponibles à l'arrière pour assurer la production des biens et des services. Les guerres ont en outre généralement lieu dans les périodes de transition technologique, ce qui amène un déséquilibre du pouvoir, le nouveau pouvoir ayant souvent   ntre l'ancien pour s'imposer.

Par conséquent, les périodes d'inflation corres   ment aux périodes intermédiaires où les ancie   cèdent la place aux nouvelles et, par conséquent   est faible par rapport à l'époque où les vieil   industries étaient à leur apogée. Le rééquipeme tries et le lancement des nouvelles nécessitent par ailleurs de nombreux investissements.

Comme nous l'avons laissé entendre dans le premier chapitre, l'innovation technologique et les périodes de transition apparaissent lorsque la jeune génération quitte le système scolaire pour entrer dans la vie active.

Mais outre l'innovation technologique, l'arrivée sur le marché du travail d'une génération provoque également un besoin élevé d'investissement et une période de faible productivité.

Pourquoi la productivité est-elle forcément faible ?

Lorsqu'on sait que quatre-vingt millions de jeunes inexpérimentés ont rejoint la population active américaine sur une période relativement courte, la question ne se pose même pas. Les jeunes ne sont pas aussi productifs que leurs aînés plus expérimentés.

L'arrivée de tant de jeunes sur le marché du travail nécessite de gros investissements. Les gens doivent être formés. Il faut leur donner un certain espace, un bureau, un ordinateur et autre matériel nécessaire pour accomplir leur tâche. Lester Thurow a calculé qu'il fallait investir en moyenne 250 000 dollars pour élever et faire entrer un enfant dans la vie active. En effet, c'est un investissement !

Et il leur faut du temps pour acquérir un peu d'expérience. Pratiquement tous les chefs d'entreprise ont eu à prendre le risque de confier aux jeunes de nouvelles missions et de nouveaux projets. Non sans retenir leur souffle d'ailleurs. Mais les dirigeants performants savent qu'il faut être prêt à investir dans la formation des jeunes. Cette manifestation de volonté implique souvent de nombreux tâtonnements, un processus toujours coûteux, mais à long terme, ces efforts sont généralement récompensés car, en mûrissant, les jeunes deviennent plus productifs et acquièrent une plus grande confiance en eux. Nous devons comprendre que nos jeunes sont des investissements qui porteront leurs fruits plus tard.

Le taux de l'épargne est un autre facteur qui contribue à réduire productivité et à augmenter les investissements. Les jeunes de ans sont les personnes qui épargnent le moins. Par conséquent, les entreprises disposent de moins de capitaux pour financer ce haut niveau d'investissement.

Tout comme nous l'avons vu pour la vague de consommation, plus la génération est numériquement importante, plus le taux d'inflation est élevé. Nous venons sans doute de subir le plus fort taux d'inflation de l'histoire pour la simple raison que notre population active a dû absorber cette énorme génération et digérer la vague sans précédent de nouvelles technologies qu'elle nous a apportée.

Par conséquent, si vous êtes d'accord avec ma conclusion selon laquelle la principale cause de l'inflation est la taille de la génération du baby boom, parce qu'elle a nécessité un investissement énorme à une époque de faible productivité, quelle sera votre conclusion suivante ? Exactement — la génération du baby boom est la garantie de la fin de l'inflation parce qu'elle n'a plus besoin de cet investissement pour subvenir à ses besoins. Au contraire, elle va être très productive quand elle atteindra la trentaine et la quarantaine et épargnera de surcroît encore plus.

Au cours des vingt dernières années, nous avons incorporé dans la vie active un nombre sans précédent de jeunes issus du baby boom ainsi que des technologies et des infrastructures de communication radicalement nouvelles. Nous en recueillerons les fruits au cours des deux prochaines décennies. Et d'énormes fruits qui plus est !

Quelles autres forces travaillent en faveur de la hausse du pouvoir d'achat ?

Le facteur de multiplication féminin. Si l'inflation et la croissance de la main-d'œuvre était tellement élevées, ce n'est pas uniquement en raison de l'énorme baby boom, mais parce que les femmes sont entrées en masse dans la vie active pour la première fois dans l'histoire. Dans le passé, le Japon et, dans une moindre mesure, l'Allemagne ont bénéficié d'une main-d'œuvre plus âgée et plus productive, d'une épargne plus importante et d'une croissance de la main-d'œuvre et des investissements plus faibles — ce qui s'est traduit par une productivité plus importante et une inflation plus faible.

A l'avenir, les Etats-Unis seront les plus productifs parce qu'ils ont eu le baby boom le plus important et ont incorporé un fort pourcentage de femmes et de minorités dans leur population active. Non seulement cette main-d'œuvre, numériquement supérieure, approche de l'âge le plus productif, mais ce pays a aussi la plus grande proportion de ménages à double revenus, ce qui implique une rentabilité et une productivité doublée par rapport aux générations précédentes. Compte tenu des nombreuses minorités que les Etats-Unis ont intégrées, ce pays dispose également de la main-d'œuvre la plus cosmopolite pour conquérir les marchés internationaux.

S'il doit y avoir de l'inflation quelque part dans le monde dans les années à venir, ce sera en Allemagne, où il faudra investir beaucoup pour absorber la faible productivité des Allemands de l'Est et autres travailleurs des pays d'Europe de l'Est.

Autre facteur : toutes les tendances que je peux mesurer indiquent un ralentissement radical de la croissance de la main-d'œuvre après l'apogée du baby boom. Cela signifie que nous n'avons plus besoin de construire autant de bureaux et d'installer autant d'équipement. Les coûts de la formation de base vont également baisser.

Oubliez la morosité ambiante à propos du manque de productivité et de compétitivité sur les marchés internationaux, les lamentations à propos de l'inflation permanente et les affirmations selon lesquelles nous ne sommes pas prêts de sortir de la récession. Les principes de base de l'inflation disent que toutes ces tendances vont se renverser. Nous arrivons dans une période où nous serons plus productifs. Nous n'aurons plus à combattre ce monstre d'inflation lors de la prochaine vague de prospérité.

Et les autres causes de l'inflation ?

Avant d'aborder en détail la prévision des effets de la déflation sur notre économie au cours des prochaines années, voyons quels sont les autres indicateurs et causes d'inflation. Vous verrez que tous les indicateurs sont en corrélation — bien qu'aucun ne soit ni @aussi marqué ni aussi constant que le taux de croissance de la main-d'œuvre. Mais ils pointent tous dans la même direction et annoncent tous la fin de l'inflation.

Chute des prix des matières premières La première étape, et la plus importante, de notre période d'inflation la plus récente a eu lieu dans les années 70. Elle n'a pas été provoquée par les dépenses liées à la guerre du Viêt-nam, mais par la flambée des prix des matières premières due à la terrible explosion des prix du pétrole, qui ont atteint jusqu'à 40 $ le baril.

Si nous regardons les prix des matières premières sur la figure 3-2, nous constatons clairement qu'ils ont atteint leur niveau le plus haut en 1980 et n'ont cessé de baisser ensuite. Ils poursuivront dans cette voie car les nouvelles technologies réduiront l'énergie et les matières premières nécessaires à la production et à la croissance de nos économies. En fait, les grandes pénuries des années 60 et 70 se sont transformées en excédents croissants dans les années 80 et 90.

Si l'O.P.E.P. n'avait pas restreint l'exploitation de ses puits, nous aurions déjà une énorme surabondance de pétrole. La Russie a aujourd'hui tendance à pratiquer le dumping sur les marchés internationaux de l'or et du pétrole, afin de réunir les fonds nécessaires à sa survie économique. Au fil du temps, l'Europe de l'Est et les nouveaux Etats indépendants de l'ancienne Union soviétique vont également accroître leur production agricole. Au niveau mondial, nous pouvons donc prévoir que les prix de ces produits continueront de baisser à long terme.

Fig. 3.2   **Prix des matières premières**

indice CRB

Figure 3-2. Première période d'inflation : l'explosion des prix des matières premières

Dans les années 60 et 70, les anciennes technologies et industries américaines ont tellement bien réussi à saturer le marché de nombreux produits différents (de l'automobile aux boîtes de conserve) que les ressources naturelles et les infrastructures ont été mises à rude épreuve. Nous parcourions plus de kilomètres. Nous exigions des voitures plus spacieuses, plus puissantes. Nous voulions plus de maisons, plus de machines. C'est à cause de cela, et non pas du déficit budgétaire de l'Etat, que nous avons connu la pénurie. C'est cela qui a permis à l'O.P.E.P. d'augmenter ses prix et de nous retenir en otage pendant un certain temps.

Toutes les matières premières ont augmenté au fur et à mesure qu'elles se raréfiaient.

Il nous fallait soit creuser plus profond et supporter les coûts que cette solution entraînerait, soit importer les matières premières de plus loin. Ajoutez à cela l'augmentation des coûts dûs à la pollution et à la réglementation en matière de sécurité suscitées par les hauts niveaux de production et de consommation de l'ancienne économie industrielle.

La croissance connaît toujours des limites. Plus l'économie et les technologies parviennent à rendre les choses moins chères et plus accessibles, plus elles grèvent les ressources naturelles. Les limites du dernier cycle sont classiques : nous possédions tant de voitures et tant de machines qui consommaient tant de pétrole et d'acier que nous avons simplement commencé à manquer de ressources à court terme. L'inflation a démarré avec la flambée des prix des matières premières au début des années 70 et n'a cessé de s'accroître jusqu'à ce qu'elle ait atteint son point maximum en 1980. L'augmentation des prix du pétrole a fini par entraîner une hausse des prix du minerai de fer et de tous les autres produits consommateurs de pétrole. Puis toutes les autres industries lourdes dépendantes du pétrole et autres matières premières ont vu leurs coûts monter en flèche. Pour couronner le tout, notre économie basée sur l'industrie manufacturière polluait l'environnement.

Les nouvelles technologies, en revanche, ne reposeront pas sur d'énormes quantités de matières premières produites par une machinerie lourde alimentée par le pétrole ou le charbon. Elles se nourriront des informations gérées par les microprocesseurs, beaucoup moins consommateurs d'énergie.

Les prix des matières premières baissent parce que ces nouvelles technologies travaillent contre elles.

Peut-on compter sur les prix des matières premières pour prévoir l'inflation? Difficilement. S'ils étaient la seule cause de l'inflation, nous ne la subirions pas depuis 1980, date à laquelle les prix ont diminué. Cet indicateur ne peut pas refléter à lui seul le facteur responsable de l'inflation. Alors voyons un autre élément important, présenté sur la figure 3-3.

Taux de croissance de la dette américaine

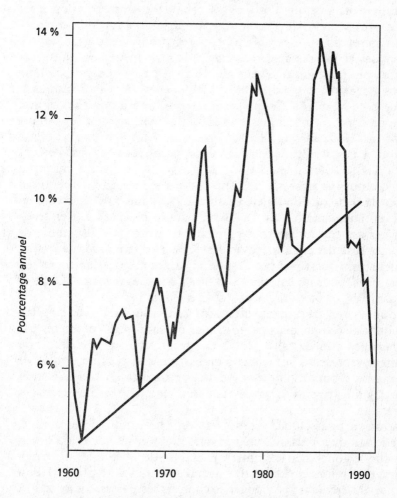

Figure 3-3. Taux de croissance de la dette financière globale aux Etats-Unis.
Source : BCA Publications Ltd., 3463 Peel St., Montréal, Canada.

Diminution de l'accumulation de la dette Lorsque les prix des matières premières sont retombés, l'accumulation de la dette américaine s'est accélérée, provoquant une inflation continue jusqu'en 1980. Le taux de l'accumulation de la dette a atteint son plus haut niveau en 1986; depuis, il ne cesse de baisser.

Regardez la figure 3-4 qui illustre la proportion de la dette globale américaine par rapport au produit national brut. La situation est grave, cela vaudrait la peine d'écrire à son sénateur. Mais, contrairement à ce que l'on croît, le gouvernement américain n'est pas le seul secteur de l'économie à emprunter lourdement et à devoir gérer d'énormes déficits. Toutes proportions gardées, les entreprises et les ménages ont accumulé un endettement pratiquement aussi important que celui de l'Etat. En fait, la dette publique s'élève à seulement 4 milliards environ sur les 16 milliards de dollars de dettes estimés. Ce qui reste relativement proportionnel aux 20 % de dépenses publiques. Les ménages et les entreprises se partagent les 75 % restants de la dette, soit 12 milliards de dollars environ. La crise d'endettement que nous traversons actuellement n'est donc pas véritablement due au gouvernement, mais plutôt au taux d'emprunt excessif des entreprises et des particuliers. En France, la dette de l'Etat a été évaluée à 2 100 milliards de francs en 1992, en augmentation de 12 % sur l'année précédente. L'endettement net des entreprises était pour sa part chiffré à 4 583 milliards de francs et la dette des ménages à près de 3 700 milliards de francs. L'endettement total français résulte ainsi pour 20 % de la part de l'Etat, 40 % pour les entreprises et 40 % pour les ménages. Chiffres comparables, on le voit, à ceux des Etats-Unis.

Nous avons tous naturellement entendu parler des offres publiques de retrait, mais la croissance des emprunts contractés par les ménages afin de faire face à la spéculation sur le marché du logement représente le facteur d'endettement le plus important de l'économie. L'utilisation excessive de la carte de crédit est une autre cause significative de la croissance de l'endettement des ménages américains.

La raison pour laquelle le déficit de l'Etat est aussi perceptible, outre le fait que nous aimons toujours montrer les autres du doigt, c'est que le gouvernement américain utilise des méthodes de comptabilité différentes de celles des ménages et des entreprises. L'Etat dépense entièrement son budget, y compris les postes à long terme, en l'espace d'un seul exercice. Ce qui signifie qu'à peine rentrées, les recettes sont déjà dépensées. Les entreprises amortissent leurs prin-

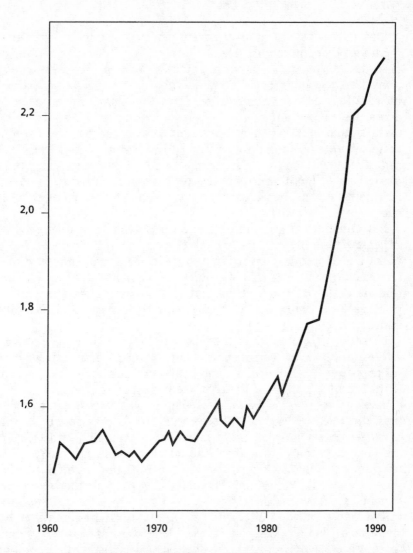

Figure 3-4. Deuxième période d'inflation : l'explosion de la dette américaine.
Source : BCA Publications Ltd., 3463 Peel St., Montréal, Canada.

cipaux investissements tels que les nouvelles usines ou les nouveaux bureaux, ainsi que les équipements lourds, sur des dizaines d'années. C'est pourquoi les pratiques gouvernementales se traduisent par un cash-flow déficitaire, tandis que les entreprises peuvent continuer à emprunter tout en maintenant leurs bénéfices.

Qu'arriverait-il si le gouvernement américain adoptait les mêmes méthodes de comptabilité que les entreprises ? Robert Eisner, président de l'Association économique américaine, a découvert que si l'on prenait le budget de l'Etat, que l'on amortissait les investissements à long terme et que l'on réunissait tous les déficits et les excédents des caisses publiques, l'énorme déficit de 150 milliards de dollars, dont on nous rebat tant les oreilles, se transformerait tout à coup en un excédent de 70 milliards de dollars ! Alors ne vous inquiétez pas trop du déficit. Et si vous n'avez pas l'habitude d'attribuer le mérite des périodes de croissance au gouvernement, cela ne rime à rien de le rendre responsable des conjonctures difficiles.

Les consommateurs amortissent également leurs plus grosses dépenses. Le logement, par exemple, est généralement amorti aux Etats-Unis lorsque l'emprunt hypothécaire sur 30 ans arrive à terme. La montée en flèche de toutes ces tendances fait que le pourcentage de la dette américaine par rapport au P.N.B. a lentement progressé au cours des années 70, puis s'est emballé dans les années 80.

Lorsque l'économie et les bénéfices baissent, et que la productivité est faible pour les consommateurs, les gens n'ont pas d'autre solution que de recourir à l'emprunt pour continuer à satisfaire leurs besoins. Tant que l'endettement progresse, l'argent fait la chasse aux actifs — les banques prêtent de plus en plus aux particuliers afin que ces derniers puissent accéder à la propriété et le prix des logements augmente. En Californie, par exemple, l'endettement est plus élevé parce que les banques prêtent davantage que les banques de l'Ohio. C'est pourquoi le marché de l'immobilier californien risque de s'effondrer davantage. Cet exemple illustre parfaitement le mécanisme de la hausse des prix. Si les banques ne prêtaient pas cet argent, les prix n'augmenteraient jamais et ne viendraient pas grossir la spirale de l'endettement. Souvenez-vous de ce qui est arrivé au cours de l'action United Airlines en octobre 1989, lorsque les banques ont décidé de ne plus soutenir cette offre publique de retrait ? En l'espace d'une semaine, l'action a chuté de 300 à 100 dollars. Voilà comment la disponibilité des dettes fait monter ou baisser le cours des actifs.

Les effets prévus de l'accumulation et de la régression de la dette

A court terme, nous allons voir aux Etats-Unis des déficits publics sans précédent. Je ne serais pas surpris de voir le déficit atteindre au moins 800 à 900 milliards de dollars en 1994. Cet exemple illustre parfaitement pourquoi les déficits de l'Etat provoqueront une hausse des taux d'intérêts alors que le gouvernement se sera efforcé de les faire baisser en 1991 et 1992.

Après la récession, les taux d'intérêts américains chuteront et la croissance reprendra. Pendant la récession, les dépenses militaires seront réduites plus rapidement que prévu, ce qui générera une épargne publique à très long terme. Lorsque l'économie sera à nouveau florissante, les dépenses liées au chômage et autres secteurs sociaux diminueront et, ce qui est plus important, les rentrées fiscales monteront en flèche car les revenus des ménages et le chiffre d'affaires des entreprises seront en augmentation. Les déficits publics commenceront alors à reculer. Les gouvernements créent des déficits dans les périodes d'inflation et des excédents dans les périodes de prospérité qui suivent; ce phénomène s'est reproduit tout au long de l'histoire. N'oubliez pas ceci : les choses évoluent par cycles.

> Après les énormes déficits de 1993 et 1994, le gouvernement américain commencera à retrouver un équilibre budgétaire. En 1998, il se trouvera probablement en situation excédentaire.

En résumé, l'accumulation de la dette a fortement aggravé l'inflation dans les années 80, tout comme le prix des matières premières avaient provoqué l'inflation des années 70.

Mais l'endettement, comme le prix des matières premières, amorce actuellement une décroissance. Raison de plus pour s'attendre à voir arriver non pas l'inflation, mais la déflation.

Recul des dépenses militaires Le budget américain de la défense a toujours été la plus grande source de dépenses publiques dans ce pays. Comme vous le savez, ces dépenses sont restées élevées dans les années 70 et 80 en raison de la course à l'armement due à la guerre froide. Les gouvernements ont toujours été confrontés aux grands conflits militaires et à la nécessité de renforcer leur défense en période d'inflation. L'inflation apparaît dans les périodes où la puissance économique change de mains à cause des changements technologiques qui modifient l'équilibre du pouvoir entre les différentes nations. Les guerres tendent à être le moyen de tester et de

prouver ces changements de pouvoir; les puissances sur le déclin
cèdent rarement la place aux nouvelles sans affrontement. La guerre
de Sécession et la Première Guerre mondiale ont eu lieu pendant les
deux dernières périodes d'inflation américaine. Il en est de même
pour la guerre froide, qui a entraîné la plus forte intensification des
dispositifs militaires de l'histoire des Etats-Unis au cours du cycle
inflationniste le plus récent. Pendant la guerre froide, ce pays a
effectivement dépensé autant que s'il avait participé à un conflit
majeur.

Le pourcentage des dépenses militaires par rapport au P.N.B. a
atteint son niveau le plus haut au moment de l'effondrement de
l'Union soviétique. Elles vont baisser.

Puisque la génération du baby boom américain n'aura plus à
payer autant pour la défense à l'avenir, son pouvoir d'achat sera
libéré. Auparavant, elle finançait la défense non seulement à travers
l'impôt direct sur le revenu, mais également par le biais de la ponction indirecte de l'inflation.

Le cycle triennal des taux d'intérêts   En réalité, les taux d'intérêts ne
sont qu'un symptôme de l'inflation, mais ils affectent autant nos
vies que le taux d'inflation.

Bien que je n'en ai pas encore trouvé les raisons précises, j'ai
constaté qu'au cours des années 80 et jusqu'au début des
années 90, les taux d'intérêts américains ont connu des pointes
régulières tous les trois ans. Celles-ci ont eu lieu en 1981, 1984,
1987 et maintenant en 1993. A chaque fois que ce cycle triennal a
provoqué une hausse temporaire des taux, le cours de la Bourse a
subi un réajustement en douceur (1984) ou brutal (1987).

On ne peut pas garantir que ce phénomène se reproduira de
manière constante, mais on devrait en tenir compte jusqu'à ce
qu'on observe qu'il en est autrement. Nous n'en sommes plus à une
prévision audacieuse près!

Tout comme ils ont culminé fin 1981, à l'approche de la récession de 1982, puis ont radicalement diminué au cours des années
suivantes, je pense que les taux d'intérêts américains remonteront
jusqu'à la récession de 1993, puis retomberont rapidement à partir
de 1994, même si cette tendance à la baisse risque d'être ponctuée
d'une hausse temporaire en 1996, en raison de ce cycle triennal. La
baisse des taux aura à elle seule un effet déflationniste sur l'économie.

Mes meilleures prévisions : une baisse substantielle des taux d'intérêts entre 1994 et 1995 et une diminution encore plus importante entre 1997 et 1998.

Le cycle des élections présidentielles Il est intéressant de noter qu'il existe dans l'économie américaine un cycle en fait beaucoup plus long que celui observé pour les taux d'intérêts : le mandat présidentiel de quatre ans. Pendant les deux années précédant l'élection présidentielle, la Bourse et l'économie tendent à s'orienter à la hausse, tandis que l'année ou les deux ans suivant l'élection, cette tendance subi généralement une forte correction. On observe ainsi que le cours des actions a momentanément baissé en 1962, 1966, 1970, 1974, 1978, 1982, 1986 ainsi qu'en 1990. Ces fléchissements temporaires sont le fruit des retombées de la politique menée pendant les deux années précédant l'élection par le président sortant qui, désireux de s'assurer une réélection, s'est efforcé d'amorcer la pompe. Mais n'accusez pas uniquement les hommes politiques. En 1991 et 1992, les électeurs l'ont fait comprendre au Président Bush : « Si vous ne trouvez pas un remède pour guérir notre économie malade, vous ne serez pas réélu. » C'est ce qu'il a fait. Nous allons donc en supporter les conséquences en 1993 et probablement jusqu'en 1994.

Si l'on s'en tient à ce cycle, nous devrions voir des réajustements intervenir en 1994, 1998, 2002 et 2006. Ceux-ci seront plus ou moins importants. Si le recul de la Bourse atteint son niveau le plus bas en 1993, nous assisterons peut-être à un léger rétablissement en 1994. En revanche, si l'économie se redresse trop lentement, voire cale en 1993, le fléchissement risque d'avoir lieu entre mai et novembre 1994. A mon avis, le marché boursier devrait plutôt chuter aux environs d'octobre 1994. Mais je pense que le passage le plus difficile surviendra au cours du premier semestre 1993.

En 2002, s'il est toujours actif, le cycle risque d'être très important car il tombe en même temps que le cycle triennal des taux d'intérêts, juste après la troisième vague de forte consommation en logement de la génération du baby boom. Ceci pourrait provoquer un réajustement temporaire du cours des actions, voire un krach similaire à celui de 1987. Mais les cours devraient remonter assez haut entre 2002 et 2006 ou 2010.

Le scénario de la déflation prévue pour les années 90

Non seulement notre indicateur de base, mais tous les principaux facteurs générateurs d'inflation semblent indiquer une tendance à la baisse. Il est évident que l'avenir nous réserve non pas une reprise des pressions inflationnistes, mais des prix bas — et ce en dépit des effets stimulateurs des politiques préélectorales et des pratiques de la banque fédérale.

Les baisses d'inflation provoquent inévitablement la surchauffe des entreprises, qui se traduit par une forte tendance à la récession. Les entreprises qui se sont maintenues longtemps uniquement grâce à l'inflation perdent leur compétitivité et ne réalisent plus de bénéfices, car elles ne sont absolument plus performantes en période de baisse des prix. On assiste donc à un repli synonyme de licenciements. Entre 1980 et 1982, les Etats-Unis ont connu une récession intermittente, ponctuée de quelques soubresauts liés aux mesures de relance prises par le gouvernement afin d'éviter, vainement, la crise.

En 1980, les Etats-Unis sont entrés dans la récession. Les mesures de stimulation du gouvernement nous en ont fait sortir en 1981. Mais dès la fin de cette même année et jusqu'à l'automne 1992, l'économie a replongé dans une récession plus profonde, caractérisée par une plus forte pression à la déflation et un taux de chômage s'élevant à 10 %.

Sur cette base, le taux d'inflation aux Etats-Unis est passé de plus de 20 % début 1980 à 3 % fin 1982. Le taux de chômage est monté à 10 % car de nombreuses entreprises ne pouvaient plus supporter la pression. Après la récession de 1982, le pays a connu une phase positive de déflation. Les taux d'intérêts sur les bons du Trésor à 30 ans ont chuté de 14 à 7,8 % et les taux de l'emprunt hypothécaire ont suivi. Pour les consommateurs, cette baisse radicale du taux d'inflation s'est traduite par une réduction de l'imposition. Le pouvoir d'achat a donc été plus important après 1984 que dans les années 70.

Nos données démographiques du second chapitre indiquaient qu'on aurait dû assister à une forte augmentation de l'activité sur le marché du logement entre fin 1982 et fin 1986, provoquée par les enfants du baby boom de la première vague. C'est la conjugaison de la baisse des taux d'intérêts, de la diminution des taux d'inflation et du fort taux de consommation de cette génération qui a donné lieu à la formidable explosion de croissance des années 80 et, plus particulièrement, à la spectaculaire reprise de 1982 à 1986.

Les années 90 devraient connaître une dynamique similaire, mais plus marquée, comme le montre la figure 3-6.

Entre la fin 1990 et 1991, la récession s'est à nouveau abattue sur le monde occidental. Comme précédemment, les gouvernements ont tenté de stimuler la croissance pour en sortir. Les Etats-Unis ont connu une reprise en 1992, toutefois très modérée, avec une remontée du cours des actions. Comme en 1982, l'économie replongera encore plus bas. Vous pouvez donc vous attendre à voir la Bourse fortement reculer de fin 1993 ou début 1994 à mi-1994. Mais cette crise marquera le début de la disparition de l'inflation, de la décrue des taux d'intérêts et de la baisse des prix, ce qui rétablira l'équilibre du pouvoir d'achat des consommateurs. Cette fois, les enfants du baby boom arrivant à l'âge où l'on consomme le plus en matière de logement seront beaucoup plus nombreux et la vague de consommation durera plus longtemps. C'est pourquoi j'affirme que cette terrible récession sera finalement perçue comme une bonne chose.

A partir de fin 1993 au plus tôt ou du second semestre 1994 au plus tard, les taux américains d'intérêts vont à nouveau chuter de manière radicale. Selon mes prévisions, les bons du Trésor américains sur 30 ans vont monter à 10 % en 1993, puis commencer à baisser de nouveau en 1994 pour atteindre 4 à 5 % fin 1997 ou mi-1998. Les taux de l'emprunt hypothécaire suivront, tombant à 5 ou 6 %. Comme je l'ai déjà dit, je pense que le taux d'inflation passera de 5 % environ en 1990 sous la barre du zéro. Les prix à la consommation subiront donc une véritable déflation. Pour la première fois depuis les années 30, les prix à la consommation chuteront d'au moins 20 %.

Augmentation du niveau de vie —
les débrouillards pourront s'offrir un logement
deux fois plus grand

Vous ne vous y attendiez certainement pas, mais dans les années à venir vous allez pouvoir vous offrir des tas de choses !

Laissez-moi vous donner un exemple du pouvoir d'achat dont vous disposerez bientôt. Prenez l'achat le plus onéreux et le plus sensible au niveau du prix dans la vie de la plupart des gens : la maison. Cette récession va faire baisser les prix de l'immobilier d'au moins 20 % en moyenne. (Les prix du logement remonteront avec la reprise mais probablement plus lentement que dans le passé). Si de 800 000 francs, le prix d'une maison descend à 650 000 francs et si vous parvenez à obtenir un financement à 5 ou 6 %, cela veut dire que vous pourrez, avec un même salaire, vous offrir environ le double de surface. Rien ne peut être plus stimulant pour l'économie. Tout comme en 1982, le logement sera le plus grand moteur de la reprise, car il contrebalancera les nombreux autres facteurs négatifs qui ont tendance à maintenir l'économie en état d'apathie. Les pertes subies par la plupart des ménages propriétaires au cours de cette récession seront plus que compensées par la baisse des prix et des taux de l'emprunt hypothécaire. Ils seront rapidement en mesure de vendre pour racheter plus grand.

Malgré les faillites, le chômage et les déficits publics, les gens qui auront un emploi commenceront à pouvoir faire de bonnes affaires sur le marché immobilier. Les premiers à acheter seront ceux qui se seront plaints de ne pas avoir eu les moyens d'accéder à la propriété. Ils bénéficieront d'un avantage. En effet, ceux qui n'auront encore jamais acheté n'auront subi aucune perte. N'ayant, par conséquent, aucun problème de compte en banque, ils seront donc en meilleure position pour emprunter.

Le dénouement de la récession : une économie marquée par les faillites

Conséquence de l'affaiblissement de l'économie américaine en 1993, nous verrons probablement apparaître aux etats-Unis une déflation inattendue, qui se traduira davantage par la chute des prix dans de nombreux secteurs que par un déclin du taux d'inflation. C'est alors que la récession déferlera, sans qu'il soit possible au gouvernement américain de faire quoi que ce soit pour reprendre le contrôle. Avec la chute des prix, toutes les industries, de la production de produits pétroliers à la construction automobile en passant par le bâtiment et le secteur tertiaire, verront tomber les compétiteurs les plus faibles. Il s'ensuivra une crise bancaire car les ménages ne pourront plus rembourser leurs emprunts hypothécaires et le nombre d'entreprises en cessation de paiements s'accroîtra rapidement. Résultat : temporairement, une économie criblée de faillites. Dans de nombreux secteurs, les banques et les entreprises se verront contraintes de restructurer leur actif et leur passif. Les compétiteurs les plus forts s'approprieront les actifs des plus faibles, tandis que les banques et autres organismes prêteurs devront passer les dettes de ces entreprises par pertes et profits.

Les temps seront particulièrement durs car le taux de chômage augmentera temporairement, atteignant jusqu'à 12 ou 14 %. Les plus hauts niveaux de chômage et de licenciements frapperont probablement le secteur tertiaire et, aux Etats-Unis, la fonction publique, qui emploient beaucoup plus de monde et sont moins productifs que la production et l'agriculture, ces deux derniers secteurs ayant déjà subi une forte déflation dans les années 80. L'économie californienne sera l'une des plus touchées en raison de son marché immobilier surgonflé et de sa forte proportion d'industrie de services et de défense. Il est clair que la grande migration vers la Californie est désormais terminée. Par voie de conséquence, les entreprises et les banques seront plus performantes et plus compétitives, les prix à la consommation auront nettement baissé et l'endettement des ménages et des entreprises sera allégé.

Peut-on être certain qu'il n'y aura pas une seconde crise de 29 ?

Certains d'entre vous doivent encore se poser des questions telles que : « Comment être sûr que ce n'est pas vraiment la prochaine grande dépression ? » Ou : « Comment est-il possible, compte tenu de tous ces modèles d'évolution manifestement négatifs, que cette dernière phase de la récession soit aussi rapidement terminée ? » Vos craintes seront accrues par les sombres prévisions concernant cette recrudescence des faillites.

> Du fait de l'énorme accumulation de la dette et parce que nous verrons les prix tomber pour la première fois depuis les années 30, de nombreux économistes interpréteront cela comme le signe décisif que nous traversons une autre période de grande dépression. Ils se tromperont du tout au tout !

C'est justement lorsqu'ils auront convaincu tout le monde que nous courons à la catastrophe, que nous sortirons de la récession. La reprise s'accompagnera d'une baisse des taux d'intérêts et d'une frénésie consommatrice sans précédent. Contrairement à ce que pense la plupart des gens, le changement et la restructuration peuvent arriver très rapidement en situation de récession déflationniste. En période de crise, l'instinct de survie annihile en effet toute forme de résistance au changement.

Un rapide survol de l'histoire permet de démontrer que cette peur de la dépression peut disparaître rapidement.

De nombreuses grandes déflations n'ont duré que l'espace d'un ou deux ans. Nous avons déjà indiqué que la période la plus dramatique de la récession de 1980/1982 a duré à peine un an, de la fin 1981 au second semestre 1982. Cette leçon que nous donne l'histoire prouve qu'une récession déflationniste peut prendre fin très brutalement, au moment pourtant où la situation semble la plus tragique. Voici un autre enseignement.

Enseignement tiré de l'histoire Tous les membres de la génération Charles Trenet se souviennent de la crise de 1929. Comme ils ne sont jamais fatigués de la raconter, les enfants du baby boom connaissent le krach de la Bourse et la longue période de chômage, de déflation et de langueur des prix qui s'est ensuivie. Mais saviez-vous qu'au bout de trois ans, le pire était passé ?

Personne ou presque ne se souvient de la période de 1913 à 1920. L'inflation est montée en flèche au cours d'une lonhgue période de récession qui a touché le cours des actions. Le boom de croissance des années folles a suivi, se terminant par la crise.

Vous constaterez la déflation des prix qui a suivi l'inflation de 1920 à 1921. Les prix de gros ont chuté de 35 % en moins d'un an. Les prix à la consommation sont tombés de 20 % et les prix des matières premières ont plongé de 50 % et plus. Vous n'entendrez pas beaucoup d'économistes parler de la vertigineuse déflation de 1921 — bien que nous ayons alors subi un degré de déflation relativement supérieur à celui de la crise des années 30. Je pense que le silence général est dû au fait que personne n'a jamais vraiment compris ce qui s'était passé.

A partir de fin 1919, nous avons eu un léger fléchissement qui n'a tourné à la déflation, puis à la récession profonde, qu'entre fin 1920 et mi-1921. Le pire est également produit en moins d'un an, avec des taux de chômage atteignant rapidement 11 %. Puis nous avons connu la frénésie des années 20 — le plus grand boom qu'ait connu l'histoire jusque-là.

Nous approchons une période de déflation similaire. Certes, la déflation aggravera temporairement la récession actuelle, mais elle entraînera une baisse de l'endettement, des prix et des taux d'intérêts qui permettra l'avènement d'une période de prospérité pour les ménages et les secteurs commerciaux ne travaillant pas avec les matières premières.

Cette similitude prouve-t-elle quelque chose ? L'économie est-elle prédestinée à revivre une période en tous points semblable à celle des années folles ? Bien sûr, nous n'en avons pas la garantie absolue, mais tous les indicateurs vont dans cette voie. Les innovations de la génération Louis Renault et la Première Guerre mondiale ont entraîné une période d'inflation, les innovations de la génération du baby boom et la guerre froide en ont amené une autre. Surprise, surprise ! L'avenir nous réserve-t-il une surprise plus agréable avec une chute spectaculaire de l'inflation ? Vous pouvez y compter.

En raison de ces similitudes avec les années folles, nous avons failli intituler ce livre *1990-2000 - Les Nouvelles Années Folles* — et la principale raison pour laquelle nous ne l'avons pas fait est que cela ne correspond pas tout à fait au calendrier prévu. En réalité, la prochaine période d'expansion s'étalera des années 90 au début des années 2000. Oui, je m'attends vraiment à ce que les années 20 se répètent dans les années 90 et après, mais à plus grande échelle.

On ne peut donc pas vraiment dire que la spirale déflationniste implique forcément l'avènement d'une période de dépression prolongée. Pour déclencher une crise, il faut un autre facteur essentiel. Dans les années 30, nous avons vu que la consommation avait subi un creux relativement durable entre les deux principales générations, qui s'est prolongé tout au long des années 30 et 40. C'est ce qui a provoqué la très longue période de dépression.

Je pense que la « mère de toutes les dépressions » arrivera une fois que les vagues successives de consommation de la génération du baby boom auront atteint leur point culminant, c'est-à-dire vers 2010 environ. Pour le moment, il est en tout cas certain que les Etats-Unis ne connaîtront pas de crise prolongée.

Oublions pour l'instant cette notion et voyons maintenant le scénario des années 90.

Prévisions à long terme pour les Etats-Unis

Voici les prévisions concernant l'économie américaine pour 1993 et après.

Nous avons déjà établi que le boom des années 80 avait été déclenché par les enfants du baby boom de la première vague arrivant à l'âge où ils consommaient le plus et par la première vague des effets de la déflation. Mes meilleurs outils prévisionnels me disent qu'au premier semestre 1994 au plus tôt, nous pourrions commencer à nous extirper de cette récession. Je pense en effet qu'il est vraisemblable que la consommation reprenne sur le marché immobilier.

Tous les cycles que j'ai étudiés laissent penser que la première reprise de la Bourse — et le cours des actions tend à diriger l'économie en période de renversement de tendance — interviendra le plus probablement en 1994.

Toutefois, le fléchissement de la consommation générale de la première vague devrait continuer à avoir des répercussions sur l'économie jusqu'en 1995. Compte tenu des effets incertains des pratiques d'un gouvernement qui s'y prend très mal, en termes financiers, pour gérer cette récession et des fortes influences des événements retentissants qui se déroulent sur les marchés étrangers, je pense qu'il est plus probable que nous ne voyions pas le fond ni une reprise durable avant la mi, voire la fin 1994. Le premier tournant décisif pourrait intervenir en mai 1994. Les actions devraient atteindre leur niveau le plus bas au plus tard à l'automne 1994.

Plus l'effondrement des marchés financiers japonais (se reporter au chapitre 4, « Le raz de marée de Tokyo ») et les violents troubles qui surviendront dans les régions telles que l'ancienne Union soviétique seront graves, plus il y aura de chances que le renversement de la tendance s'effectue vers la fin 1994.

Le cours des actions devrait connaître une remontée fulgurante au sortir de la récession. Ce marché sera sans doute plus méfiant au départ que le marché des obligations.

> Les actions devraient baisser jusqu'à 1 700 ou 2 350 points entre l'été 1993 au plus tôt et mi, voire fin 1994. Mais il est plus probable qu'il faille attendre le second semestre 1994. Elles atteindront probablement de nouveaux sommets vers la fin 1996.

J'explique ces prévisions en détail dans le chapitre 8.

Comme je l'ai dit précédemment, la reprise sera énergique. Si nous assistons à un rétablissement mou au cours du second semestre 1993, je ne serai pas convaincu. Comme fin 1982 et comme durant la récession déflationniste de 1921, qui a déclenché l'avènement des années folles, la reprise doit être ferme, plus nette que le timide sursaut de 1992. La hausse que prévoit notre indicateur du logement pour la fin 1993 pourrait être atténuée par des taux d'intérêts élevés. Si le redressement est faible en 1993, il faudra probablement attendre jusqu'en 1994 pour voir une véritable relance. Mais lorsqu'elle arrivera, nous sortirons de la récession de manière spectaculaire. La reprise sera claire et ferme. Cette époque marquera autant nos mémoires que les années folles.

> Les taux chuteront radicalement entre 1994 et 1998, les chutes les plus vertigineuses se produisant sur deux périodes, entre 1994 et 1995 et 1997 et 1998. Pourquoi ? Le cycle triennal des taux d'intérêts laisse penser que ces derniers remonteront momentanément en 1996 avant d'amorcer une nouvelle

baisse en 1997 environ. Les bons du Trésor sur 10 ans devraient chuter de 10 % à 4 ou 5 %. Les taux de l'emprunt hypothécaire passeront de 11 ou 12 % environ à 5 ou 6 %.

Vous souvenez-vous du cycle présidentiel de quatre ans ? Il pourrait jouer un rôle considérable en 2002 car le cycle triennal des taux d'intérêts tombe justement la même année et la consommation en logements de la génération du baby boom appartenant à la troisième vague atteint son plus haut niveau, ce qui pourrait entraîner un réajustement temporaire relativement important.

A partir de 2002, la consommation et la productivité demeureront relativement soutenues jusqu'en 2006 ou 2010, lorsque le cycle du baby boom arrivera à son terme. La plus grande vague de consommation et d'achat de logements de la génération du baby boom prendra fin vers la fin de l'an 2000 ou 2001.

Je pense que la croissance économique va durer au moins jusqu'en 2006 et rester relativement soutenue jusqu'en 2010. En France, si l'on situe la fin du baby boom à l'année 1974, et en tenant compte de la règle des 49 ans, l'ère de prospérité s'achèverait vers 2023.

Un dernier mot sur la nouvelle ère de prospérité

J'ai essayé de vous montrer que l'inflation n'est pas due au hasard. Ce n'est pas une forme de gangstérisme gouvernemental utilisée par un maniaque politique dès son arrivée au pouvoir. L'inflation est liée à l'arrivée de nouvelles technologies et de nouvelles générations provoquant une totale restructuration de l'économie. Les périodes de grande innovation s'accompagnent d'inflation, de déficits et d'emprunts. Ce sont des périodes où les innovations audacieuses et radicales donnent lieu aux plus grands bons de croissance économique et aux plus fortes améliorations du niveau de vie. Pourquoi ? Parce que les innovations sont synonymes de gros investissements

— même si ces derniers sont financés par l'inflation — qui, s'ils sont orientés dans la bonne technologie et la bonne branche industrielle, rapportent de jolis bénéfices plus tard. Mais oui, l'inflation peut être merveilleuse si on la comprend (et si on a suffisamment d'estomac pour y survivre).

Les producteurs de biens de consommation durables bénéficient de la baisse des coûts et des taux financiers tandis que les ménages, déjà poussés à la consommation en raison des données démographiques du baby boom, achètent des articles plus importants.

De manière générale, les entreprises voient leurs marges bénéficiaires s'élargir en raison de la baisse des coûts provoquée par la déflation et du progrès des nouvelles technologies; sans oublier qu'en raison de l'augmentation de la demande, elles ne sont plus obligées de réduire leurs prix pour vendre.

Les meilleures périodes sont celles qui suivent les périodes de forte inflation. En fait, l'histoire montrera que plus l'inflation est élevée, plus la croissance suivante est importante. Nous venons juste d'assister à la plus grande inflation de tous les temps, par conséquent, nous devrions voir arriver le plus grand boom de l'histoire. Nous nous dirigeons maintenant vers une courte période difficile de déflation qui sera suivie par une forte croissance caractérisée par une relative stabilité des prix et une absence de pressions inflationnistes. Comment cela est-il possible?

C'est simplement la loi de l'offre et de la demande. Le progrès de nos nouvelles technologies va continuer à faire baisser les prix, mais cette pression sera contrebalancée par la pression à la hausse que l'augmentation de la demande va provoquer. Les prix se stabiliseront, mais les bénéfices et les marges des entreprises s'élargiront, ce qui implique des augmentations de salaires pour les salariés.

Il s'agit des prévisions les plus frappantes que je peux tirer de la comparaison de la dynamique de la courbe de la consommation et des facteurs affectant l'inflation. Tout indique que nous nous dirigeons vers la prospérité. Cette perspective est déjà remarquablement positive, mais d'autres signes laissent en outre penser que nous allons assister à une croissance et un retour en force de la puissance économique américaine.

Pour comprendre comment les entreprises vont changer et se développer et comment la concurrence va s'accroître durant cette période d'expansion, nous devons nous reporter à la vague d'innovation qui fait l'objet du chapitre 5. En effet, comme je l'ai dit dans le premier chapitre, les innovations des vingt dernières années vont maintenant devenir des produits de consommation courante. La productivité va atteindre un niveau très élevé durant cette période d'expansion et provoquer d'énormes changements sur le marché ainsi que dans le classement des industries.

Mais avant de voir quelles sont les causes et la nature de cette vague de prospérité, nous devons aborder quelque chose de beaucoup plus agréable : comment l'effondrement du Japon va déclencher et renforcer cette crise déflationniste, qui affectera gravement l'économie des Etats-Unis et du reste du monde en 1993 et au-delà.

4

Le raz de marée de Tokyo

L'effondrement de la machine financière japonaise
aggrave la récession mondiale en 1993

TELEX

Nous finirons par voir l'avènement d'un nouvel ordre économique mondial au cours des prochaines décennies. Mais avant qu'il ne prenne forme, il y aura forcément une aggravation de la récession que nous traversons actuellement, en raison d'une série de désastres qui surviendront au Japon.

L'inévitable catastrophe économique du Japon

La plupart d'entre nous ont loué les mérites de la collaboration entre les entreprises et le gouvernement japonais. Ces liens étroits ont souvent fait beaucoup d'envieux dans notre pays. J'ai parfois entendu nos grands patrons et nos hommes politiques réclamer à cor et à cris que l'on suive cet exemple. Mais au cours des années 93 et 94, cette collaboration excessive va en fait devenir le talon d'Achille de l'économie japonaise.

Quelle est la plus grande leçon que le monde ait tiré de l'expérience communiste de l'Europe de l'Est, de l'ancienne Union soviétique et des pays comme Cuba au cours de ces vingt dernières années ? *Les économies centralisées ne fonctionnent pas aussi bien que les économies de marché — notamment à l'ère où tout le monde a accès à l'information.*

Peu de pays ont été en mesure de prouver le contraire. Certes, l'Allemagne s'en sort relativement bien. Et le Japon semblait être l'exception qui confirme la règle. Les Japonais ont extrêmement bien gérer la planification centralisée, puisqu'ils ont réussi une formidable croissance et sont devenus leaders mondiaux dans de nombreux secteurs au cours des dix dernières années.

« Attendez, dites-vous, le Japon n'a pas une économie centralisée. Il s'agit simplement d'une collaboration entre les entreprises et les pouvoirs publics. »

Ce n'est pas vrai. L'économie japonaise est fortement soumise à la planification centralisée et la société nippone repose encore essentiellement sur un système de type féodal où la peur prédomine. Il ne s'agit absolument pas d'un système libéral. Aucun marché libre n'aurait permis à l'immobilier et à la Bourse d'atteindre les niveaux aberrants qu'ils ont gagnés ces dernières années au Japon.

En exagérant un tout petit peu, l'excessive collaboration des entreprises et du gouvernement japonais relève davantage du système mafieux que de l'économie de marchés libres. Partis de zéro, les Japonais ont créé une machine financière qu'ils ont réglée à 7 000 tours minute, mais même les moteurs les plus performants ne peuvent supporter éternellement une telle allure.

Les fondations de l'économie japonaise vont inévitablement s'écrouler et provoquer le plus grand bouillon financier de notre temps.

A l'époque où ce livre a été écrit, la Bourse et le marché immobilier japonais étaient les plus surcotés du monde. Fin 1989, les coefficients de capitalisation des résultats atteignaient 60 et plus sur l'indice Nikkei, faisant ainsi de la Bourse japonaise la place financière la plus surcotée du monde. Ce n'est rien comparé à l'immobilier. Le marché a été estimé à environ 16 milliards de dollars, soit plus que l'ensemble des marchés immobiliers des Etats-Unis et le double de toutes les places boursières du monde réunies ! Ai-je besoin d'en dire plus ? Ce n'est pas seulement l'effondrement des titres qui provoquera la crise de Tokyo. C'est la faillite de l'immobilier qui entraînera une déflation à l'échelon mondial et une intensification de la récession internationale. Depuis août 1992, les valeurs japonaises ont déjà reculé de 65 %. L'immobilier n'a perdu que 20 % environ. Les titres vont encore chuter de 5 à 20 % par rapport à leur valeur maximale. Le marché de l'immobilier accusera finalement des pertes de 20 à 40 % par rapport à son niveau maximum. Si cela n'a pas encore commencé au moment de la parution de ce livre, on peut être certain que le processus se mettra en marche en 1993, lorsqu'une grande partie du marché immobilier de Tokyo, financé par l'endettement, arrivera en période de renouvellement.

Comment cela est-il possible ? Comment peut-on déjà arriver à une telle surcotation des valeurs ? Les réponses à ces questions font l'objet de ce chapitre. Je vous montrerai comment le Japon a provoqué une hausse factice des cours pendant la période d'inflation. Et je démontrerai comment, au moment où le cycle inflationniste prend fin, cédant la place à la déflation, les Japonais vont être les plus grands perdants de la récession mondiale. Je vous dirai comment le contrecoup de la déliquescence de l'économie japonaise va provoquer un raz de marée de dimension internationale, qui accentuera véritablement la récession pendant un certain temps — mais créera d'énormes débouchés pour les Etats-Unis, l'Europe et les pays du tiers monde tels que le Mexique.

La bulle est sur le point d'éclater

Tous les 400 ans environ, nous avons connu une grande période d'innovation technologique et de transformations structurelles qui se sont accompagnées d'une inflation élevée. A la fin de chaque cycle, nous avons assisté à un krach boursier d'origine spéculative. Le dernier exemple frappant en date est l'essor et la chute de l'Espagne aux XVe et XVIe siècles, lors desquels les innovations telles que la presse typographique, la poudre à canon et la découverte du Nouveau Monde ont été suivies par une période de forte inflation.

Cette détérioration économique concentrée sur le Japon, en 1993, marquera la fin de l'actuel cycle d'innovation et d'inflation. Ensuite l'Etat nippon boira le bouillon — ses grandes richesses s'évaporeront beaucoup plus vite que celles de tout autre pays du monde. Les

Japonais ne s'en remettront pas avant longtemps. Ils ne pèseront donc pas très lourds dans la période de prospérité imminente. Le pays du Soleil-Levant aura tout simplement perdu sa superpuissance et permettra aux Etats-Unis de retrouver leur place de leader économique mondial, tout comme le soudain effondrement de l'ancienne U.R.S.S. leur ont permis de redevenir la première puissance militaire du monde.

La machine financière japonaise

Les Japonais doivent essentiellement leur richesse à la collaboration entre leur gouvernement, leur industrie et leur commerce. Ils ont créé la grande machine financière de notre temps. Elle leur a permis d'alimenter la valeur des actifs, de favoriser l'expansion industrielle et d'adopter très rapidement les nouvelles technologies.

Il n'est pas pour autant question de leur faire un procès d'intention. Bien au contraire. Le monde avait besoin de ce moteur pour financer sa gigantesque restructuration sociale et technologique, même au prix d'une intense période d'inflation. Nous avons aussi joué la carte de la spéculation sur le plan de la monnaie, de l'endettement et de l'immobilier dans notre économie. Michael Milken a joué un rôle capital aux Etats-Unis en lançant la mode des obligations à haut risque (« junk bonds ») et des offres publiques de retrait. Mais ce n'était qu'un vendeur de cacahuètes comparé aux Japonais.

Les plus grandes périodes d'inflation de notre histoire ont toujours été suivies par les plus fortes croissances. Le problème, c'est qu'elles ont également toujours suscité des vents de panique sur les marchés financiers.

Bonne ou mauvaise, voyons la conjugaison des stratégies et des circonstances qui a permis aux Japonais de créer leur machine financière.

L'excédent commercial La première stratégie de l'économie japonaise a consisté à générer un excédent commercial. Ils ont donc pratiqué l'exportation agressive et se sont attachés à orienter les capitaux et les mesures gouvernementales vers le soutien prioritaire des industries clefs. Il s'agissait essentiellement de produits informatiques standard, un domaine dans lequel ils excellent à cause de leurs merveilleuses technologies de production, de leur grande maîtrise des pratiques managériales et de leur talent en matière d'ingénierie. Ils ont été d'âpres concurrents. Mais ils ont aussi triché. Ils ont protégé leurs marchés domestiques contre les importations afin d'engendrer un excédent.

Cette stratégie leur a permis d'attirer des capitaux étrangers — principalement américains — dont ils se sont ensuite servis pour investir dans le monde entier.

Les taux d'intérêts artificiels Le volume d'épargne des particuliers ne justifie pas à lui seul le faible niveau des taux d'intérêts; le gouvernement s'est efforcé de les maintenir artificiellement bas. Les entreprises japonaises ont donc bénéficié de la modicité du coût du capital. Elles ont pu réunir et placer des capitaux à bon marché. C'est une des raisons pour lesquelles les entreprises japonaises ont pu investir davantage que le reste du monde et mettre au point des stratégies d'investissement visant le long terme.

L'inconvénient, c'est que les entreprises réalisent de faibles bénéfices et que le taux de rendement des investissements est relativement bas — ce qui, dans une économie libérale, est un signe de déclin et se traduit par un manque d'attrait à long terme. Compte tenu de sa participation accrue dans l'économie mondiale, le Japon a peu à peu perdu le pouvoir de contrôler ses propres taux d'intérêts. Ils ont donc augmenté. Et la banque centrale du Japon a été contrainte de renforcer sa politique monétaire afin d'étouffer la spéculation sur le marché immobilier.

Les investissement croisés La collaboration économique japonaise favorise les investissements croisés ainsi que la collaboration entre le gouvernement et les entreprises et la participation entre entreprises. C'est un autre moyen qui permet de maintenir un cash-flow élevé et une forte valeur de l'actif parmi les entreprises japonaises. Mais surtout, cela évite les décisions de type libéral. Cela protège les entreprises des pressions naturelles du marché — les raiders, par exemple, qui ont obligé les entreprises américaines à opérer une restructuration pour former des unités commerciales plus performantes. Quelqu'un souhaite-t-il lancer une O.P.A. sur une entreprise japonaise dont le P.E.R. est de 60 ou 80? Certainement pas!

La dure loi du travail — le sacrifice des petites entreprises L'économie japonaise fonctionne très différemment de ce que la plupart des Américains imaginent. Le Japon n'est pas une nation où la majorité de la main-d'œuvre travaille pour le compte des multinationales comme Sony ou Toyota. Au contraire. Environ 76 % de la main-d'œuvre est employée par de petites entreprises familiales.

> Les gens qui travaillent dans ces petites entreprises familiales sont censés se sacrifier, se ruiner la santé pour les grandes compagnies orientées sur l'exportation. Ils ont des horaires insensés et des conditions de travail impossibles, tout cela pour des bénéfices minimes. Pourquoi ? Pour assurer, à des prix dérisoires, la production des composants et des services que les grandes entreprises comme Sony et Toyota leur confient en sous-traitance. Le plus grand avantage des grandes compagnies japonaises n'est pas simplement leur dimension ni leurs économies d'échelle, mais leur réseau de sous-traitance formé de petites entreprises hautement performantes et souples, mais véritablement exploitées. Elles se sacrifient par patriotisme mais aussi, bien sûr, par peur !

Les gens des petites entreprises familiales ont été priés ou forcés de sacrifier leurs bénéfices, leurs marges et leur niveau de vie pour le bien du pays — dont le succès repose sur ses énormes conglomérats voués à l'exportation. Résultat ? Davantage de bénéfices et, par conséquent, de capitaux à investir. Mais les Japonais qui ont l'occasion de voyager constatent que les consommateurs étrangers jouissent d'un niveau de vie supérieur, notamment en ce qui concerne le logement, et sont de moins en moins disposés à faire de tels sacrifices. C'est plus particulièrement vrai de la jeune génération.

La stratégie de la vache à lait Qu'est-ce que les Japonais ont fait du capital généré par les précédentes stratégies ? Ils l'ont investi dans les secteurs standardisés, axés sur le matériel et en pleine maturité, afin de conquérir des parts de marché à l'échelle internationale. Lorsqu'on obtient des parts de marché dans les secteurs arrivés à maturité, on crée ce qu'on appelle une vache à lait. Contrairement à la plupart des entreprises naissantes qui ont davantage besoin d'investir que de réaliser des bénéfices afin de se maintenir et de se développer, les entreprises bien installées se débarrassent de leurs bénéfices sous forme de liquidités. Les Japonais ont donc pris le cash-flow de ces dernières et l'ont réinvesti, créant ainsi encore plus de liquidités. Et où pensez-vous qu'elles sont allées ?

Eh bien oui. La boucle a été bouclée.

Les liquidités ont à leur tour servi à conquérir d'autres parts de marché et augmenté le cash-flow, qui a été à nouveau réinvesti. Naturellement, ce processus a permis aux Japonais de raffermir leur position et d'investir à l'étranger alors même qu'ils ne réalisaient pas ou peu de bénéfices — aussi longtemps que les entreprises japonaises pouvaient continuer à augmenter leurs parts de marché et leur cash-flow. Mais que se passe-t-il lorsque la concurrence s'accroît et que les mesures protectionnistes freinent la conquête des parts de marché ? Le jeu est terminé — et vous vous retrouvez avec des tas d'entreprises surcotées qui ne réalisent pas de profits ! Comme vous pouvez vous en douter, ce processus entraîne d'autres conséquences dont nous débattrons plus loin.

L'avantage du phénomène de génération La génération japonaise correspondant à celle de notre baby boom est plus âgée. Elle a donc déclenché sa vague de consommation dans les années 70. Les membres de cette génération ont connu leurs années les plus productives au moment où nos enfants du baby boom se trouvaient au lycée et à l'université et n'étaient, par conséquent, pas productifs. Nous traversions les années de déclin de la vague de consommation d'une génération plus âgée.

Dans les années 70 et 80, le Japon disposait donc d'une main-d'œuvre plus productive, plus consommatrice et plus épargnante. Incidemment, le comportement japonais face à l'épargne trouve ses racines dans une peur et une insécurité fondamentales. La plupart des Japonais, notamment les 76 % travaillant dans les petites entreprises familiales, ne bénéficient pas de couverture sociale. S'ils travaillent et épargnent tellement, c'est parce qu'ils ont peur de la retraite. Les Japonais ont peut-être une plus grande propension à épargner que les Américains, mais les comparaisons qui semblent indiquer que leur taux d'épargne s'élève à près de 20 %, contre 5 % aux Etats-Unis (et 3,9 % en France), sont trompeuses. Les Américains sont pour la plupart, qu'on le veuille ou non, contraints d'épargner 16 % de leurs revenus, lorsqu'on tient compte à la fois des charges patronales et de la contribution salariale, pour la couverture sociale. Il s'agit donc d'une épargne qui fournit, de surcroît, des capitaux au gouvernement. En vérité, si l'on réunit la sécurité sociale et les autres sources d'épargne, les Américains épargnent aussi 20 % de leurs revenus.

Quelles qu'en soient les raisons, l'augmentation de l'épargne japonaise se traduisait également par un accroissement des capitaux disponibles pour les prêts et les investissements.

Résumons-nous. Les Japonais ont lancé des entreprises fortement tournées vers l'exportation sur un marché domestique ferme, à l'abri de la concurrence étrangère. Plus tard, grâce à leurs économies d'échelle et leur capacité à concurrencer nos entreprises sur nos propres marchés, ils se sont attaqués aux marchés internationaux, dans les secteurs bien établis dans le domaine du matériel. Nous considérons souvent cela comme un miracle économique. Pourtant, cela ne semble pas si miraculeux quand on voit à quel point leur système est dépendant des effets de levier et que l'on sait que ce processus est sur le point de se retourner contre eux, tel un élastique que l'on aurait trop tendu. Et je n'ai pas encore abordé le facteur le plus important...

La maison de papier Le système comptable, générateur des bénéfices de papier qui la font marcher, est probablement le point le plus critique de la machine financière japonaise.

Au Japon, la valeur de l'actif — les actions de l'entreprise, les fonds de retraite, les investissements, l'immobilier et les immeubles — est calculée une fois par an en fonction du cours du marché du moment. C'est une pratique comptable que n'utilisent pas les entreprises occidentales, dont les actifs sont simplement évalués au coût, ajusté en cas de dépréciation.

Cela signifie que les bilans japonais augmentent non seulement en raison de l'accroissement des bénéfices et des investissements, mais aussi de l'inflation. Et au Japon, compte tenu de la hausse factice du marché, l'inflation des titres et de l'immobilier a été nettement plus importante qu'à l'Ouest. Ces hausses annuelles de la valeur des actifs se traduisent finalement par des bénéfices de papier. Cela dit, c'est une méthode comptable à fort effet de levier. Ce type de système permet à une entreprise de provoquer un effet de levier sur l'inflation exactement comme celui suscité par l'emprunt hypothécaire sur les investissements d'un ménage américain. Son apport se limite à 20 %. Avec l'inflation, la valeur du logement augmente aussi rapidement, voire plus vite, que l'inflation. Il est donc à l'abri de l'inflation.

Le système japonais fonctionne parce que plus l'inflation sur l'actif est forte, plus les actifs et les bénéfices augmentent de valeur. Voilà comment l'immobilier et les titres atteignent de tels extrêmes. Plus les estimations sont élevées, plus les entreprises disposent de bénéfices et d'actifs importants. Ce qui veut dire qu'elles peuvent emprunter et investir davantage.

Tous ces facteurs, mais plus particulièrement le système de cotation des valeurs en Bourse, expliquent comment les Japonais ont amassé leurs capitaux. Pour rester compétitifs, pour avoir la dernière technologie en date, pour conquérir des parts de marché et pour pratiquer un marketing agressif — là encore, même si cela s'est avéré peu ou pas profitable — ils ont réinvesti ces capitaux plus rapidement que tous les autres pays du monde. Leur but, comme l'affirme Lester Thurow, consistait à bâtir des empires et accroître leur pouvoir, et non pas leurs profits et leurs richesses. C'était une bonne stratégie. Elle a réussi. Nous avons tous admiré la concrétisation du miracle japonais dans les années 70 et 80. Mais...

> Paradoxalement, la stratégie de croissance japonaise n'a pas été très rentable. Les retours sur leurs investissements se sont avérés très faibles en moyenne, comparés à ceux des pays tels que les Etats-Unis. C'est pourquoi, leur croissance ne s'est traduite ni par des profits ni par de véritables richesses, mais par le développement de la machine financière elle-même. En effet, ils ne recherchaient ni la richesse ni le profit, mais la souveraineté. Toutefois, l'histoire montre que les trop grands empires finissent toujours par connaître une chute tragique et vertigineuse.

Le piège de la machine financière

Etant donné qu'elles sont surcotées afin de pouvoir profiter de l'inflation et créer des liquidités et des bénéfices de papier, les entreprises japonaises sont vulnérables. Un certain nombre de facteurs vont venir perturber l'équilibre. La richesse japonaise va s'évaporer plus vite que celle des autres pays du monde. Je ne pense pas que les Japonais se remettront totalement d'un tel choc avant bien des années. C'est le Japon qui souffrira le plus et sera le dernier des grands pays à se relever de la récession mondiale. Il se pourrait qu'il reste à la traîne pendant 10 à 15 ans. En effet, trop de facteurs interviendront simultanément pour que l'économie parvienne à amortir le choc. Voyons quelques uns de ces facteurs.

La grande force d'équilibrage — la déflation Ce qui a déjà commencé, et qui continuera certainement dans l'économie mondiale, c'est la tendance déflationniste.

Nous avons vu, au précédent chapitre, que le taux d'inflation a culminé en 1980. J'ai défendu l'argument selon lequel l'inflation prendra fin durant l'actuel cycle déflationniste. Le scénario japonais fonctionne bien tant qu'il y a de l'inflation. Mais devinez qui sera le plus grand perdant quand ses actifs arrêteront d'augmenter de valeur ? Le Japon, bien sûr. Etant donné qu'il représente la machine financière du monde, il a forcément acheté la plupart des valeurs surcotées au plus fort de la spirale de l'inflation. Souvenez-vous du tableau de Van Gogh acquis pour 86 millions de dollars et la plage de galets pour 800 millions de dollars ! C'était déjà le signe de ce qui se passait à une plus grande échelle ailleurs. Les Japonais ont dépensé sans compter pour acheter des entreprises et des immeubles dans le monde entier. Ils ont construit des usines partout à grand renfort de milliards. Ils ont lourdement investi dans les pays du tiers monde. Dans chaque domaine, ils ont payé au moins un de leurs achats au prix surévalué que leur machine financière avait contribué à fabriquer.

Et maintenant…

Maintenant, la déflation est inévitable — l'histoire prouve que toutes les périodes d'inflation ont été suivies par un cycle déflationniste, on peut donc être certain du fait — et le Japon va accuser des pertes écrasantes.

La surévaluation des valeurs Seul un système artificiellement orienté à la hausse pour favoriser une collaboration excessive entre le gouvernement et les entreprises permet aux PER d'atteindre des niveaux de plus de 60. Le PER est le coefficient de capitalisation des résultats, un instrument de mesure qui indique de combien le cours de l'action est supérieur aux bénéfices de la société. Un PER de 10 signifie que l'action est vendue à un prix dix fois supérieur aux bénéfices qu'elle rapporte. On paie ce prix lorsqu'on s'attend à ce que l'action rattrape la différence, soit sous forme de dividendes soit en cotation.

Notre système libéral permet rarement aux places boursières d'atteindre des PER de plus de 20. Lorsque cela se produit, le krach est inévitable, comme nous avons pu le constater en 1987 et comme celui que je prévois. C'est le seul moyen de ramener les valeurs à un niveau correspondant à la réalité. Comme je l'ai dit, les actions japonaises ont atteint des PER de 60 et plus à la fin 1989. A ce niveau, elles valaient beaucoup plus que toutes les valeurs américaines réunies. Ce qui est inconcevable. Elles étaient manifestement surcotées. Même fin 1992, les PER se situaient entre 35 et 45 après un effondrement de 60 % ou plus.

Mais je vous ai déjà prévenu, le plus grand danger vient des marchés japonais de l'immobilier encore plus surcotés, dont la valeur était 5 à 6 fois supérieure à celle de la Bourse.

Le système de collaboration destiné à accroître le niveau des valeurs, afin que le Japon puisse surpasser le reste du monde en matière d'investissement, était donc entièrement lié à l'inflation.

Mais l'inflation est terminée.

Tous les outils auxquels le Japon a eu recours pour prendre l'avantage se retournent contre lui. Les taux d'intérêts grimpent après des années de maintien à la baisse. Les pays du monde entier réagissent à ses pratiques protectionnistes, exigeant qu'il réduise son excédent commercial. Ne soyons pas cruels, mais réalistes. Les actions, l'immobilier et même les Van Gogh baissent dans le monde entier. Maintenant, au lieu de réaliser des profits de papier, le Japon va connaître l'effet de levier inverse que les pertes subies par ces mêmes papiers vont provoquer sur la valeur des actifs. Privée de la possibilité de continuer à conquérir des parts de marché et d'accroître la valeur des actifs, la machine financière va tomber en panne. Lorsque cela se produira, le miracle du Japon connaîtra une fin tragique et rapide.

Les Japonais vont subir le krach financier du siècle, et pour toute forme de compassion, nous entendrons débiter des platitudes masquant le son d'un méchant ricanement.

Le raz de marée de Tokyo

L'effondrement du système boursier japonais entraînera plus qu'un simple renversement de tendance. Au fur et à mesure que l'économie mondiale s'enfoncera dans la récession, non seulement les bénéfices d'exploitation du Japon vont ralentir, mais ils seront frappés par une dévaluation des prix de l'immobilier et des actions. C'est un double coup porté à l'économie car les pertes subiront un effet de levier dans la direction opposée aux bénéfices. Comme les actions et l'immobilier japonais sont particulièrement surévalués, vous pouvez vous attendre à une sérieuse implosion.

Nous avons vu ces choses se produire à petite échelle aux Etats-Unis — des répercussions de la faillite de l'industrie pétrolière texane à l'effondrement du marché de l'immobilier en Arizona, dans le Nord-Est et, dans une certaine mesure, en Californie. Nous avons connu un exemple encore plus dramatique avec le krach boursier de 1989, qui n'a pas vraiment touché le Dow Jones mais l'indice des transports, en raison des offres publiques de retrait dans le secteur des compagnies aériennes. Ces offres, comme le système de cotation en Bourse, servent à éponger d'énormes volumes de dettes et permettent aux salariés et à la direction des entreprises visées d'acheter les actions de leur entreprise à faible prix. Mais fin 1989, les banques ont finalement décidé de ne pas fournir les prêts nécessaires au soutien de ces retraits. Ce n'était pas un très bon calcul. Souvenez-vous, le cours de l'action United Airlines est passé du jour au lendemain de 300 à 100 dollars environ. Voilà comment les valeurs et la machine financière alimentées par l'endettement peuvent rapidement baisser.

C'est ce type de réajustement implacable que je vois se produire au Japon. Les Japonais vont tout simplement perdre les richesses et les capitaux dont ils jouissaient. Pensez au salarié moyen qui détiendra peut-être un petit pécule perdu dans la masse de ces actions et valeurs immobilières surcotées. Après le krach, la petite épargne va rétrécir. Les entreprises devront stopper leurs investissements à l'étranger — en fait, elles seront même contraintes de commencer à vendre ces investissements afin de protéger leurs actifs qui se trouveront en position dangereuse sur le marché domestique.

Cette crise aura inévitablement des répercussions jusque dans le système bancaire. Lorsque les banques commenceront à ne plus pouvoir cautionner le processus, vous verrez l'immobilier prendre le même chemin que les actions. Si cela n'est pas encore arrivé au moment de la parution de ce livre, attendez-vous à voir déferler une lame de fond de ce côté du Pacifique, consécutive à la chute vertigineuse du marché immobilier japonais.

Imaginez le scénario. Les valeurs immobilières basculent dans le trou noir à Tokyo. La panique se déchaîne, un véritable raz de marée. Les Japonais cessent d'investir dans l'immobilier à l'étranger et commencent même à vendre certaines propriétés afin de protéger leurs intérêts nationaux. Cela signifie que les marchés d'Hawaï seront complètement anéantis peu après celui de Tokyo. Le marché intérieur et les propriétés de villégiature d'Hawaï seront les derniers marchés les plus surévalués des Etats-Unis. Les résidences secondaires sont les premières à écoper en période de crise, car elles sont considérées comme un luxe dont les gens sont prêt à se défaire lorsque l'argent vient à manquer.

Le raz de marée atteindra ensuite les plages de la Californie et autres parties de la Côte Ouest, où le Japon et d'autres pays d'Extrême-Orient ont fait d'énormes investissements et où l'immobilier est encore surcoté par rapport au reste du monde. Le marché immobilier de la Californie est vulnérable, l'onde de choc risque de le frapper dans des proportions nettement plus importantes que les autres Etats américains et les autres pays du monde.

Lorsque l'on aura totalisé toutes les pertes, les actions japonaises devraient avoir chuté de 10 000 à 4 000 sur l'indice Nikkei, si ce n'est plus. L'immobilier japonais devrait se retrouver à 50 à 80 % de son niveau le plus haut. Puis nous verrons les valeurs immobilières d'Hawaï reculer de 30 à 70 %, en fonction des propriétés. Le marché californien plongera de 30 à 60 % par rapport aux valeurs atteintes en 1989 et 1990. Comme le Nord-Est des Etats-unis a déjà été fortement touché et que les marchés du Sud et du Middle-West n'ont jamais fait l'objet de spéculations, ces sanctions devraient y être moins sévères.

Une récession mondiale

Après cela, la vague continuera à clapoter tout autour du monde, car les investissements japonais dans l'industrie et l'immobilier, les obligations et les actions ont servi à financer les segments économiques aux quatre coins de la planète. Lorsque la machine financière du Japon s'écroulera, les Japonais ne pourront plus amortir le choc à grand renfort de titres de placement surévalués. Ils devront donc retirer leurs investissements et ne pas en faire de nouveaux.

Nous traverserons une gigantesque récession déflationniste de dimension internationale.

Manifestement, cet effondrement constituera un événement majeur au Japon. La crise durera de nombreuses années. Les entreprises japonaises, mais surtout les banques, subiront de violentes secousses.

J'ai déjà mentionné le fait que nous traversons une période de récession parce que les enfants du baby boom ont réduit leur consommation. Le raz de marée de Tokyo amplifiera d'autant plus le phénomène déflationniste et la surchauffe commerciale à l'échelon mondial, aggravant le ralentissement des achats de la génération du baby boom. Si nous parvenions à sortir de cette récession fin 1993, l'onde de choc de Tokyo atténuerait cet effet et augmenterait les chances de n'atteindre le seuil le plus bas qu'au second semestre 1994.

Dans tous les cas, même si l'économie mondiale repart en 1993 ou en 1994, les Japonais se remettront plus lentement de la récession et d'autant plus difficilement qu'ils seront privés des avantages de leur machine financière. Le Japon devrait en fait connaître une dépression prolongée.

La déflation que nous avons vue aux Etats-Unis, ainsi que dans d'autres pays, en 1991 et 1992 atteindra de nouveaux sommets en 1993, qui devraient perdurer jusqu'en 1994 et au-delà. Voyons certains de ces retentissements au niveau mondial.

Les Etats-Unis —
Une économie marquée par les faillites

Manifestement, le marché de l'immobilier californien sera totalement dévasté. Le reste du tableau n'est guère plus rose.

Forte hausse des taux d'intérêts. La compression des capitaux provoquée par le retrait des investissements japonais à l'étranger fera grimper les taux d'intérêts vers la fin 1993 — de quelques points sur les traditionnels bons du Trésor mais davantage que ceux des obligations commerciales à plus haut risque. A cause de cet incroyable gel des capitaux, je pense que les bons du Trésor sur 30 ans, qui étaient à 7,2 % seulement en 1992, monteront à 10 % au moins. Et ce en dépit de la chute des prix et du rapide déclin de l'inflation, qui précipite normalement la baisse des prix. Mais cela n'arrivera qu'une fois la crise et la récession terminées.

Manque de confiance de la part des consommateurs. La déflation du marché de l'immobilier frappera les propriétaires fonciers et grignotera leur pouvoir d'achat dans le domaine des biens durables. Tous les consommateurs se tiendront sur leurs gardes, ce qui entraînera une récession plus importante. A son tour, la baisse de la consommation provoquera la...

Chute des prix. Vous pouvez vous attendre à voir les prix chuter, non seulement sur le marché de l'immobilier mais aussi sur celui du pétrole, des matières premières et des biens et des services de toutes les entreprises, à différents niveaux, en raison de la surchauffe et de la méfiance des consommateurs.

Je pense que l'indice des prix à la consommation reculera de 20 % ou plus entre 1993 et 1994, reflétant la première période prolongée de déflation que nous ayons connue depuis les années 30. Nous verrons probablement une forte déflation en 1993 et 1994, mais les prix pourraient continuer à baisser jusqu'en 1997 ou 1998. Ce choc aura de profondes répercussions sur l'économie.

Surchauffe! La survie du plus fort. La chute des prix entraîne systématiquement la surchauffe parmi les entreprises. Les plus faibles font rapidement la culbute et se font absorber par les plus fortes.

C'est le chaos qui fera de l'économie américaine une économie marquée par les défaillances d'entreprises. Les faillites s'enchaîneront, et pas seulement dans les petites entreprises. Il est fort probable que même parmi les grandes banques et les principales industries, les plus faibles succombent. Les banques essaieront d'éviter de passer les dettes des entreprises en faillite aux profits et pertes et chercheront des firmes plus solides pour absorber ces actifs ainsi qu'une partie des dettes. Les compagnies changeront de mains au cours des manœuvres de consolidation. Toute l'économie en passera par là.

Dans chaque branche industrielle, les entreprises les plus solides et les plus fournies en liquidités, bien structurées au niveau des coûts et bénéficiant d'une clientèle fidèle reprendront les avoirs des sociétés affaiblies. Ces entreprises plus performantes et plus rentables seront parfaitement positionnées pour la prochaine période d'expansion.

Augmentation du chômage. Tout bouleversement commercial a son prix en matière d'emploi. Depuis les années 80 et le tout début de la récente récession, les firmes industrielles ont procédé à de nombreux dégraissages. L'agriculture ayant déjà connu sa période de vaches maigres, la récession n'affectera pas autant ce secteur que dans le passé. Où, dans ce cas, ces licenciements vont-ils frapper?

A deux endroits. La plus grande proportion de chômage affectera le secteur tertiaire et la fonction publique.

Les sociétés de services qui ont résisté aux années 80 et n'ont pas été autant touchées au début des années 90 — des cabinets juridiques aux agences comptables en passant par la restauration rapide et autres — vont être foudroyées. Il en ira de même pour les collectivités locales, les gouvernements des Etats et, enfin, pour le gouvernement fédéral.

En période de récession difficile, les collectivités publiques, qui n'ont pas les capacités de financement ni la possibilité d'imprimer le papier monnaie comme le gouvernement fédéral, doivent rogner sur les programmes et réduire leur personnel. La diminution des dépenses militaires et les demandes d'allègement de la bureaucratie fédérale viendront grossir les chiffres du chômage.

Réduction des programmes fédéraux. Le gouvernement fédéral sera contraint de réduire ses dépenses. Dans un premier temps l'opinion publique réclamera une compression supplémentaire des budgets militaires. Ensuite, les coupes sombres dans la bureaucratie impliqueront inévitablement un resserrement des services.

Les ménages et les entreprises victimes de la hausse des taux d'intérêts ne supporteront plus le manque d'efficacité. Voyant leurs entreprises et leurs collectivités locales réduire leur train de vie, les citoyens demanderont pourquoi le gouvernement fédéral ne peut pas en faire autant. Je pense que la pression des électeurs amènera inévitablement des réductions.

Le gouvernement des Etats-Unis sera par ailleurs soumis aux pressions des marchés financiers internationaux. L'argent venant à manquer et les déficits publics se transformant en gouffres abyssaux, le marché des capitaux exercera une influence plus pressante sur le gouvernement américain. S'il montre qu'il tente de réduire ses coûts, les marchés financiers augmenteront les taux d'intérêts de 2 à 4 points seulement. Mais s'il adopte une politique d'emprunt totalement irresponsable et génératrice d'inflation et ne se montre pas, par ailleurs, disposé à réduire ses dépenses pour aider à combattre le déficit, le marché des capitaux augmentera les taux d'intérêts de 4 à 8 points.

A ce moment-là, le gouvernement, obligé de payer le prix fort pour obtenir de l'argent, sera contraint de revoir ses positions.

Crise bancaire. La déflation du marché immobilier va évidemment retomber sur les banques, notamment en Californie. Les faillites contraindront en effet ces dernières à passer les dettes par-profits et pertes car elles ne pourront pas trouver d'acheteurs pour reprendre les entreprises insolvables.

Ce phénomène ne manquera pas de provoquer un bouleversement du système bancaire. Le gouvernement fédéral devra intervenir, ce qui entraînera une...

Montée en flèche des déficits publics. Maintenant vous comprenez pourquoi je prévois que les déficits fédéraux atteindront 800 milliards de dollars ou plus entre 1993 et 1994. Ce sera l'un des facteurs qui amèneront la hausse des taux d'intérêts dans un cycle très tourmenté car le gouvernement fédéral monopolise le marché du crédit en période de marasme.

Voilà la récession aux Etats-Unis. Voyons maintenant comment les choses se passent ailleurs.

Europe Les économies européennes, notamment celles des pays de l'ancienne Union soviétique et d'Europe de l'Est qui sont les plus en difficulté, n'ont pas les moyens de s'offrir une récession mondiale. L'Europe a déjà subi un ralentissement de croissance en 1992. Le raz de marée de Tokyo aggravera le pénible rétablissement des anciens pays communistes. C'est à la fois une bonne et une mauvaise nouvelle. La bonne, c'est que la pression accrue peut imposer des changements plus rapides et plus efficaces en affaiblissant les vieux bureaucrates qui s'accrochent au pouvoir. La mauvaise, c'est que nous pourrions également assister à une montée de la violence et à des tentatives de prise de pouvoir par des factions militaires ou autres dans le but de restaurer non seulement l'ordre, mais une forme de régime totalitaire.

Les réactions des marchés d'Europe sont donc les plus difficiles à prévoir en ce qui concerne le scénario du raz de marée. Quelles qu'elles soient, je pense que l'économie européenne sortira lentement de la récession, au plus tôt en 1994 et qu'elle poursuivra son processus de restructuration jusqu'en 1995 environ.

Il faut, de surcroît, tenir compte du fait que la C.E.E. tente de réaliser son unification. La récession actuelle, je crois, la contraindra dans une certaine mesure à accélérer le mouvement. Mais d'un autre côté, chaque pays cherchera à faire marche arrière car on devient toujours plus protectionniste et plus sceptique dans les périodes difficiles. Par conséquent, il ne faut pas s'attendre à voir l'Europe s'intégrer aussi rapidement que certains l'ont prédit.

La plus grande incitation pour l'intégration de l'Europe viendra des Etats-Unis qui émergeront de la récession avec une force extraordinaire. Ce retour en force représentera un formidable défi pour les pays européens et les obligera à se rassembler pour concurrencer honorablement l'Amérique du Nord.

Le Moyen-Orient

> Je prévois une dépression prolongée pour les pays du Moyen-Orient. Les pays arabes sont totalement dépendants des prix du pétrole. Lorsque les prix s'effondreront, le chaos s'installera pour longtemps. Nous avons peut-être vécu la fin de la guerre froide, mais nous n'avons pas encore vu la fin des hostilités dans cette partie du globe.

Comme l'Europe détient une position prédominante dans cette région difficile, on peut s'attendre à ce que les pays européens se trouvent confrontés à de graves problèmes avec les échauffourées militaires et les guerres incessantes à l'Est et au Sud.

Au cours de cette récession internationale, d'autres pays du tiers monde seront également touchés par la chute des prix des matières premières. Toutefois, la plupart des pays du tiers monde subissent la baisse des prix des matières premières depuis les années 80, par conséquent la récession ne changera pas grand-chose pour eux.

A long terme, le monde n'est pas sur la voie de la crise. Bien au contraire. Attendez de lire le chapitre 7, « Le scénario du boom mondial », où j'aborde la situation mondiale après la brève, mais brutale récession.

Comment résister à la récession

Que peuvent faire les entreprises et les ménages afin de survivre à la récession qui va précéder le plus grand boom de l'histoire?

Se protéger dans l'immobilier. Quiconque le peut doit protéger ses investissements dans l'immobilier avec les meilleurs taux d'emprunt hypothécaire possible. Si vous vous lancez dans un financement maintenant, prenez des taux d'emprunt fixes et faites appel à nouveau au financement à des taux plus bas aux alentours de 1998. Essayez de vous retirer de l'immobilier autant que faire se peut, mais il est peut-être déjà trop tard. Préparez-vous à vivre une récession considérable. En tout cas, si vous vous trouvez coincé par d'importantes baisses de valeur de votre maison ou de vos biens immobiliers, ne paniquez pas et ne vendez pas au prix plancher. Les prix de l'immobilier remonteront lorsque nous sortirons de la récession vers la fin 1994. Si vous achetez au plus fort de la récession, utilisez des emprunts hypothécaires à taux variables.

Arrêter les dépenses. Les particuliers, comme les entreprises, devraient réduire leurs dépenses et épargner le plus possible. C'est le moment choisi pour revoir les priorités des dépenses familiales et de mettre en place un système de budgétisation efficace.

Assurer son emploi. Assurez votre emploi. Commencez à prouver à votre entreprise que vous êtes quelqu'un de valeur afin de pouvoir survivre au raz de marée. Les licenciements seront nombreux, aussi bien dans les bureaux que dans les usines. Il est temps de vous assurer que vous faites partie de ceux qui resteront.

Consolider son entreprise. Si les marchés se maintiennent encore, vendez tous les actifs dont vous n'avez pas besoin. Empruntez tout l'argent que vous pouvez auprès des banques avant que les choses n'empirent et que le crédit ne s'assèche. Empruntez l'argent, non pas pour vous en servir, mais pour le garder comme réserve de protection, une sorte de bouclier monétaire. Réduisez vos dépenses, notamment les frais généraux. Mais restez agressif dans le domaine du marketing, de la vente et de la R & D afin de conquérir des parts de marché aux frais des compétiteurs affaiblis. Essayez de générer des bénéfices ou un certain cash-flow durant le contrecoup du raz de marée.

Investir sagement. Le seul investissement vraiment sûr pour vos placements est l'actif personnel ou stratégique que vous allez garder à long terme et à court terme. Misez sur les titres qui rapportent des intérêts tout en étant soutenus par le gouvernement, tels que les bons du Trésor.

Misez sur le boom   Je pense que la chose la plus importante à faire est de ne pas croire ceux qui vont faire courir la lugubre rumeur selon laquelle la crise est inévitable. Les économistes et les conjoncturistes qui se sont trompés dans leur anticipation de l'actuelle récession vont noircir le tableau et pronostiquer la plus grande crise de tous les temps. Certains d'entre eux prédisaient déjà la dépression aux tous débuts de la récession. Le raz de marée de Tokyo renforcera définitivement l'idée que quelque chose ne va pas non seulement dans notre économie, mais aussi dans l'économie mondiale. La plupart des gens sombreront dans la morosité.

Mais...

Si vous êtes l'un des consommateurs ou l'une des entreprises qui ont le meilleur cash-flow et le bilan le plus décent au plus fort de cette récession, entre 1993 et 1995, vous allez bénéficier d'incroyables débouchés pour votre pouvoir d'achat. Vous allez pouvoir acheter des biens immobiliers, des actions, des obligations, les actifs de vos concurrents, des produits — tout ce que vous voudrez — à moindre prix.

Les particuliers et les entreprises rusés seront prêts à investir lorsque la récession sera à son comble. Si vous en avez l'estomac, misez sur le boom. Acceptez de prendre des risques. Parfois, les occasions les plus créatives se présenteront à vous. Vous pouvez rencontrer d'autres consommateurs, ou d'autres entreprises ou des banques, désireux de vous confier des avoirs en échange de la promesse que vous les rembourserez plus tard. Vous pouvez avoir la possibilité d'acquérir des actifs avec aucun apport, uniquement parce qu'on sentira que vous avez de quoi les payer à une époque où les autres ne l'ont pas.

Le défi créatif consistera à survivre au raz de marée de la récession, à maintenir vos liquidités à des niveaux élevés et vos dépenses au plus bas. N'achetez pas de titres avant que nous ayons atteint la période la plus difficile que j'ai annoncée.

Vous en saurez plus en lisant la seconde partie, « Comment profiter du boom de croissance des années 90 ». Les deux chapitres suivants, cependant, sont fondamentaux pour qui veut comprendre comment les nouvelles technologies finiront par générer la croissance économique jusque dans les années 2000.

5

La vague d'innovation

*Prévoir quand les nouvelles technologies
seront adoptées*

TELEX

Chaque génération apporte sa propre vague d'innovation, qui
déferle de manière prévisible sur l'économie. Il est tout à fait
possible d'anticiper le moment où ces nouveaux produits décolle-
ront. Imaginez un outil qui vous aurait permis de savoir à
l'avance à quel moment il fallait investir dans les actions des producteurs de pneus à structure radiale... ou des fabricants de
photocopieurs... ou de micro-ordinateurs... ou le mouvement
écologiste... *ou pratiquement n'importe quoi !*

Attachez votre ceinture !

Oui, bouclez votre ceinture un instant, car ce chapitre est essentiel pour comprendre le reste du livre. Bien qu'elle n'ait pas autant
de charme que la courbe de la consommation, la courbe de l'innovation n'en est pas moins aussi importante. Elle permet d'établir le
contexte dans lequel s'est déroulé le chapitre précédent. C'est le
maillon logique sur lequel tous les chapitres suivants reposent. La

vague d'innovation opère en conjonction avec la vague de consommation, dont elle démultiplie la puissance.

Dans ce chapitre, nous abordons les variations observées sur un outil fondamental, la courbe en S, autrement dit la base de la courbe de l'innovation. Si vous êtes chef d'entreprise, le fait de comprendre le mécanisme de la courbe en S vous permettra de prévoir l'avenir pour votre entreprise. Si vous êtes manager, vous pourrez vous faire une idée de ce que l'avenir vous réserve dans les secteurs qui vous intéressent. Si vous êtes un investisseur, vous pourrez savoir quels sont les titres et les nouveaux marchés porteurs des années 90 représentant des placements valables.

Mais commençons par un rapide retour en arrière sur nos concepts de base.

La courbe des générations

Nous avons déjà vu que la courbe de la natalité est tout simplement la représentation des naissances d'une nouvelle génération. Pour les enfants du baby boom, cette courbe présente trois vagues successives correspondant aux pointes constatées dans les taux de natalité. Dans le second chapitre, nous avons étudié la courbe de la consommation, le plus séduisant de nos outils prévisionnels. Il montre qu'il est possible de calculer l'orientation de l'économie à partir des comportements d'une génération en matière de consommation, ce qui nous permet de prévoir le plus grand boom économique de l'histoire.

La vague de l'innovation se situe entre la vague de naissance et la vague de consommation. Elle atteint son point culminant près de vingt ans après les pointes observées dans les taux de natalité d'une génération. Autrement dit, au moment où la génération fait son entrée dans la vie active. La courbe en S est l'outil de base permettant d'anticiper cette vague. Elle montre que le cycle de vie d'un produit n'est absolument pas un fait du hasard. C'est un système dont les mécanismes se répètent des centaines de fois dans des proportions plus ou moins importantes. A partir de cette idée, vous verrez comment certaines innovations s'agglomèrent durant la vague d'innovation du cycle de vie d'une génération. Vous verrez comment, avec l'évolution de la vague de consommation d'une

Courbe de la génération du baby boom

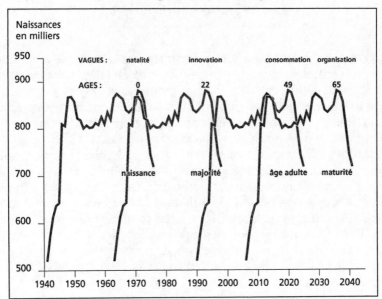

Figure 5-1. La courbe des générations revisitée

génération, ces faisceaux d'innovations se transforment progressivement en produits de consommation courante, suivant un schéma prévisible et créant un effet cumulatif.

Imaginez les implications de ce phénomène. Vous rendez-vous compte à quel point il est important de pouvoir prévoir l'évolution des grands faisceaux d'innovations ?

Cela signifie que si vous connaissez la corrélation entre les innovations et les générations, vous pouvez prévoir le rythme auquel les nouveaux produits et innovations se développeront, seront adoptés et arriveront à maturité. Imaginez les ramifications d'un tel savoir ! Si vous êtes en mesure de prévoir l'évolution des faisceaux de produits et de technologies ainsi que leur développement et leur croissance individuelle, vous ne vous perdrez plus en conjectures.

Il est essentiel de pouvoir compter sur des faits, car nous traversons une révolution économique plus spectaculaire que la révolution industrielle. En effet, même si nous sommes au seuil du plus grand boom économique de l'histoire, nous sommes déjà profondément enfoncés dans...

La révolution informatique

Certains jours, vous devez sentir que votre situation financière s'améliore. A d'autres moments, en revanche, vous devez avoir l'impression que le sol se dérobe sous vos pieds. Comme nous l'avons vu au cours de la campagne électorale de 1992, les sondages prenant le pouls de l'Amérique pratiquement heure par heure, vous n'êtes pas les seuls à ressentir cette incertitude. Pratiquement tout le monde a ses moments de panique. C'est parce que l'explosion technologique que nous connaissons actuellement semble très progressive et soumise au gré du hasard. Et particulièrement contradictoire. Un jour, on vous parle de trains conçus pour aller à 320 km/h qui « flottent » sur des rails électromagnétiques. Le lendemain, on vous annonce que votre vol est retardé d'une heure parce que les toilettes de l'avion sont bouchées.

Et l'économie ? Il faudrait être aveugle pour ne pas voir que la plupart de nos vieilles industries suivent la trace des chemins de fer. Les fabricants réduisent leur production et licencient du personnel. Les grandes entreprises se morcellent pour se consolider et se restructurer, un processus dévoreur d'emplois. Les compagnies se replient ou se rachètent entre elles, au prix de licenciements encore plus importants. Au milieu de tous ces maux économiques, vous devez effectivement vous demander : « Comment quelqu'un peut-il prétendre que nous sommes sur le point de connaître une économie florissante ? »

Je comprends que la situation puisse vous paraître confuse. Elle l'est également pour d'autres, y compris les soi-disant experts. Mais croyez-moi, nombre des contradictions que présente notre économie s'expliquent grâce à la courbe en S, à laquelle j'ai fait référence plus haut.

Si vous comprenez les courbes en S, les choses s'éclaircissent d'elles-mêmes. Vous vous rendrez compte que les turbulences de l'inflation dans les années 70 et 80 étaient incontournables. Vous verrez que la déflation et la récession du début des années 90 *devaient* arriver. Vous comprendrez que notre vieille économie doit inévitablement céder la place à une nouvelle, tout comme une génération cède la place à la suivante.

Les courbes en S sont tellement performantes qu'elles me servent désormais de contexte pour analyser de nombreux autres processus de changement, de croissance et de développement. Voyons ce fascinant outil de plus près.

La courbe en S

Je n'ai pas inventé les courbes en S. Les techniciens, les chefs d'entreprise et les universitaires les utilisent depuis déjà très long-temps. J'y ai simplement ajouté certains chiffres, afin que le profane puisse étudier et comprendre plus facilement les cycles de vie des produits. Elle nous permet donc de prévoir de nombreux aspects de l'économie.

La voici...

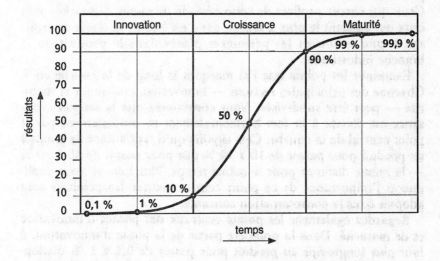

Figure 5-2. *La courbe en S de l'innovation en détail*

Simple et élégante, n'est-ce pas? Vous retrouverez de nombreuses courbes de ce type tout au long de ce chapitre. C'est un outil de base pour comprendre l'économie. Regardez la suivante, agrémen-tée de quelques données pour mieux comprendre.

L'axe vertical représente la croissance ou les résultats. L'axe hori-zontal, divisé en trois parties égales, représente le temps. Ceci nous amène au :

Principe de la courbe en S

Il apparaît clairement que tous les nouveaux produits et toutes les nouvelles technologies passent par trois phases de croissance : la phase d'innovation, la phase de croissance et la phase de maturité. Il faut le même temps à une nouvelle technologie ou un nouveau produit pour passer de 0 à 10 % (phase d'innovation), puis de 10 à 90 % (phase de croissance) et, enfin, de 90 à 100 % (phase de maturité) de son marché potentiel.

Ce principe permet aux entreprises et aux investisseurs de parfaitement comprendre la situation. Manifestement, le produit connaît sa plus forte croissance au cours de la période dense entre 10 et 90 %. Ceux qui savent profiter de cette période de vastes débouchés sont ceux qui gagnent le plus d'argent, car c'est lors de la phase de croissance que se jouent les premières places dans le produit ou la branche industrielle.

Examinez les points que j'ai marqués le long de la courbe en S. Chacune des principales sections — innovation, croissance et maturité — peut être subdivisée. Vous constaterez que la section croissance est divisée à la fois horizontalement et verticalement par le point central de la courbe. Cela signifie qu'il faut autant de temps à un produit pour passer de 10 à 50 % que pour passer de 50 à 90 % — la même distance pour le même temps. Plus loin, je vous expliquerai l'importance de ce point central lorsque les produits sont adoptés dans la consommation courante.

Regardez également les points centraux des phases d'innovation et de maturité. Dans la première partie de la phase d'innovation, il faut plus longtemps au produit pour passer de 0,1 à 1 % d'adoption qu'il ne lui en faut ensuite pour passer de 1 à 10 %. De même, à la fin de la phase de maturité, il faut autant de temps au produit pour passer de 90 à 99 % qu'il ne lui en faut pour passer de 99 à 99,9 %. Ces points sont des indicateurs très importants.

Voyons en détail les principaux éléments de la courbe en S.

La phase d'innovation Le point le plus bas de la courbe, point de départ de l'innovation, correspond à l'invention et à la phase de développement d'un produit ou d'une technologie. Si vous êtes entrepreneur, vous savez déjà que le lancement du développement d'un produit implique d'énormes quantités de ressources — argent, temps et énergie. Avec très peu de retour sur l'investissement.

La production de prototypes est expérimentale et coûteuse. Après avoir surmonté les problèmes de conception, traversé une période d'obscurité, effectué des études de marché, il faut organiser la fabrication et la distribution. C'est un processus très onéreux qui aboutit à un produit coûteux au départ. C'est pourquoi, seuls certains consommateurs raffinés, ayant les moyens de se l'offrir, adoptent immédiatement le produit.

A ce stade, votre nouveau produit ou technologie est généralement considéré — s'il n'est pas rejeté — comme une niche, représentant moins de 10 % de parts de marché.

La phase de croissance La partie la plus abrupte de la courbe représente la période de très forte croissance au cours de laquelle le produit ou le service devient rapidement un bien de consommation courante. C'est généralement à ce moment-là qu'une découverte technologique sensationnelle rend le produit beaucoup plus abordable.

L'éducation du consommateur est l'un des facteurs les plus importants de cette phase. Plus les gens entendent parler du produit ou de la technologie, plus ces derniers deviennent populaires. Mais le plus important des facteurs reste la chute des coûts. Plus les consommateurs sont informés, plus la production augmente, ce qui permet de réaliser de nouvelles économies d'échelle et de réduire les coûts et finalement, la concurrence aidant, les prix baissent.

Après cette croissance, le produit ou la technologie arrive à maturité.

La phase de maturité Le haut de la courbe correspond au moment où le produit ou la technologie se stabilise lorsque le marché commence à être saturé. Comme certains consommateurs se refuseront toujours à l'adopter, en pratique la courbe n'atteint donc jamais les 100 %.

C'est la théorie de base exposée dans ses généralités. Prenons maintenant un exemple concret afin d'expliquer comment la courbe en S fonctionne dans la réalité.

Structure axiale contre structure radiale

La première fois que j'ai vraiment vu la courbe en S en action, c'est lorsque j'étais consultant auprès de la firme Firestone, au moment où le pneu radial commençait à remplacer le pneu axial. Au début des années 70, le radial a connu une progression de 10 % sur le marché américain. Comme vous pouvez le constater sur la figure 5-3, il lui aura fallu sept ans pour en arriver là.

Firestone n'avait aucune inquiétude. La société savait que le radial allait se développer, mais elle était loin de se douter qu'il allait dépasser l'axial et dominer le marché. Pour Firestone, le radial ne représentait qu'une niche. Qui les achetait après tout ? Certainement pas les masses. Seul un petit groupe d'automobilistes avertis. Une minorité de consommateurs.

Pourtant, il se trouvait que cette minorité d'acheteurs de radial réunissait à la fois des amateurs de modèles européens et de fervents adeptes de la conduite automobile. Il s'agissait donc de conducteurs férus de performances possédant des voitures hautement performantes. Ils étaient prêts à dépenser plus que l'automobiliste moyen pour avoir des pneus performants parce qu'ils savaient que le radial était supérieur à l'axial. Le premier durait plus longtemps et offrait une meilleure traction, un plus grand confort et une plus grande sécurité à grande vitesse.

Firestone, pourtant, se disait que la réaction du consommateur américain moyen serait : « Je ne vais pas payer un jeu de pneus 300 $ alors qu'il en existe de très bons à moitié prix. »

Sept ans plus tard, le radial représentait 90 % du marché américain. Firestone a continué d'ouvrir de nouvelles unités de production pour fabriquer l'axial — dont la plupart ont dû être fermées depuis. Voilà donc une entreprise qui n'a pas fait attention à ce qui se passait. Et la figure 5-3 montre ce qui est effectivement arrivé aux pneus à structure axiale.

La progression du radial a été relativement lente avant qu'elle ne décolle vers 1975, c'est pourquoi la courbe en S n'est pas parfaite. Sur le segment de 10 à 50 %, la croissance s'est avérée légèrement plus lente que sur la courbe idéale, ce qui est dû à la récession de 1973/1974. Toutefois, la tendance a repris d'elle-même après la récession, accusant un décollage très rapide et une progression fulgurante entre 50 et 90 % pour finalement atteindre son point culminant au moment exact prévu par la courbe idéale.

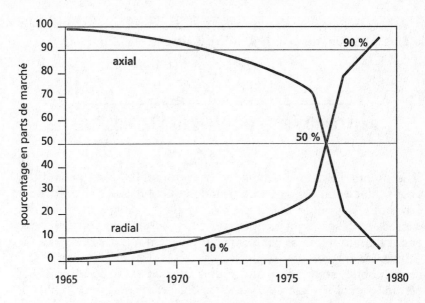

Figure 5-3. La courbe en S des pneus à structure radiale
(Source : Innovation, Richard Foster)

Vous voyez le tableau. Soyez assuré que Firestone a compris la situation, mais trop tard. S'ils ne sont plus leaders aujourd'hui dans leur domaine, c'est parce que la courbe en S du pneu radial leur a échappé. En fait, ils ont été rachetés par Bridgestone, l'un des plus grands fabricants japonais de pneus à structure radiale.

Si Firestone avait eu accès au principe de la courbe en S, comme vous aujourd'hui, la société aurait su qu'elle gaspillait son argent en investissant dans le pneu axial. Et si vous aviez été un investisseur, vous auriez pu prévoir la montée des actions Michelin et Bridgestone. Six ans plus tard, le consommateur américain a commencé à prendre conscience de ce que l'amateur de performance savait depuis longtemps. Une fois que les gens ont compris où était leur intérêt, ils ont donné la priorité à la sécurité de leur famille. Vous connaissez la suite de l'histoire, bien sûr. Cela fait des années, je suppose, que vous n'utilisez plus que le radial.

La même dynamique s'applique à tous les produits courants qui vous sont familiers. Tous les produits tels que voitures, téléviseurs, lave-vaisselle, télécopieurs, distributeurs automatiques, magnétoscopes et platines laser suivent la courbe en S. Seul le calendrier varie au cas par cas.

Voyons maintenant de plus près l'une des plus célèbres, si ce n'est la plus influente, des courbes en S de l'histoire de l'économie.

La courbe en S classique de l'automobile

Si je prends l'exemple de l'industrie automobile, c'est parce qu'il s'agit d'une technologie fondamentale qui contribue à définir notre économie depuis le début du siècle. C'est également l'une des courbes en S sur laquelle nous possédons le plus de données. Sans parler du fait qu'elle se conforme parfaitement à la courbe idéale.

Inventée entre la fin des années 1800 et le début des années 1900, l'automobile est devenue un produit courant entre 1914 et 1928, période au cours de laquelle sa croissance est passée de 10 à 90 %. La Figure 5-4 donne un aperçu complet de la courbe en S de 1900 à 1942 aux Etats-Unis. Vous remarquerez les progressions successives de sept ans en sept ans, correspondant aux développements qui ont permis de réduire les coûts et favorisé l'achat des citadins. N'oubliez pas que l'automobile a non seulement affecté l'économie dans son ensemble, mais aussi d'autres produits de cette période. Si on les comparait, la courbe en S de l'automobile présenterait donc de nombreuses similitudes avec celles des autres produits de cette époque qui sont passés d'un marché de niche à la consommation courante.

La phase d'innovation de l'automobile

Avant son entrée dans la production commerciale en 1900, l'automobile n'était qu'une simple curiosité, un jouet réservé aux riches et aux excentriques, représentant 0,1 % seulement du marché qu'elle allait finalement atteindre.

Sept ans plus tard, en 1907, 1 % de la population citadine américaine possédait une voiture, exactement comme la courbe en S l'aurait prévu. A partir de là, l'automobile a continué sa progres-

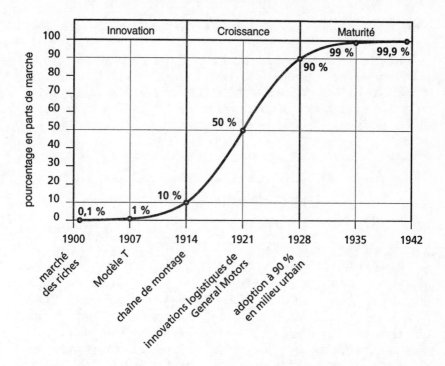

Figure 5-4. La courbe en S classique de l'automobile

sion tous les sept ans. Personne n'a prévu cette croissance progressive. Non pas que les gens aient été stupides, mais ils tombaient dans le piège de la vision linéaire fournie par le modèle prévisionnel humain. Comme les innovations nécessaires à cette évolution n'avaient pas encore fait leur apparition, peu de gens ont été capables de prévoir cette croissance.

La première innovation clef a été la production du modèle T par les usines Henry Ford. Il devenait désormais moins coûteux de posséder une automobile. En 1914, 10 % des ménages citadins pouvaient s'offrir une voiture.

La même année eut lieu une découverte sensationnelle. Il ne s'agissait pas d'un produit, mais d'un processus, autrement dit d'une innovation logistique : la chaîne de montage. Henry Ford s'est aperçu qu'il pouvait construire des produits standardisés de haute qualité sur une chaîne de montage — et beaucoup plus efficacement qu'auparavant. Grâce à cette idée, Ford a réduit les coûts de fabrication et ouvert la voie de la grande consommation à l'auto-mobile.

Le jour où il a réussi à introduire la chaîne de montage dans la fabrication de l'automobile, Henry Ford a décidé de vendre le modèle T à moitié prix et doublé le salaire de ses ouvriers. La réduction progressive des coûts a permis à 50 % des ménages citadins de posséder leur propre voiture en 1921.

L'essor de General Motors

A partir de 1921, General Motors est passé leader dans le domaine de l'innovation grâce aux conceptions novatrices d'Alfred Sloan en matière de logistique. Avec le modèle T, Ford avait créé l'automobile de base. Mais c'est GM qui a introduit la variété en diversifiant sa gamme. Pour la première fois, les gens pouvaient choisir parmi différents modèles et différentes options et racheter une voiture de meilleure qualité au fur et à mesure qu'ils vieillissaient et que leurs revenus augmentaient. Et GM continuait à améliorer progressivement ses modèles sur le plan mécanique.

La plus remarquable de toutes ces innovations est sans doute la mise en place du crédit-auto. Après cela, tout le monde était virtuellement en mesure de s'acheter une voiture. En 1928, 90 % des ménages citadins possédaient une automobile — et GM est sorti vainqueur de la course à la première place des constructeurs. En outre, la vente à crédit ainsi que des centaines d'industries liées à l'automobile ont commencé à envahir le pays, permettant l'avènement de l'ère de l'automobile. Sans parler de l'ère de l'endettement.

Plus ils en sauront sur les performances et les applications de la courbe en S, plus les gens seront capables de prévoir les prochaines innovations ainsi que leur période de croissance.

Approfondissons quelque peu le sujet afin que vous maîtrisiez suffisamment cet outil pour pouvoir l'appliquer au développement des nouveaux produits et technologies. Qui sait, peut-être êtes-vous sur le point de faire une innovation aussi importante que celle du pneu radial. Si c'est le cas, ces principes devraient vous aider à évaluer votre situation.

Commençons par le moteur de la courbe en S.

Les deux forces motrices de la courbe en S

1. Le schéma d'adoption des consommateurs Je suppose qu'il est aussi humain pour les consommateurs de résister aux nouveaux produits que de résister aux idées nouvelles. N'importe quel spécialiste du marketing vous dira qu'il faut éduquer et familiariser les consommateurs pendant un certain temps avant de les amener à acheter. Ce qu'il ne vous dira pas, toutefois, c'est que le schéma d'adoption suit la courbe en S. Autrement dit, qu'il est possible de prévoir le moment où le produit décollera.

La figure suivante, un affinement de la courbe en S de base, est tout aussi simple à comprendre que les autres, elle ne comporte aucun jargon.

La flèche indique qu'en règle générale, les nouvelles technologies sont d'abord adoptées par les jeunes puis par les plus âgés, par les villes puis par les campagnes et enfin par les groupes à gros revenus puis par les groupes à petits revenus. Réfléchissez. En général, qui sont les premiers à adopter les nouveaux produits ? Prenez le magnétoscope, par exemple. Généralement, ce sont les jeunes et, plus particulièrement, ceux qui ont de l'argent, n'est-ce pas ? Ces précurseurs

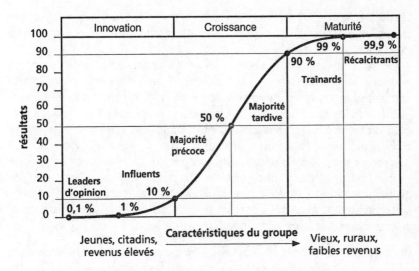

Figure 5-5. Schéma d'adoption des consommateurs

sont généralement issus des grandes villes ou des banlieues aisées. Pourquoi? Parce que c'est là que se trouvent les masses et que se lancent les modes. Plus la concentration de population est forte, plus il est probable de trouver des consommateurs plus raffinés et des magasins spécialisés pour les satisfaire. Abordons maintenant brièvement les différentes catégories figurant sur le graphique.

Les leaders d'opinion — 1 %   Il s'agit de professionnels ou de passionnés des nouvelles technologies, des nouveaux produits ou des nouvelles tendances sociales. Qui a acheté le premier magnétoscope? Les fous d'électronique, naturellement. Les cinéphiles. Les accros de la télévision. Les analystes, les critiques et les employés de la télévision... Une petite minorité d'initiés qui connaissaient le potentiel et l'attrait de ce type de matériel. Souvenez-vous, les magnétoscopes professionnels au format un pouce et trois quart de pouce existaient déjà depuis longtemps dans les studios de télévision. Lorsqu'elles sont devenues des produits de consommation courante, seules quelques personnes connaissaient l'utilisation de ces machines pour le montage, la rediffusion et le stockage des images vidéo. Ce sont donc ces mêmes personnes qui ont été les premiers consommateurs de ce nouveau produit. Les leaders d'opinion lancent les modes en étant les premiers à adopter les technologies ou les produits nouveaux.

Les influents — 1 à 10 %   Ces gens ont tendance à vivre avec leur temps et à se tenir au courant des nouvelles modes. Les influents savent ce qui est dans le coup.

Ce sont des gens qui veulent toujours posséder tous les derniers gadgets à la mode — et *tout de suite!* Ils adoptent les produits expérimentaux, quel qu'en soit le prix. Puis ils lancent le bouche à oreille. En ce qui concerne le magnétoscope, le sujet a d'abord circulé dans la presse spécialisée, puis dans les magazines de haute technologie et a finalement été repris par la presse généraliste. Les nouveaux produits finissent toujours par saturer le marché de niche — parfois également qualifiés de marchés yuppies. C'est le signe qu'ils approchent de leur phase de décollage, le point de 10 % de pénétration du marché. Lorsque le marché de la haute bourgeoisie commence à s'intéresser au produit, attention!

La majorité précoce — 10 à 50 %   Ces gens de la haute bourgeoisie, généralement installés en banlieue, ont les moyens de s'offrir un nouveau produit. Ils essaieront d'être les premiers de leur quartier à le posséder. Remarquez, ils ne prennent pas le risque d'acheter avant que le produit n'ait fait ses preuves sur le marché de niche quant à ses avantages et sa fiabilité. Et, naturellement, ils attendent que le prix baisse un peu. En fait, ils observent les réactions des influents et leur emboîtent le pas. Comme la courbe en S l'indique, à partir du moment où ils adoptent le produit, ce dernier connaît une croissance considérable.

La majorité tardive — 50 à 90 %   Ces gens ont dédaigné le magnétoscope à ses débuts. Soit parce qu'ils n'avaient pas les revenus discrétionnaires pour s'offrir un tel appareil. Soit parce que cette technologie leur semblait trop déconcertante. Pour des raisons évidentes, la majorité tardive représente le véritable marché de la grande consommation. Une fois qu'elle commence à adopter un produit, la croissance de ce dernier dépasse les 50 % et continue sa progression vers les 90 %. Les produits qui atteignent ce stade sont généralement très largement diffusés dans les hypermarchés.

Les traînards — 90 à 99 %   Les traînards ne possèderont pas le nouveau produit jusqu'à ce que leurs enfants leur offrent ou que leurs produits favoris disparaissent du marché ou coûtent plus cher que le nouveau. Ce ne sont généralement pas des consommateurs sophistiqués. Vous avez certainement entendu parler de certains grands-parents qui se servent uniquement de leur magnétoscope comme horloge numérique (qui clignote parfois en permanence sur 12 : 00).

Les récalcitrants   Il arrive que certains consommateurs n'adoptent jamais les nouvelles technologies. Pour une question de principe, pas de coût.

Voilà donc le schéma d'adoption des consommateurs appliqué à la courbe en S. Voyons maintenant un second facteur : le coût.

2. Les avantages de la courbe des coûts   La réduction des coûts est également un moteur de la courbe en S. Quand on y réfléchit, comment pourrait-il en être autrement? La chute des prix est une force universelle dans l'adoption d'un produit par les consommateurs. Quiconque a déjà investi dans une nouvelle technologie sait ce que coût signifie. Au début, les nouveaux produits et technologies coûtent toujours cher. Les premiers magnétoscopes coûtaient deux à trois fois plus cher que le matériel haut de gamme d'aujourd'hui. Il en va de même pour la plupart des produits. Et les changements de coût sont tout aussi prévisibles que la progression de la courbe en S.

Les experts en dynamique des coûts utilisent un principe éprouvé que l'on peut formuler comme une simple règle empirique :

> Chaque fois que le nombre cumulatif d'unités produites double, le coût chute de 20 à 30 %. Une fois que les défauts des premiers modèles ont été éliminés, que la concurrence a démarré, les nouvelles technologies sont accessibles à des prix très avantageux.

Il devrait être évident que lorsque le coût d'un produit baisse, ce dernier attire de plus larges segments de population. En fait, lorsque la courbe des coûts croise la courbe en S, la majorité tardive adopte le produit et en fait un véritable bien de grande consommation.

Maintenant que nous connaissons le principe de base de la courbe en S et de la courbe des coûts, voyons comment ces deux courbes entrent en interaction.

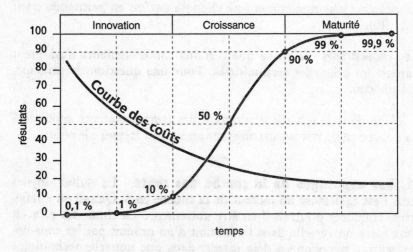

Figure 5-6. La courbe des coûts

Apparition de nouvelles courbes en S

En règle générale, les nouvelles courbes en S apparaissent lorsqu'une ancienne courbe en S atteint son stade de maturité. Ce phénomène est représenté sur la figure 5-7.

> Lorsqu'une technologie ancienne arrive à maturité, avec un taux d'adoption de 90 à 100 %, une nouvelle version entre dans sa phase d'innovation de 0 à 10 %. Ces deux étapes se chevauchent temporairement. Une fois qu'elle a atteint sa phase de 10 à 90 %, la nouvelle technologie dépasse rapidement l'ancienne.

Reprenons l'exemple des pneus à structure radiale qui ont supplanté les pneus à structure axiale. J'ai repris la figure 5-3 afin de montrer ce rapport, mais en utilisant cette fois deux courbes en S qui se chevauchent comme celles de la figure 5-7.

Cette figure est valable pour tous les types de technologie, de produit et de service que nous avons connu au cours de l'histoire —

Courbes en S du radial et de l'axial

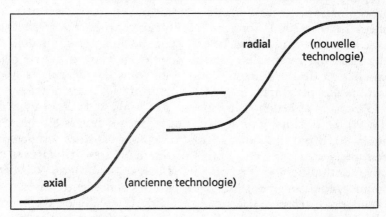

Figure 5-7. *Le chevauchement des courbe en S des pneus à structures axiale et radiale*

de l'automobile qui a supplanté les chemins de fer au disque compact qui remplace aujourd'hui le vinyl.

Si l'on retrace l'histoire des ordinateurs, illustrée par la figure 5-8, on constate clairement que la courbe en S des grands ordinateurs commence dans les années 50 et arrive à maturité entre 1975 et les années 80. Au cours de cette même période, on voit émerger la courbe en S suivante des micro-ordinateurs.

Je pense qu'il est évident pour la plupart d'entre nous que les micro-ordinateurs vont dominer la croissance de l'industrie informatique au cours des prochaines décennies. Mais n'oubliez pas que cela n'était pas aussi évident pour la plupart des fabricants de systèmes centraux avant le milieu des années 80. Et je vous réserve un scoop...

> La principale explosion dans la révolution du micro-ordinateur n'a pas encore eu lieu ! Nous allons voir une seconde courbe en S pour les micro-ordinateurs, car les portables ou blocs-notes vont se développer aussi bien en puissance qu'en nombre — jusqu'à ce que l'ordinateur portatif superperformant finisse inévitablement par faire retomber la révolution informatique dans l'indifférence.

Voyons maintenant de plus près la courbe en S du micro-ordinateur représentée sur la figure 5-9. C'est la technologie clef à l'origine de la vague d'innovation de la génération du baby boom. La vague de consommation de cette même génération, qui se situe entre les années 1980 et 2000, donnera lieu à deux courbes en S se chevauchant à l'intérieur de la courbe en S générale du micro-ordinateur.

La première vague d'innovation dans ce domaine a déferlé avec l'apparition de l'ordinateur de bureau, plus connu sous le nom d'ordinateur personnel. Sa phase d'innovation a commencé entre 1975 environ et le début des années 80. Sa phase de croissance, de 10 à 90 %, se situe entre le début et la fin des années 80. Fin des années 80, début des années 90, le développement des ordinateurs personnels a ralenti. Qu'a fait l'ordinateur ? Les ordinateurs de bureau ont tout d'abord automatisé le bureau, un progrès considéré comme pratiquement parfait, même dans les petites entreprises.

Pendant ce temps, la seconde phase de la révolution du micro-ordinateur commençait avec l'arrivée du portatif : portables, blocs-notes et ordinateurs de poche. Ces nouveaux modèles ne resteront

Courbe en S des gros et des micro-ordinateurs

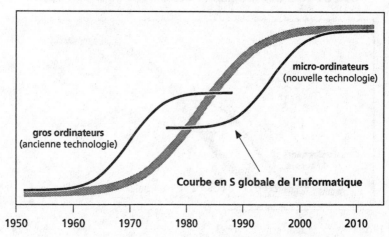

Figure 5-8. Chevauchement des courbes en S des gros et des micro-ordinateurs

pas longtemps limités à une niche. En fait, ils vont dominer les ventes d'ordinateurs au cours de la prochaine décennie.

Pourquoi ? Parce que le portable et le bloc-notes vont désormais pouvoir quitter le bureau. Ces instruments permettront au vendeur, au service après-vente ainsi qu'à tous les professionnels qui se déplacent beaucoup, autrement dit à ceux qui travaillent en relation directe avec la clientèle, d'amener l'entreprise chez le client.

Cette tendance s'accompagnera d'une réduction de la bureaucratie et des emplois intermédiaires atteignant des degrés encore jamais vus à ce jour. Au cours des prochaines décennies, les travaux de bureau seront automatisés tout comme le travail en usine et l'agriculture ont été robotisés par le passé. Ces différentes fonctions ne seront pas plus efficacement gérées, mais éliminées et remplacées par la programmation sur des logiciels directement exploités auprès de la clientèle grâce aux ordinateurs portables.

La phase de décollage des portables, des blocs-notes et des logiciels correspondants devrait intervenir entre 1995 et 1997, peu après la fin de la récession. Dans le domaine des ordinateurs, une industrie traversant actuellement une période difficile, nous devrions voir le bloc-notes, les secteurs de vente connexes et les logiciels correspondants devenir les meilleures bases de placement. C'est là où la croissance sera la plus forte au cours des dix pro-

Courbe en S des ordinateurs de bureau et des portables

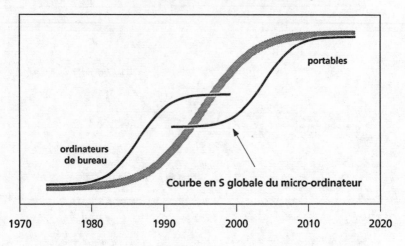

Figure 5-9. Chevauchement des courbes en S au cours de l'évolution du micro-ordinateur

Courbe en S de tous les ordinateurs

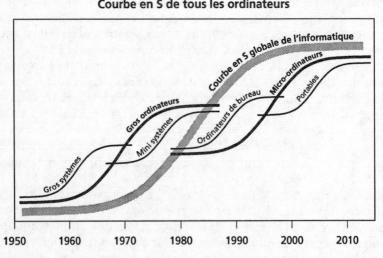

Figure 5-10. Résumé de l'évolution globale des ordinateurs

chaines années. Nous pouvons nous attendre à ce que ces ordinateurs atteignent leur phase de 10 à 90 % entre 1995 environ et les années 2000. Les entreprises seront gérées sur la base de principes entièrement nouveaux, que j'aborde en détail dans le chapitre 11.

Maintenant, afin uniquement d'illustrer mon propos, voyons ce que donne la courbe en S globale de l'ordinateur, représentée sur la figure 5-10.

Ce schéma résume les courbes en S se chevauchant à l'intérieur du spectre global de l'ordinateur. Vous pouvez voir l'évolution des produits jusqu'à ce jour, une évolution que vous avez déjà sans doute perçue intuitivement. Voilà comment les courbes en S se chevauchent et agissent l'une sur l'autre.

Les courbes des coûts se chevauchent également. Et la seconde courbe des coûts ajoute une nouvelle dimension au tableau que nous sommes en train d'élaborer.

Chevauchement des dynamiques des coûts

Maintenant que vous comprenez comment les nouvelles courbes en S empiètent sur les anciennes, vous comprendrez mieux la dynamique des coûts qui entraîne un dépassement rapide des anciens produits par les nouveaux. La figure 5-11 illustre le fait que les courbes des coûts se chevauchent de manière aussi prévisible que les schémas de croissance des courbes en S.

Comme je l'ai déjà dit, les innovations sensationnelles concernant un produit ou une technologie s'accompagnent toujours de coûts élevés, par conséquent de prix à primes. Au début, la courbe des coûts de la découverte sensationnelle baisse rapidement tandis que celle de l'ancien produit augmente très lentement. Sur la plupart des marchés, il arrive un moment où le prix du nouveau produit devient compétitif et finit par coûter moins cher que l'ancien produit. Lorsque la prime commence à diminuer, la majorité précoce commence à acheter le produit — ce qui correspond au départ de la phase de croissance de 10 à 50 %. Lorsque que le produit devient moins cher que l'ancien, la majorité tardive commence à acheter. Ce qui entraîne la phase de croissance de 50 à 90 %.

Dans le domaine de la production sidérurgique, les mini-aciéries illustrent parfaitement ce phénomène de courbe des coûts. Au début des années 80, j'étais consultant auprès d'une grande entreprise sidérurgique. A cette époque, les mini-aciéries n'étaient compétitives que sur les marchés régionaux de la construction, parce qu'elles fournissaient des produits de peu de valeur, en économisant sur les coûts de transport et en se servant de ferraille bon marché. Les grandes entreprises sidérurgiques ne considéraient pas les mini-aciéries comme des compétiteurs sérieux dans les secteurs de l'automobile et de la boîte de conserve — justement parce que les coûts de production étaient trop élevés. Mais avec l'expérience et les économies d'échelle, ces mini-aciéries ont considérablement réduit leurs coûts tout en améliorant leur qualité. Maintenant elles approchent le point D sur la figure 5-11 et font concurrence à leurs aînées sur ces marchés. Ce n'est qu'une question de temps pour qu'elles dominent la plupart des marchés de l'acier. C'est ainsi que les Etats-Unis retrouveront leur suprématie dans le domaine sidérurgique grâce aux compagnies telles que Nucor et Chapparal, qui dominent la production sidérurgique en mini-aciéries. Vous comprenez pourquoi je disais que la planification centralisée a amené le Japon à orienter ses investissements dans des industries qui se retrouveront dans l'impasse à long terme !

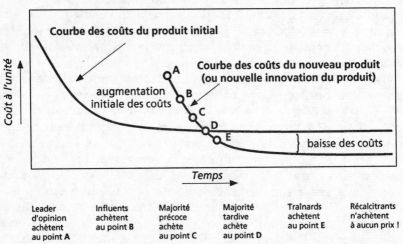

Figure 5-11. *Chevauchement des courbes de coût et du processus d'adoption*

La plus grande erreur qu'une entreprise ou qu'un investisseur puisse commettre est de penser que le prix du produit à prime ou de niche d'aujourd'hui ne baissera pas et ne deviendra pas un bien de grande consommation sur les marchés de l'avenir. Ce n'est qu'en étudiant sa progression sur une courbe en S que l'on peut prévoir efficacement la croissance d'un nouveau produit ou d'une nouvelle technologie. Si vous vous contentez d'observer les symptômes couramment étudiés par la plupart des entreprises et des investisseurs, vous serez convaincu que ces marchés représentent un faible potentiel. Vous n'apercevrez ce potentiel qu'une fois que l'innovation sensationnelle sera apparue, ce qui est souvent trop tard.

Voici encore un autre concept permettant d'élargir la courbe en S.

Etablir le rapport entre les générations et les nouveaux faisceaux de technologies

Tous les 40 ou 50 ans, des faisceaux d'innovations apparaissent au moment où de nouvelles générations atteignent leur majorité. Ces faisceaux sont généralement dûs à une génération plus jeune, ayant l'esprit d'entreprise, qui invente de nouvelles choses. En outre, les jeunes défient les anciennes idées et en génèrent de nouvelles tout au long de leur scolarité. L'innovation repose essentiellement sur la friction naturelle entre les idées utopistes de la nouvelle génération et les réponses réalistes, les critiques et le rejet total de la génération plus âgée. C'est ce phénomène qui amène de nouvelles idées dans les laboratoires de recherche et développement qui se transforment en produits et technologies tangibles. Les premières manifestations sont généralement des découvertes sensationnelles de grande échelle dans les secteurs fondamentaux tels que les transports, les communications et l'énergie, que les scientifiques appellent les innovations de base. Ces innovations de base ouvrent la voie aux nombreuses inventions pratiques qui suivent. A titre d'exemple, nous pouvons citer le moteur à vapeur, l'électricité, le chemin de fer, la télévision, le moteur à combustion interne, le téléphone, le transistor, qui a donné naissance à l'électronique de consommation, et les grands

ordinateurs ainsi que la puce semiconductrice, qui a donné naissance aux micro-ordinateurs.

La figure 5-12 illustre l'apparition des différents faisceaux
d'innovations. Elle montre également que les trois derniers faisceaux coïncident avec les trois générations qui ont précédé celle du
baby boom.

La génération Charles Trenet, qui a grandi pendant la crise des
années 30 et participé à la Deuxième Guerre mondiale à sa majorité, a inventé la télévision, le moteur à réaction, les grands ordinateurs, l'électronique de consommation, les appareils électroménagers tels que le lave-linge et le sèche-linge, la bombe A, le radar et
— pour l'automobile — les freins assistés, la direction assistée, la
transmission automatique et les grandes autoroutes dans les
années 30 et 40. Ces secteurs sont devenus les plus importants des
années 50 et 60 au cours de la vague de consommation de cette
génération.

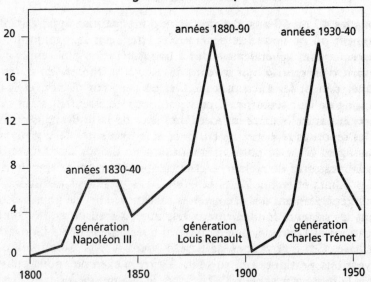

Figure 5.12. *Faisceaux d'innovations fondamentales des trois générations
passées*

La génération Louis Renault entre la fin des années 1800 et le début des années 1900 nous a donné l'automobile, le téléphone, l'électricité, les boîtes de conserve, le cinéma, la radio, le phonographe et les avions à hélices, pour ne citer que quelques exemples. Durant la vague de consommation de cette génération, entre 1900 et les années folles, ces secteurs industriels sont devenus très importants. Les innovations de cette génération ont eu pour principal effet la décentralisation de la société. Autrement dit, ce sont elles qui nous ont finalement permis de partir nous installer en banlieue.

La génération Napoléon III nous avait, avant cela, apporté le chemin de fer, le télégraphe et la sidérurgie, qui ont été les principales industries porteuses juste avant et après la guerre de Sécession.

Ces faisceaux d'innovations fondamentales sont à chaque fois suivis par une période de grande effervescence créatrice. Les innovateurs s'efforcent de trouver des applications commerciales et industrielles pour ces technologies de base. Ils essaient de gagner de l'argent avec leurs nouvelles idées et leurs découvertes.

En résumé, chaque génération s'accompagne de nouveaux faisceaux de technologies, produits et services qui deviennent ensuite les industries porteuses au cours de la vague de consommation de la génération en question. C'est une caractéristique unique des périodes de croissance telle que celle que nous allons connaître. Permettez-moi, de le réaffirmer.

Lorsqu'une génération déclenche une période de croissance, ce sont les produits qu'elle a innovés, pas les produits arrivés à maturité qui se sont consolidés dans les secteurs industriels plus anciens, qui se développent le plus. La plupart des gens pensent que dans toute période de croissance, les bonnes vieilles industries telles que Sears, Corn Flakes ou IBM vont également croître. En fait ce n'est pas davantage le cas aujourd'hui que cela ne l'a été pour le chemin de fer dans les années 20, ni pour les avions à hélices dans le secteur des compagnies aériennes commerciales des années 50 et 60. Les nouvelles innovations commencent par occuper des niches, ce qui correspond à la phase de développement de 0 à 10 % sur la courbe en S, au cours de la vague d'innovation de la nouvelle génération. Elles deviennent ensuite des produits de grande consommation, phase de développement de 10 à 90 % sur la courbe en S, au cours de la vague de consommation de cette même génération.

Au cours de la période d'expansion de la nouvelle génération, les nouveaux produits porteurs dépassent encore plus rapidement les industries traditionnelles. Lors de la prochaine période de croissance, les industries arrivées à maturité verront le sol se dérober encore plus brutalement sous leurs pieds. Les produits et technologies qui émergent se développeront tellement vite que beaucoup d'anciens se verront relégués à des niches à la fin du boom. Certains tomberont même dans l'oubli.

Voyons maintenant quel est le rapport entre tous les facteurs que nous avons vus jusqu'ici.

Courbes en S, générations et faisceaux de technologies

La figure 5-13 représente les courbes en S des deux générations actuelles : la génération Charles Trenet et la génération du baby boom. Ces deux courbes se chevauchent.

Lorsque la vague de consommation de la génération Charles Trenet a atteint son apogée vers la fin des années 60, la plupart des industries connexes — tout d'abord l'automobile, puis les grands ordinateurs — sont entrées dans leur phase de maturité. Au moment même où la courbe accusait un ralentissement, l'économie s'est enfoncée dans une longue période de récession jusqu'au début des années 80. En termes de courbe en S, les innovations de la génération Charles Trenet connaissaient leur phase de développement de 90 à 100 %.

Entre-temps, la vague d'innovation de la génération du baby boom en était à sa phase de développement de 0 à 10 %, une période de fort investissement et de faible productivité. C'est ce qui a provoqué la stagnation. Au cours des années 70 et au début des années 80, nous avons assisté à l'apparition d'innovations sensationnelles telles que le micro-ordinateur. Une révolution créative a donné lieu à l'apparition de nouveaux marchés porteurs dans pratiquement toutes les branches industrielles. Ces faisceaux de nouveaux produits et technologies vont continuer leur progression et entrer dans leur phase de développement de 10 à 90 % avec la vague de consommation de la génération du baby boom qui s'intensifiera en 1994 et durera jusqu'en 2006 ou 2010.

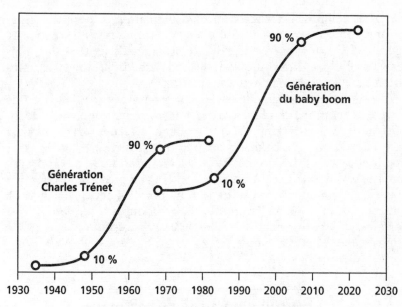

Figure 5-13. Deux générations qui se chevauchent

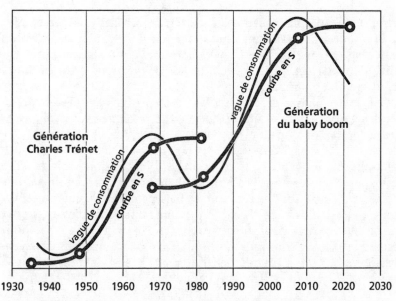

Figure 5-14. Synchronisation des vagues de consommation et des courbes en S formant la vague d'innovation

Si nous calquons les courbes de consommation de ces deux générations sur les courbes en S correspondantes, nous obtenons la figure 5-14, qui montre bien que le schéma d'adoption des nouveaux produits et innovations de chacune est en parfaite synchronisation avec son schéma de consommation.

Voici le point essentiel : le cycle de la vague de consommation de chaque génération, combiné avec la phase de développement de 10 à 90 % du faisceau de nouveaux produits et technologies qu'elle a créé, entraîne une formidable période de prospérité. C'est le principe fondamental de la vague de consommation que j'ai exposé au chapitre 2, lorsque j'ai dit qu'elle amènerait le plus grand boom de l'histoire. Imaginez un instant le pouvoir de l'énorme vague de consommation de la génération du baby boom lorsque ses innovations les plus performantes de l'histoire arriveront dans leur phase de croissance la plus rapide !

La structure atomique du commerce

Si nous résumons toutes les caractéristiques des courbes en S et de la vague d'innovation, nous pouvons voir que la progression s'effectue en quatre étapes. Dans son application la plus élémentaire, j'appelle cet outil le cycle de vie du produit. C'est la pierre angulaire du commerce.

Ces quatre phases de progression ou de profits alternantes correspondent aux périodes de croissance et de ralentissements représentées sur la figure 5-15.

La phase d'innovation. C'est la phase d'innovation radicale ou la naissance d'un nouveau produit ou d'une nouvelle technologie. Elle se caractérise par une période de faibles profits ou, plus probablement, de cash-flow négatif car le produit ou la technologie en est à ses balbutiements. Durant cette phase, l'innovateur se bat pour assurer la viabilité du nouveau produit en lui trouvant une conception fonctionnelle à un coût suffisamment bas pour qu'il se vende. Il recherche ensuite la niche qui l'acceptera.

Expansion. C'est le moment où le nouveau produit commence à sortir de la niche et à gagner le marché de la consommation cou-

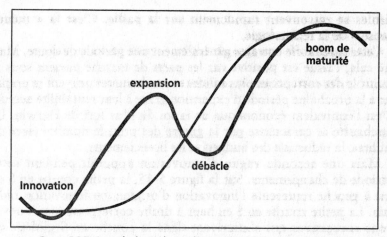

Figure 5-15. Le cycle de vie des produits résultant de la vague d'innovation

rante. Cette période est généralement dominée par le pouvoir d'achat des consommateurs appartenant à la majorité précoce. Elle se traduit également par une hausse des marges bénéficiaires et une croissance qui rendent le produit attrayant pour de nombreuses entreprises, ce qui explique la forte croissance et la période de plus grande rentabilité sur la courbe en S. Cette expansion peut se comparer à une querelle de bistrot. Son développement est rapide, les innovations se perfectionnent de plus en plus, la concurrence devient acharnée et les marges bénéficiaires s'élargissent. C'est une période beaucoup plus dynamique que le boom de maturité qui surviendra plus tard.

Mais au fur et à mesure que la croissance augmente, les entreprises prennent davantage conscience des avantages que présentent les économies d'échelle et l'image de marque, c'est pourquoi les petites sociétés moins performantes ont du mal à rester dans la course.

Surchauffe. Une fois que l'expansion a atteint son paroxysme, la surchauffe fait des ravages parmi les compétiteurs. Au plus fort de la croissance, la plupart des entreprises augmentent leurs capacités. C'est un peu comme dans la course à l'armement, sauf qu'ici il s'agit de conquérir des parts de marché afin de dominer. Lorsque la consommation de la majorité précoce ralentit, la surcapacité provoque le cataclysme de la guerre des prix. Les entreprises les plus faibles se retrouvent rapidement sur la paille. C'est la « ménopause » de la technologie.

Cette surchauffe entraîne généralement une période de doute. Malgré cela, l'issue est positive car les parts de marché passent sous le contrôle des entreprises plus solides et ces dernières peuvent se préparer à la prochaine période d'expansion grâce à leur rentabilité accrue. C'est l'équivalent économique de la loi du plus fort de Darwin. La surchauffe se caractérise par la guerre des prix, le nombre élevé de faillites, la réduction des budgets et les licenciements.

Mais une seconde vague d'innovation apparaît pendant cette période de changements. Sur la figure 5-15, la petite courbe en S en bas à gauche représente l'innovation d'origine, ou innovation radicale. La petite courbe en S en haut à droite correspond aux innovations successives qui s'inscrivent dans la courbe en S globale de l'évolution du produit. Les améliorations apportées à sa conception d'origine permettent d'élargir ses applications qui deviennent encore plus abordables.

Le boom de maturité. Lorsque la consommation reprend, les grands compétiteurs qui ont survécu baissent tellement les prix des produits que ces derniers font leur apparition sur les marchés de la grande consommation, jusqu'à complète saturation. Comparée à l'expansion qui ressemble à une querelle de bistrot, cette phase du cycle fait davantage penser à une séance de bal. Seules quelques entreprises courtoises tendent à dominer les différents marchés. Dans l'industrie automobile, par exemple, environ deux cents constructeurs ont émergé de la phase d'innovation et ont connu l'expansion. Après la surchauffe et durant le boom de maturité, à la fin de la Deuxième Guerre mondiale, il n'en restait plus qu'une poignée.

Puis le cycle se répète. Les nouvelles innovations, radicales, occupent des niches tandis que les produits plus anciens qui arrivent à maturité entament leur période de déclin.

Utiliser le cycle de vie des produits

La figure 5-16 explique le mécanisme du cycle de vie des produits lorsqu'on l'applique aux faisceaux de technologies de la génération du baby boom pour les décennies à venir. La phase d'innovation a précédé la période de croissance des années 70 au début des années 80. La phase d'expansion a eu lieu entre 1982 et 1990. C'est de l'histoire, bien sûr. Mais n'importe quelle analyse de la surchauffe que nous venons de traverser montre qu'il ne s'agit pas uniquement d'histoire. Si l'on part du fait que ce marasme est conforme aux tendances économiques passées dans ce cycle de vie, on peut déjà voir ce qui se passera dans l'avenir. Ne vous fiez pas aux prévisions lugubres que vous entendez partout autour de vous. La surchauffe actuelle, qui a commencé en 1990 et ne se prolongera pas au-delà de 1994, est en fait de très bonne augure. Le bout du tunnel est en vue! Notre nouvel outil prévisionnel nous indique avec fiabilité que le renversement de tendance est pour la fin de 1993 ou 1994. Mais il y a mieux car, comme on peut le voir sur la figure 5-16, la fin du chaos signifiera que l'actuel faisceau de nou-

Cycle de vie des produits de la génération du baby bomm

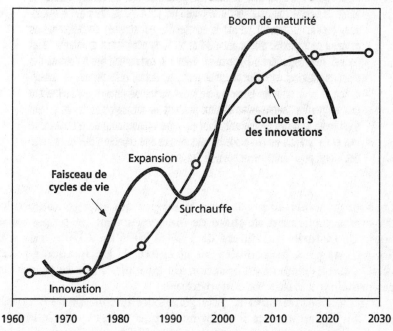

Figure 5-16. Cycle de vie des produits expliquant pourquoi les faisceaux de technologies de la génération du baby boom arriveront à maturité au cours du plus grand boom de l'histoire

veaux produits et technologies entera dans son boom de maturité au cours de la vague de consommation de la génération du baby boom qui durera jusqu'en 2006 ou 2010.

Cette figure illustre le point culminant de la logique qui a commencé avec la simple courbe en S du chapitre 2. C'est votre fenêtre sur l'avenir !

Voici ce que cet étonnant petit diagramme signifie pour vous :

> Vous avez désormais le pouvoir d'identifier les innovations dans les marchés qui émergent. Vous pouvez localiser avec précision ceux qui généreront une croissance rapide dans leurs branches industrielles lorsque nous sortirons de la récession et entreront dans la seconde phase du plus grand boom de l'histoire. Dans les industries qui vous sont familières, vous savez déjà quels sont les produits et les technologies qui ont atteint environ 10 % de part de marché dans leur phase d'innovation. Il vous suffit de calculer le temps qu'il leur a fallu pour passer de 0 à 10 %, puis de faire une projection afin de savoir combien de temps le boom, correspondant à la phase de 10 à 90 %, durera. De même, vous pouvez facilement prévoir la surchauffe, qui survient normalement au moment où le produit atteint entre 30 et 50 % de pénétration du marché. Vous pouvez vous consolider à l'avance en évitant la commotion liée à l'arrivée des produits originaux dans leur phase de maturité. Durant cette période de consolidation, il vous suffit de rester à l'affût des perfectionnements qui permettent aux entreprises survivantes et aux produits et technologies remis à neuf d'atteindre le boom de maturité. Fort de votre connaissance du secteur industriel et du cycle de vie des produits, vous devriez être capable d'utiliser ce formidable outil pour véritablement prévoir l'avenir !

En règle générale, le produit ou le service qui émerge aujourd'hui traverse actuellement sa phase de bouleversement, se préparant au boom de maturité qui durera de 1994 à 2006 ou 2010. Nous vous donnerons plus d'exemples au chapitre 9. L'échéancier précis variera naturellement en fonction du produit. Mais nous parlons des principaux faisceaux d'innovations.

Dans le chapitre suivant, j'élargis encore le concept de la courbe en S afin de montrer qu'il se forme de plus vastes cycles industriels qui modifient l'économie dans son ensemble de manière prévisible.

6

La nouvelle économie personnalisée

Grâce à des changements radicaux
l'Amérique va retrouver la première place
au sein de l'économie mondiale

TELEX

L'économie telle que nous la connaissons est sur le point de subir une révolution ! Notre actuelle économie standardisée va céder la place à une nouvelle économie personnalisée. Celle-ci mettra en valeur le savoir-faire des entreprises américaines ainsi que les compétences de la génération du baby boom et redonnera aux Etats-Unis leur suprématie mondiale sur le plan économique.

L'économie, une science humaine

Revenons ici à notre idée de départ. *Le facteur humain!*

Ce livre ne parle pas d'autre chose que des gens — et du fait que le comportement humain est le moteur de notre économie. Certes, j'ai introduit des concepts tels que la vague de consommation, la vague d'innovation et les courbes en S. mais ces notions n'obéissent pas aux lois physiques qui régissent les planètes de notre système solaire ou les étoiles dans le ciel. Non, ces vagues et ces courbes sont la représentation des aspects prévisibles du comportement humain, réduite à sa plus simple expression. En d'autres termes, cela signifie qu'il est possible de prévoir le moment où les gens vont consommer. Il est possible de mettre à jour le schéma selon lequel ils adoptent les produits, à condition d'utiliser les bons outils. Les vagues et les courbes représentent simplement la base du système qui me permet d'analyser, d'organiser et de commenter ces comportements. Mais, je suis certain que vous les comprenez déjà de manière intuitive.

Après tout, chacun d'entre nous joue un rôle dans les processus que je décris. Avant, par exemple, que je ne mentionne mes observations concernant le schéma d'adoption des produits par les consommateurs, vous saviez déjà où vous vous situiez en achetant un magnétoscope. Mais ce ne sont pas les magnétoscopes, les voitures ou les ordinateurs qui m'intéressent, ce sont les gens. Il n'est pas ici uniquement question de métal, de plastique et de puces électroniques. Ce ne sont pas les vagues et les courbes qui provoquent les périodes de prospérité et de récession, mais les gens. Nous ne devons pas perdre cela de vue lorsque nous commentons les macrodonnées relatives aux générations, aux cycles industriels et aux économies.

L'alternance des cycles de génération entraîne de nouvelles formes d'économie

Commençons par la vue d'ensemble. J'en conclu que notre économie ne cesse d'évoluer, de se mouvoir comme les plaques tectoniques de la croûte terrestre. La vague d'innovation de chaque génération nous a apporté des faisceaux de technologies radicalement nouvelles. Ces faisceaux donnent naissance à de nouvelles industries qui constituent la base et déterminent les orientations de la nouvelle économie. L'économie d'un pays n'est donc finalement qu'un faisceau d'industries reliées et unies par un ensemble de nouvelles technologies fondamentales, de pratiques managériales et de processus de production qui évoluent selon le principe élémentaire des quatre phases du cycle de vie des produits. L'automobile illustre parfaitement le fait que certains faisceaux d'innovations arrivent à un moment précis du cycle de vie d'une génération. La voiture a donné naissance à de nombreux secteurs industriels secondaires, de la fabrication de composants tels que les pneus à la fourniture de services tels que la réparation ou le réglage. Elle a également marqué le début de la construction des grandes autoroutes. Et, naturellement, favorisé l'éclosion de l'industrie pétrolière.

Certes, comme je l'ai dit précédemment, à chaque produit correspond un calendrier différent, mais l'économie dans son ensemble évolue sur un plus long terme. Sur deux générations, pour être précis. En voici le mécanisme.

Il y a deux générations, la génération Louis Renault a donné naissance à l'économie développée par la génération Charles Trenet, aujourd'hui en pleine maturité. Les enfants du baby boom sont à leur tour en train de façonner la nouvelle économie qui sera développée par la génération suivante.

A quoi ressemblera cette nouvelle donne? Au début, elle reflétera la personnalité de la génération du baby boom. Mais finalement, cette génération cédera la place à la génération du « millénaire », née dans les années 80 et 90. Avec leurs vagues d'innovation et de consommation, les enfants du millénaire, un terme introduit par William Strauss et Neil Howe dans *Generations*, développeront ensuite cette économie jusqu'à sa pleine maturité.

Nous comprendrons mieux pourquoi en jetant un simple coup d'œil sur l'histoire du cycle des générations étudié par Strauss et Howe et représenté sur la figure 6-1.

Cette alternance de générations s'est répétée tout au long de notre histoire. Vous constaterez qu'il y a toujours une génération nombriliste, individualiste et entreprenante, suivie d'une génération tournée vers le monde extérieur, conformiste et plus empreinte de civisme. La génération Louis Renault, par exemple, née entre les années 1860 et le début des années 1880, était une génération égocentrique. Je les appelle les individualistes. La génération Charles Trenet, née entre la fin des années 1890 et le début des années 1920, était une génération tournée vers le monde extérieur. Je les appelle les conformistes. La génération du baby boom nous donne actuellement l'exemple d'une génération nombriliste. Par conséquent, la génération du millénaire constituera la prochaine génération conformiste. Maintenant, j'aimerais vous montrer qu'il existe

L'alternance du cycle des générations

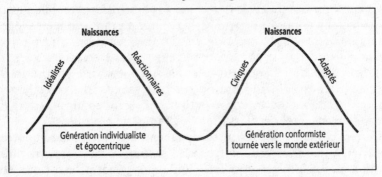

Figure 6-1. Cycle de deux générations (Source : Generations, William Strauss et Neil Howe)

une corrélation entre ces générations et les technologies de leur époque. A mon avis, le résultat est frappant.

Les générations sont le moteur du changement. Il nous semble évident à tous que chaque génération a ses propres technologies, son propre mode de vie, sa propre personnalité et ses propres comportements, qui contribuent à lui donner un caractère social particulier. Si l'on examine une économie du point de vue des caractéristiques propres à chaque génération, on constate que c'est effectivement le comportement humain qui constitue l'élément moteur de l'économie!

Voyons maintenant le lien qui existe entre les générations et les technologies afin de comprendre comment se forment les économies.

Comme nous l'avons vu au chapitre 5, dans le cadre du cycle de vie des produits, l'évolution de chaque nouvelle économie se résume en quatre phases : innovation, expansion, surchauffe et boom de maturité. La vague d'innovation de la génération individualiste coïncide avec ou plutôt déclenche la phase d'innovation de l'économie et sa vague de consommation entraîne la phase d'expansion économique. La vague d'innovation et la vague de consommation de la génération conformiste donneront donc respectivement lieu à la phase de surchauffe et au boom de maturité.

La génération individualiste et égocentrique Le cycle des deux générations commence avec les individualistes. Les membres nés durant la hausse des taux de natalité de cette génération, autrement dit les idéalistes, ont tendance à être plus radicaux que novateurs. Ils se préoccupent essentiellement des changements sociaux. Ils impriment une orientation tout à fait nouvelle à la société. En vieillissant, ces idéalistes tendent à s'attaquer aux valeurs, aux infrastructures et aux institutions traditionnelles. Ce sont également des leaders qui osent se lancer dans l'exploration de territoires inconnus. Les enfants nés en période de baisse des taux de natalité de cette génération individualiste, autrement dit les réactionnaires, sont également, si ce n'est plus, individualistes. Toutefois, en réaction au tempérament idéaliste de la vague précédente, ils sont plus pragmatiques et s'intéressent davantage aux problèmes de gestion. Ce sont donc les idéalistes qui créent les nouvelles entreprises promises à l'expansion et les réactionnaires qui les gèrent et les consolident.

Les individualistes font preuve d'une plus grande motivation et d'un esprit d'entreprise plus marqué. Ce sont eux qui fondent les nouvelles sociétés. La génération Louis Renault, par exemple, a lancé la plus radicale des nouvelles technologies de son temps : l'automobile. Henry Ford lui-même a probablement été le plus grand innovateur de sa génération. Même s'il n'a pas inventé l'automobile, sa chaîne de montage a permis la construction de produits accessibles au plus grand nombre. La production à la chaîne a fourni à son tour la base de la phase d'expansion de l'automobile et de la plupart des autres industries nées dans les années 20. Il s'agissait du plus grand bon en avant en matière d'innovation commerciale. En fait, Henry Ford a véritablement modifié les données dans le monde des entreprises et du transport.

La génération conformiste, tournée vers le monde extérieur La génération qui suit la génération individualiste a un caractère diamétralement opposé. La génération conformiste, tournée vers le monde extérieur, s'exprime toujours en réaction à l'individualisme de la génération nombriliste. Elle résiste à l'individualisme et refuse le morcellement de la société. Elle recherche l'unité.

Les premiers membres de cette génération, que j'appelle les civiques, sont des fondateurs d'institutions, soucieux du bien-être de la société. Les innovations de ce groupe perfectionnent les innovations et les entreprises prometteuses créées par la génération précédente en les intégrant dans le mouvement général. Il s'agit d'innovations incrémentielles. Les civiques développent donc les industries à fort potentiel de croissance, mises en place par les individualistes, mais ils n'infléchissent pas véritablement le cours de l'économie.

Les individualistes introduisent les innovations. Les conformistes les transforment ensuite en produits de consommation courante en les rendant accessibles à tous, de sorte que chacun finit par posséder le produit, souvent même en plusieurs exemplaires. Ce sont les civiques qui ont créé les 500 premières grandes entreprises américaines qui, au temps de Henry Ford étaient soit des entreprises en plein développement, soit des sociétés nouvelles, en tout cas pas encore implantées sur les marchés de la grande consommation. Durant la période de transition entre deux générations, l'économie traverse une période de turbulences que j'appelle la surchauffe. La crise des années 30 a bien eu lieu dans l'intervalle entre la génération Louis Renault et la génération Charles Trenet.

Lorsque l'économie arrive à maturité, autrement dit qu'elle finit par stagner, les adaptés, les dernier-nés de la génération conformiste, gèrent les institutions de la société mises en place par les civiques, autrement dit la vague ascendante de cette même génération. Les adaptés de la génération Charles Trenet sont à la tête de nos entreprises depuis dix à vingt ans.

La boucle est bouclée. Nous pouvons donc établir le diagramme des industries créées au long de ces cycles en utilisant nos fameuses courbes en S. Le prochain cycle de générations équivalent à celui des générations Louis Renault et Charles Trenet portera sur la génération individualiste du baby boom, suivie de la génération millénaire conformiste qui se chargera de perfectionner les innovations de son aînée.

Economie standardisée contre économie personnalisée

Nous allons vers une nouvelle forme d'économie. L'économie actuelle, que je qualifie d'économie standardisée, a été modelée par les générations Louis Renault et Charles Trenet. La nouvelle sera l'économie personnalisée. Le moment est donc venu de faire la distinction entre les deux.

Les économies sont en fait de simples faisceaux d'industries connexes qui fonctionnent selon des technologies et des pratiques managériales similaires et évoluent selon le même cycle en quatre phases : innovation, expansion, surchauffe et maturité.

> Le macro-cycle des quatre phases d'innovation, d'expansion, de surchauffe et de maturité explique pourquoi nous subissons en alternance des périodes d'inflation et des périodes de déflation. L'inflation accompagne et finance la phase d'innovation, tandis que la dépression ou la déflation accompagne la phase de surchauffe.

Nous venons de mentionner l'automobile. Il ne s'agit en fait que d'une des nombreuses innovations qui ont donné naissance à l'économie standardisée. Ce faisceau d'innovations créé par la génération Louis Renault — de l'automobile aux nombreuses marques que nous trouvons aujourd'hui sur le marché — a été repris par la génération Charles Trenet. Voici une brève définition de :

L'ECONOMIE STANDARDISEE

> L'économie standardisée comporte une variété infinie de produits qui résultent tous, cependant, de la même formule économique : la production en série et à moindre coût de biens et de services standardisés rendue possible par la chaîne de montage.

La production est supervisée par des unités gérées de manière fonctionnelle, ayant adopté la chaîne de montage; les autres fonctions telles que le R & D, le marketing, la vente, etc. sont remplies par un groupe différent. En se développant, ce type d'organisation a conduit à des entreprises de plus en plus importantes, investissant de plus en plus dans l'équipement lourd. La productivité était donc largement dépendante de ces énormes investissements dans un matériel qui tournait de plus en plus vite et consommait de plus en plus de ressources naturelles, telles que le pétrole et le charbon, pour fournir l'énergie.

En résultat, les chaînes sont devenues plus longues, plus rapides et capables de fournir des produits de qualité standard à prix réduit, que le plus grand nombre de consommateurs avait les moyens de s'offrir.

C'est ainsi que l'Amérique s'est vue propulsée au premier rang de l'industrie mondiale. Mais comme cela était prévisible, l'économie américaine est arrivée à maturité à la fin de la vague de consommation de la génération Charles Trenet. Les consommateurs et les marchés de la grande consommation se sont alors trouvés saturés de biens et de services standardisés.

C'est l'économie que nous avons connue jusqu'à présent.

La future économie personnalisée

Dans les années 70 et 80, alors que les Japonais perfectionnaient l'économie standardisée dans sa phase de maturité, la génération entreprenante suivante, celle du baby boom, est entrée dans sa période d'innovation et a créé de nouveaux produits, principalement le micro-ordinateur. C'est ce qui a fourni les bases de l'économie suivante, que j'appelle l'économie personnalisée. Avec la vague de consommation de la génération du baby boom au cours des vingt prochaines années, nous allons voir toute une gamme de produits personnalisés, de très grande qualité envahir notre économie.

Etant donné que le nouveau courant économique qui dominera pendant de nombreuses décennies sera initié par la génération du baby boom, ses caractéristiques refléteront la personnalité de cette génération individualiste.

L'INEVITABLE AVENEMENT DE L'ECONOMIE PERSONNALISEE

Nous sommes en train de forger une forme d'économie radicalement nouvelle sur les bases de l'ancienne. L'industrie de la micro-informatique et une large gamme de nouveaux produits et de services correspondant à des créneaux spécialisés vont peu à peu dominer notre économie au cours des prochaines décennies. Les micro-technologies nous permettront progressivement de concevoir, de produire et de commercialiser des biens et des services personnalisés à moindre coût.

La nouvelle économie, représentée sur la figure 6-2, se caractérisera par une organisation commerciale foncièrement axée sur le rapprochement à la clientèle. C'est dans ce domaine que seront consentis les plus gros efforts en matière de produits et de services — selon un principe diamétralement opposé à celui de l'économie standardisée. La productivité sera entraînée par l'investissement dans des logiciels polyvalents et l'informatique sera son principal combustible. Résultat : les produits et les services personnalisés deviendront plus accessibles que les produits et les services standardisés d'aujourd'hui.

Cette nouvelle économie permettra à l'Amérique de retrouver sa place de leader mondial après des décennies de suprématie japonaise, les Japonais ayant affirmé leur supériorité dans la phase de maturation de l'économie standardisée. L'économie personnalisée n'arrivera pas à maturité avant l'apogée de la vague de consommation de la génération du millénaire, vers la fin des années 2040. La génération du millénaire inventera très probablement de nouvelles méthodes pour produire en masse ces produits et services personnalisés, leur permettant ainsi d'accéder aux marchés de la grande consommation.

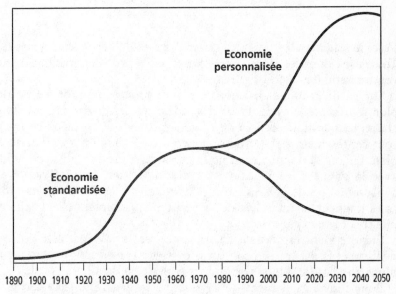

Figure 6-2. *L'économie personnalisée a pris forme lorsque l'économie standardisée a commencé à s'affaiblir*

Bien que nous n'ayons pas forcément toujours eu conscience du processus, l'histoire prouve que sur leur déclin, les systèmes économiques traditionnels donnent régulièrement naissance à de nouvelles formules. Il suffit de voir ce qui est arrivé aux chemins de fer au cours de ce siècle avec l'avènement de l'économie basée sur l'automobile (ainsi que sur les poids-lourds et les autoroutes).

La formidable révolution d'initiative que nous avons connue entre les années 60 et 80 ressemblait fortement à celle qui s'était opérée au début du siècle. Si la première avait été dominée par l'automobile et la chaîne de montage, la seconde a développé un tout nouvel aspect, dominé par les inventions telles que le microprocesseur. D'après John Naisbitt, notre économie subit actuellement une mutation fondamentale, passant de l'automobile à l'informatique. Qui dira le contraire?

Voyons le dernier élément de la relation industrie-économie-génération. Pour cela, il nous faut introduire un nouvel outil.

Le cycle de vie des industries

Voici le schéma classique des quatre phases de l'économie générale. Toutes les données dont nous avons parlé précédemment se trouvent rassemblées sur la figure 6-3.

Sur ce diagramme, la courbe la plus foncée figurant à l'avant-plan représente le cycle de vie des industries, les quatre phases étant clairement indiquées. Les deux générations qui forment ce cycle sont représentées par les deux courbes en S plus fines de l'arrière-plan. La vague d'innovation de la génération individualiste coïncide avec la vague d'innovation du cycle industriel. Avec la vague de consommation de la génération individualiste, les innovations radicales gagnent les marchés de la grande consommation, entraînant une très forte expansion.

Ensuite vient la période de transition entre la génération individualiste et la génération conformiste. Cette transition s'accompagne d'une surchauffe. Nous verrons cette phase en détail plus tard.

Pour l'instant, il suffit de savoir que la génération conformiste perfectionne les inventions fondamentales des individualistes en apportant de nouvelles innovations. La génération Charles Trenet,

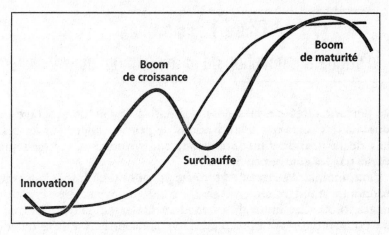

Figure 6-3. Cycle de vie classique des industries

par exemple, a continué d'innover dans le domaine de l'automobile en développant la puissance et en construisant les autoroutes.

Enfin, la vague de consommation des conformistes coïncide avec un boom de maturité plus graduel et plus durable. Le boom de maturité de la génération Charles Trenet, entamé dans les années 50 et 60, peut être attribué à ce processus. Pour terminer la description de la figure 6-3, la grande courbe en S plus marquée représente l'économie standardisée.

En fait nous traversons actuellement la période de transition qui nous conduit vers l'économie personnalisée, car le processus commence déjà à se reproduire. Avec les innovations radicales apportées dans le domaine du micro-ordinateur, la génération individualiste du baby boom en a terminé avec sa vague d'innovation. La vague de consommation de la génération du baby boom, qui se prolongera de 1994 environ à 2010, comprendra une phase d'expansion historique car elle sera la plus importante que nous ayons connue jusqu'à présent.

Voyons maintenant comment les faisceaux de technologies suivent également les quatre phases du cycle de vie de leur industrie et donnent une nouvelle orientation à l'économie.

Phase 1 : innovation
la vague d'innovation de la génération individualiste

Les performances rendues possibles par la chaîne de montage ont permis à des centaines d'innovations de gagner finalement les marchés de la grande consommation, conformément aux schémas prévus par les courbes en S.

L'automobile, l'électricité et le téléphone ont été inventés lorsque l'économie standardisée en était à ses balbutiements, vers la fin des années 1800. Ces innovations fondamentales ont ouvert la voie à une fantastique révolution d'initiative concentrée sur le début des années 1900.

J'ai été frappé d'apprendre que presque tous les produits de marque que nous trouvons aujourd'hui sur les marchés de la grande consommation et qui font partie intégrante de nos vies n'existaient pas avant le début du siècle. En lisant un ouvrage intitulé *Entrepreneurs*, j'ai réalisé que la grande majorité de ces produits étaient en fait des innovations commerciales apparues au cours de la première décennie de ce siècle. Il suffit de regarder la figure 6-4 pour constater à quel point la dernière génération individualiste ou entreprenante a été productive et innovante.

Ces produits et ces marques — Campbell, Coca-cola, Hershey, Wrigley, Lipton, les lames de rasoir jetables, l'électricité, les ascenseurs (qui ont permis la construction des gratte-ciel) — ainsi qu'une foule de nos produits de série actuels ont été inventés par des entreprises créées au début du siècle.

La nouvelle économie voit le jour au moment où l'ancienne arrive à maturité, un processus qui relève du conflit des générations. La plus ancienne lutte avec acharnement contre les produits de la nouvelle. La génération Louis Renault a été le moteur de la phase d'innovation de l'économie standardisée. De nos jours, on retrouve une période d'innovation comparable, déclenchée par la génération du baby boom entre la fin des années 60 et le début des années 80. Il est évident que cette dernière est entrée en conflit avec la génération Charles Trenet.

Les valeurs des deux générations successives s'opposent toujours lorsque les nouvelles technologies commencent à supplanter les anciennes. Progressivement, les nouvelles technologies gagnent les

Faisceaux des innovations des grandes marques

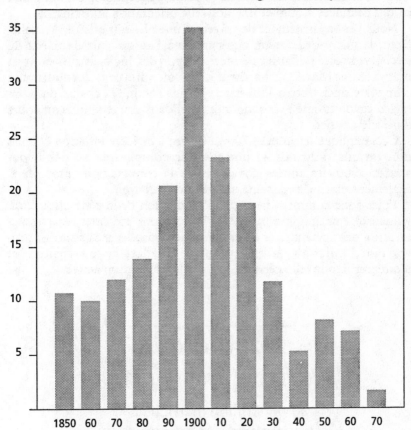

Figure 6-4. Dates de lancement des plus grandes marques actuelles (Source : Entrepreneurs, Joseph et Suzy Fuchini)

nouveaux produits et services et les rendent plus avantageux. Cette période s'accompagne pratiquement toujours d'une hausse de l'inflation, moyen par lequel l'économie finance la transition entre les anciennes et les nouvelles technologies, le passage d'une économie à l'autre. Cette période se caractérise généralement aussi par une baisse de productivité car lorsque les anciennes technologies commencent à vaciller et à s'affaiblir, les nouvelles n'en sont encore qu'à leurs balbutiements.

Viennent ensuite les innovations radicales. Si elles servent d'abord à améliorer les anciens produits et technologies, elles sont en fait destinées à donner une nouvelle orientation à l'industrie.

Nous venons justement de traverser une phase similaire. Actuellement, le micro-ordinateur, comparable à l'automobile du début du siècle, voit son potentiel démultiplié par des logiciels puissants et polyvalents. Marié au hardware, ce software peut révolutionner n'importe quel secteur industriel — tout comme la chaîne de montage a révolutionné le monde industriel dans son ensemble au cours du siècle dernier.

Ceci explique les années 70 et 80 avec leur forte inflation et leurs innovations radicales — une période comparable au début des années 1900, les années novatrices de la construction automobile, également marquées par une montée de l'inflation.

Voici donc comment la vague d'innovation de la génération individualiste entraîne une période d'innovations radicales, de restructuration des anciennes et de création de nouvelles industries — provoquant l'inflation qui permettra de financer cette transition et d'intégrer la nouvelle génération dans la population active.

Phase 2 : expansion
la vague de consommation de
la génération individualiste

C'est le moment où les innovations, attirées par le pouvoir d'achat de la génération individualiste, commencent à sortir des créneaux spécialisés et deviennent des produits de consommation courante. La baisse des coûts et l'augmentation de la productivité liées à ces innovations éliminent l'inflation de la période précédente. Au cours de cette nouvelle phase, les secteurs traditionnels et les industries nouvelles se disputent les marchés qui domineront l'économie. La période d'expansion de la génération Louis Renault, déclenchée par les performances de la chaîne de montage, a atteint son apogée dans les années folles. L'expansion générée par la vague de consommation de la génération individualiste est de nature tout à fait différente du boom de maturité de la génération conformiste. En période d'expansion, les compétiteurs, nombreux, font la course aux marges bénéficiaires et les produits porteurs ne tardent pas à devenir des produits de consommation courante qui supplantent les produits traditionnels. Le boom qui s'annonce pour les années de 1994 à 2010 sera empreint du même esprit sauvage qui a caractérisé un temps les années 1980.

Etonnamment, en raison de forces contradictoires, les prix demeurent relativement stables durant cette période. L'apparition de nouvelles technologies entraîne un mouvement à la baisse, mais la hausse de la demande provoquée par la vague de consommation exerce une pression inverse. Résultat? Des prix stables et un équilibre de l'offre et de la demande. Les entreprises réalisent donc un profit considérable. C'est d'ailleurs pourquoi l'inflation reste faible. J'insiste sur le fait que la période d'expansion à venir *ne* s'accompagnera *pas* d'une inflation très importante!

Avec la génération du baby boom, les Etats-Unis sont justement sur le point d'entrer dans cette période d'expansion. Lorsqu'elle atteindra son point culminant, dans les années 2000, l'économie verra surgir de nouveaux capitaines d'industrie. On assistera alors à un gros effort d'investissement destiné à accroître les capacités de production, mais compte tenu de la profusion des concurrents sur le marché, cette tendance aboutira à une capacité de production excédentaire. Par conséquent, lorsqu'à l'instar de la génération Louis Renault vers 1929, la génération à l'origine de ce premier boom freinera sa consommation, ce qui devrait se produire entre 2006 et 2010, l'économie ainsi que toutes les nouvelles branches industrielles entreront naturellement dans la phase suivante, la surchauffe que nous connaissons sous le nom de récession.

Phase 3 : surchauffe, période de récession la vague d'innovation de la génération conformiste

---

Cette période se caractérise par la prise de conscience des excès commis durant la période d'expansion. Quand ils commencent à prospérer, les industriels investissent beaucoup trop dans le développement de leurs capacités de production afin de se maintenir

dans la course à la domination des marchés porteurs. C'est pourquoi, au moment où la demande chute comme prévu, après
l'apogée de la vague de consommation de la génération individualiste, l'économie se retrouve avec des capacités de production en
surnombre. Il s'ensuit une guerre des prix résultant de la pratique
généralisée du dumping. Lorsque la crise éclate, seuls survivent les
plus robustes. Seules les entreprises qui pratiquent les plus grandes
économies d'échelle et la fidélité à la marque peuvent faire face en
ces temps difficiles. La surchauffe engendre des licenciements et des
faillites qui provoquent à leur tour des taux de chômage et de déflation élevés et persistants. La récession intervient toujours à un
moment bien particulier du cycle industriel. On peut la prévoir,
voire la tempérer, mais pas l'éviter.

En cette période de surchauffe, toutefois, les innovations d'une
autre génération commencent à prendre forme. La technologie fait
progressivement avancer les innovations radicales lancées par les
individualistes. La jeune génération suivante, c'est-à-dire la génération conformiste, innove à son tour. Ses efforts contribuent à élargir
les applications des produits et à développer les nouveaux marchés
porteurs du boom suivant. Outre le fait qu'elle nous a offert le
choix de la puissance sur les voitures, la génération Charles Trenet
a décuplé les performances de l'aéronautique grâce au développement des turboréacteurs. L'automatisation des lave-linge, sèche-
linge et autres appareils domestiques qui ont contribué à libérer la
femme de la plupart des tâches ménagères datent également de cette
époque. Ce sont ces innovations progressives qui donneront naissance aux marchés porteurs du boom de maturité, période à
laquelle les différentes branches industrielles gagnent les marchés de
la grande consommation.

Une fois que vous savez quand la dépression arrivera, si vous êtes
dans les affaires, il vous suffit de vous préparer, de maintenir ou
d'augmenter vos parts de marché, de dénicher les nouvelles innovations que vous pouvez apporter à des produits déjà existants et
d'être prêt à foncer dans les secteurs qui s'avéreront les plus lucra-
tifs une fois la crise passée.

Phase 4 : boom de maturité la vague de consommation de la génération conformiste

Lors du boom de maturité, les nouveaux segments porteurs saturent progressivement le marché, autrement dit tous les consommateurs potentiels possèdent les produits perfectionnés par les conformistes.

La poignée de compétiteurs qui ont survécu à la surchauffe ne se livrent pas à une concurrence acharnée. Ils continuent à réduire les prix et à faire de la promotion, mais l'industrie est beaucoup plus mûre et stable.

Le dernier chapitre de ce cycle est l'apogée et la saturation de l'économie traditionnelle. Lorsque la nouvelle économie émerge, au cours de la phase d'innovation inflationniste qui suit le boom de maturité, l'ancienne économie ralentit et traverse une autre période de consolidation, lors de laquelle les grandes firmes qui dominent le marché subissent une surchauffe encore plus importante. Les leaders de l'industrie traditionnelle sont contraints de faire face à la concurrence des nouveaux venus sur le terrain. Certains d'entre eux ne se remettront d'ailleurs pas du ralentissement qui suivra le boom de maturité.

Voilà comment cela fonctionne. Pour résumer : il faut deux générations pour construire une économie. L'économie standardisée a été mise en place par la génération individualiste Louis Renault, qui nous a apporté les innovations radicales consécutives à la découverte de l'automobile. La génération conformiste Charles Trenet a perfectionné ces innovations. Cette forme d'économie arrive donc maintenant à son terme.

La génération du baby boom est la génération individualiste qui a inventé le micro-ordinateur et les innovations connexes. Elle sera suivie par la génération conformiste du millénaire. Les innovations précédentes seront perfectionnées et donneront naissance à l'économie personnalisée au cours de la période de ralentissement entre 2010 et 2025. Les nouvelles technologies entraîneront une période de croissance car elles permettront la production en masse des produits personnalisés au cours du boom de maturité de 2022 aux années 2040. Pour l'instant, voyons les traits de caractère de la génération du baby boom qui forment la base de la nouvelle économie personnalisée.

Elément clef de la future économie : l'égocentrisme de la génération du baby boom

---

Les enfants du baby boom se distinguent de leurs parents de par leur individualisme et leur esprit d'entreprise. Ce sont les facteurs qui déterminent où se situeront les nouvelles opportunités pour la création d'entreprise et la croissance au sein de la nouvelle économie.

La génération du baby boom est toutefois extrêmement individualiste. Et ce trait de caractère est démultiplié par la formidable puissance de ses innovations, basées sur la technologie de la micro-informatique. Avant l'avènement de la micro-technologie, l'économie personnalisée ou réellement individualiste n'était pas possible. Maintenant elle est incontournable.

Voici en quelques mots les enfants du baby boom :

Traits de caractère de la génération du baby boom
- acheteurs bien informés
- conscients de la qualité
- hautement participatifs et curieux d'expériences nouvelles
- disposant de revenus élevés
- attachés au confort
- très individualistes
- recherchant les progrès personnels et la perfection
- privilégiant les loisirs et les activités créatives
- soucieux de leur santé et de l'environnement
- axés sur les efforts personnels
- pragmatiques
- privilégiant la passion, le soin et la note personnelle

Voyons maintenant ces différents traits en détail.

Des acheteurs bien informés Les enfants du baby boom savent ce qu'ils veulent. Ils lisent les étiquettes, se renseignent auprès des spécialistes ou de leurs amis et mènent leur enquête avant d'acheter. Ils font confiance à l'expérience, au bouche à oreille et aux rapports des associations de défense des consommateurs. C'est pourquoi la publicité et le packaging éducatifs, supports de communication concernant la nature d'un produit, sont des éléments de plus en plus importants dans le marketing.

Conscients de la qualité Oui, les yuppies de la génération du baby boom, notamment ceux qui progressent dans l'échelle sociale et professionnelle, recherchent le standing. Mais la plupart se préoccupent avant tout de la qualité des produits, qu'ils soient acheteurs ou producteurs. Ils savent que la qualité est synonyme de solidité, facilité d'utilisation et d'entretien et qu'elle offre une efficacité plus satisfaisante. Les enfants du baby boom ont prouvé qu'ils étaient prêts à payer plus cher pour certains produits comme les voitures de luxe, qui permettent une reprise tangiblement plus intéressante que les modèles familiaux meilleur marché.

Participatifs et curieux d'expériences nouvelles Ils veulent que les produits et les services leur apportent autre chose qu'une simple satisfaction matérielle. Ils veulent apprendre quelque chose de nouveau ou vivre une nouvelle expérience. Ils veulent des produits et des services interactifs, suffisamment souples pour pouvoir être modifiés ou personnalisés à volonté. C'est pourquoi les jeux, les vidéo et autres formes de logiciels souples et interactifs, notamment les logiciels conviviaux permettant une personnalisation, sont aussi populaires auprès de la génération du baby boom. Elle n'a pas peur d'éviter les voyages organisés afin de pouvoir descendre dans un hôtel perdu et de découvrir la culture autochtone.

Disposant de revenus élevés Les enfants du baby boom, soit en raison de leur pouvoir d'achat élevé, soit d'un double revenu ou parce qu'ils ont moins d'enfants ou moins de contraintes, ont plus d'argent pour s'acheter plus que le strict nécessaire. Autrement dit, ils ont les moyens de s'offrir la qualité et apprécient les plaisirs de la découverte que peuvent leur apporter la bonne chair ou les voyages, par exemple.

Attachés au confort Pour les mêmes raisons, les enfants du baby boom attachent de l'importance au confort et au temps dont ils disposent. Ils veulent avoir plus de temps à consacrer aux loisirs et aux activités qu'ils jugent importantes. L'entreprise qui leur permettra d'économiser du temps et de réduire les contraintes de leur vie quotidienne s'attirera leur clientèle, même s'ils doivent en payer le prix. Pas besoin d'être un visionnaire pour voir que dans le passé, c'est la demande de confort qui a fait le succès des firmes telles que Domino's Pizza et Federal Express.

Très individualistes Les enfants du baby boom cherchent leur propre style de vie. Ils veulent avoir un vrai choix de produits et de services et acceptent de payer un supplément aux entreprises qui veulent bien faire un effort de personnalisation afin de satisfaire leurs besoins. Ils préfèrent les options leur permettant d'améliorer leur propre productivité dans leur propre travail, spécialité ou occupation de loisir. Contrairement à la génération Charles Trenet, dont l'éthique professionnelle consistait, notamment pour les hommes, à avoir un bon emploi dans n'importe quelle branche du moment qu'il leur permettait de nourrir leur famille, la génération du baby boom cherche à faire carrière dans les secteurs qui l'intéressent personnellement et correspondent à ses compétences.

Recherchant les progrès personnels et la perfection Les enfants égocentriques du baby boom s'évertuent à connaître leurs points forts et leurs faiblesses. Ils travaillent toujours à s'améliorer. Ils le font sur la base de leurs propres critères de réussite et leurs propres valeurs. Quelle que soit leur forme, tous les nouveaux produits axés sur un apprentissage particulier, la santé, la forme physique, les relations et la communication continueront à se développer rapidement. Dans ces domaines notamment, les baby boomers optent pour ce qui se fait de mieux en termes de qualité. De même, ils exigent de pouvoir apprendre et progresser dans leur travail.

Privilégiant les loisirs et les activités créatives Ne vous méprenez pas. Les enfants du baby boom savent ce qu'est le labeur. Après tout, ils ont accepté que mari et femme travaillent afin de faire face à l'inflation. En règle générale, ils ne se contentent pas uniquement de travailler dur. Ils veulent que leur travail et leurs loisirs aient un sens et leur permettent de s'exprimer. Ils veulent une vie équilibrée. Les études montrent que les enfants du baby boom ont tendance à consacrer beaucoup de temps et d'argent à quelques passe-temps ou centres d'intérêts particuliers. Ce qui fait qu'ils sont très à cheval sur la qualité dans ces domaines. Souvent ils le sont également dans d'autres domaines, qui passent après leurs principaux centres d'intérêts.

Soucieux de leur santé et de l'environnement   La qualité de la vie est importante aux yeux de la génération du baby boom. C'est pourquoi ils préfèrent vivre et travailler dans un environnement pas seulement fonctionnel, mais aussi agréable à l'œil. Toute une gamme de nouveaux produits, ou de produits modifiés, touchant la santé et la forme physique est en train de se développer autour des besoins et des soucis de chacun en matière de santé. Le marché des procédés industriels permettant de nettoyer l'environnement croît au fur et à mesure que les lois sur la protection de l'environnement se font plus strictes.

Axés sur les efforts personnels   En tant que consommateurs, les baby boomers veulent des produits pouvant être adaptés à leurs propres besoins réels et subjectifs. Ils n'aiment pas les réponses toutes prêtes et les approches institutionnalisées pour résoudre les problèmes. Ils sont sceptiques à l'égard des institutions et méprisent la bureaucratie. Ils préfèrent les produits et les services qu'ils peuvent diagnostiquer eux-mêmes. Sur le plan professionnel, ils veulent avoir une plus grande latitude pour prendre leurs décisions.

Pragmatiques   L'assurance que lui confère le fait de savoir ce qu'elle veut et ce à quoi elle tient permet à la génération du baby boom d'envisager plus librement les différentes options, même si ses choix ne correspondent pas à la norme établie. Par ces choix personnels, ces individualistes sont les premiers à accorder une crédibilité aux nouveaux produits et services. L'idéal de la plupart des baby boomers est de gérer leur propre entreprise.

Privilégiant la passion, le soin et la note personnelle   C'est un domaine dans lequel les entreprises semblent avoir le plus de difficultés à s'adapter aux valeurs de la génération du baby boom. Les individualistes ne tolèrent pas d'être traités de manière inhumaine ou insensible, qu'ils soient consommateurs ou salariés. Comme le dit John Naisbitt dans *Megatrends*, aujourd'hui les gens tiennent à la dimension humaine afin de compenser l'intrusion de la technologie et les surchauffes qui les entourent. Et comme l'affirme Paul Hawken, la génération du baby boom n'accepte de donner son temps et son énergie qu'à des choses qui ont un sens à ses yeux.

Que signifie tout cela ?

• **Premièrement, cela signifie qu'un nouveau consommateur,** doté d'un pouvoir d'achat de plus en plus fort, crée un marché sur lequel de nombreux produits et services différents ne peuvent réussir qu'en s'adaptant à lui. Certains segments continueront à demander le plus bas prix pour la meilleure qualité. D'autres exigeront la meilleure qualité, même à des prix plus élevés. Les enfants du baby boom feront la distinction entre les produits qui leur importent vraiment et les autres.

• **Deuxièmement, les nouvelles valeurs** de la plus grande génération de l'histoire créeront un moyen tout à fait nouveau d'atteindre une plus grande productivité sur le lieu de travail — en tirant parti des passions créatives des salariés autonomes. Les gens seront prêts à travailler davantage, s'ils peuvent créer et gérer leur propre travail et se spécialiser dans des savoir-faire ou des missions qui ont un sens pour eux.

• **Troisièmement, les patrons** qui essaient de contraindre leurs employés à s'intégrer dans les systèmes d'encadrement auront des problèmes. Ils seront incapables de suivre la productivité et l'innovation des sociétés qui savent comment motiver et récompenser le nouveau salarié.

• **Quatrièmement, les tendances égocentriques et les profonds changements sociaux** que la génération du baby boom entraînera sur son chemin récompenseront les individus et les entreprises qui sauront tirer parti d'elle lors de la prochaine grande vague d'expansion. Ceux qui ne s'adapteront pas à elle se retrouveront progressivement à la traîne lorsque les valeurs traditionnelles de la majorité deviendront celles d'une minorité et — n'en déplaise à nos parents — n'auront plus aucun sens.

> Cela signifie que la génération du baby boom va totalement déterminer le caractère de la nouvelle économie personnalisée ! Et pas seulement le secteur de la consommation. Tous les secteurs, de l'industrie au commerce inter-entreprises en passant par les services, seront contraints de se mettre à la personnalisation.

Les caractéristiques de l'économie personnalisée

Entraînée par la technologie informatique, la nouvelle économie apportera un parfum totalement neuf et bienvenu à nos styles de vie.

Qualité. Vous constaterez que les produits que vous achèterez seront de meilleure qualité et représenteront une plus grande valeur ajoutée. A long terme, ils seront non seulement mieux adaptés, mais fonctionneront mieux. Ils seront mieux conçus pour durer plus longtemps et donner de meilleurs résultats. Vous aimerez cette nouvelle économie, notamment lorsque vous constaterez que la qualité est de plus en plus abordable.

Personnalisation. La nouvelle économie s'attachera à satisfaire les besoins individuels. Les produits seront plus précisément adaptés aux tâches auxquelles vous les destinerez. Mais surtout, vous aurez le choix. Vous voulez des couleurs, des styles, des modèles, des qualités et des performances variées ? Vous les aurez. Vous finirez même par pouvoir personnaliser la conception de votre maison grâce à la simulation en trois dimensions qui vous permettra de voir concrètement votre maison avant de l'acheter.

Rapidité du temps de réponse et des délais de livraison. En cette période de changements brutaux et de technologie de pointe, le temps est le bien le plus précieux. Les clients, entreprises ou consommateurs, ne peuvent pas attendre que votre société regroupe ses lots de produits avant de procéder à l'expédition. Les gens qui, comme vous, fonctionnent dans le présent immédiat veulent des résultats aussi rapides. Les entreprises apprendront à réagir rapidement... non, immédiatement, dans la mesure du possible.

Proximité et personnalisation du service. Vous serez traité comme un être humain, en tant qu'individu même. Les entreprises les plus performantes de la nouvelle économie seront contraintes de faire preuve de respect et de courtoisie. Celles qui n'auront pas compris qu'il est nécessaire de tenir compte de la personnalité de chacun n'auront aucune chance de se développer.

A plus grande échelle, chaque branche industrielle peut augmenter sa croissance en apportant une plus grande valeur à ses produits et en personnalisant davantage les services liés aux produits déjà en circulation. Les entreprises (américaines) florissantes seront celles qui sauront surpasser la concurrence étrangère dans le domaine de la personnalisation. N'essayez plus de standardiser plus que les entreprises étrangères. Cela n'est plus possible.

Les Etats-Unis seront les leaders mondiaux de la technologie de personnalisation rendue possible par la flexibilité des ordinateurs et des logiciels. Croyez-moi, quelles que soient les difficultés que nous rencontrons dans le secteur du hardware, tout ceci sera largement compensé par l'avantage que nous détenons sur le plan du software. Dans un avenir proche, emplois et machines seront entièrement gérés par nos programmes d'application — tout comme la suprématie américaine dans le monde de la télévision et du cinéma modèle les tendances sociales et les modes. Il importe d'évaluer nos forces et de saisir toutes les opportunités qui se présentent au lieu de se plaindre de la perte de certaines industries standardisées au profit de la concurrence étrangère. En fait, ce sera le retour au premier rang de nombreux secteurs de base, des semi-conducteurs à l'acier, lorsque ces derniers seront dominés par la personnalisation et les procédés à petite échelle tels que les mini-aciéries dans la sidérurgie.

Le boom imminent

Où allons-nous ? Voyez où nous en étions. La génération précédente a dominé le boom de maturité, qui a culminé à la fin des années 60. Cette génération Charles Trenet était plus empreinte de civisme, plus conformiste que la génération Louis Renault qui l'a précédée ou que la génération du baby boom qui la suit. Après l'expansion individualiste des années folles, lorsque la société semblait tellement fragmentée, aliénée par le gouvernement, la prohibition et l'adoption de l'automobile, qui a donné des roues aux familles et morcelé la société, les gens ont commencé à dire : « Assez d'invidualisme. Que pouvons-nous faire pour nous reprendre en mains ? »

Cette génération a donné les bâtisseurs d'institutions. Ils ont pris les entreprises porteuses des années 20 et en ont fait les grandes marques de la société de consommation. Ils étaient davantage axés sur la science et la technologie. Ils voulaient tout concentrer afin de mieux contrôler. Ils ont adopté les pratiques managériales qu'ils avaient acquises durant la Deuxième Guerre mondiale. Ils ont innové davantage sur le plan technocratique que sur le plan social.

Désormais, l'économie mondiale appartient à la plus grande génération de l'histoire. Il est donc inévitable que les enfants du baby boom nous conduisent vers le plus grand boom de l'histoire.

L'économie du futur

La figure 6-5 est sans doute la plus importante de cet ouvrage.

Ayant essayé de représenter les notions complexes du mieux possible sur un seul graphique, cet histogramme montre la taille et la

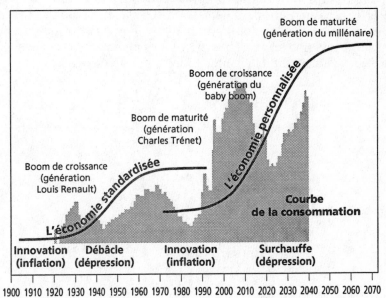

Figure 6-5. Intégration de la vague de consommation dans les courbes en S des économies standardisée et personnalisée

puissance relative des deux économies. Vous noterez le rapport entre les deux générations qui forment chacune de ces économies. Ce schéma donne une idée de la montée spectaculaire de l'économie personnalisée.

Depuis les années 70, nous subissons le marasme provoqué par le passage de l'économie standardisée à l'économie personnalisée. La récession du début des années 90 a également été affectée par l'effondrement de la vague de consommation de la génération du baby boom qui passe de sa phase d'expansion à sa phase de maturité. Mais la surchauffe touche à sa fin.

L'Amérique ouvrira la marche vers cette économie internationale personnalisée. La croissance sera plus spectaculaire que toutes les précédentes car la génération est particulièrement importante sur le plan numérique et ce nombre est démultiplié par les performances sans précédent de la technologie informatique et des micro-technologies.

A partir des données que nous avons découvertes jusqu'ici, nous sommes maintenant en mesure d'établir des prévisions économiques à l'échelon mondial. C'est l'objet de la seconde partie de cet ouvrage. Nous verrons quelle forme le monde va prendre au cours de la prochaine période d'expansion. Dans cette seconde partie, nous examinerons les nouveaux marchés porteurs qui naîtront et fourniront de nouveaux débouchés. Nous étudierons également les stratégies permettant de profiter au mieux de ces marchés.

COMMENT PROFITER DU BOOM DE CROISSANCE DES ANNÉES 90

*Stratégies pour tirer parti
du plus grand boom de l'histoire*

La seconde partie s'adresse également à tous.

Nous allons aborder dans le détail les stratégies que les administrateurs, les propriétaires et les créateurs d'entreprise avisés adopteront très probablement dans le cadre de la nouvelle économie qui se dessine.

Mais il me semble que cette partie est en fait importante pour tout le monde. Chacun doit être capable de déceler les courbes en S, les tendances sociales et les principes qui sous-tendent tout changement, aussi complexe soit-il. Chacun doit être informé afin de pouvoir répondre aux questions telles que : Dans quelles sociétés faut-il investir ? Vers quel emploi dois-je me diriger ? Dans quelles entreprises dois-je travailler ? Devrai-je me compter parmi les perdants ou les leaders ?

Mais surtout, chacun doit être informé afin de prendre les bonnes décisions au cours de la prochaine période d'expansion. J'espère que vous pourrez comparer cette seconde partie à une sorte de mini-MBA qui vous guidera dans la bonne direction, même si la gestion et les affaires ne sont pas vos principaux centres d'intérêt. Ces principes et ces informations seront profitables à tous.

7

Le scénario du boom mondial

*Un nouvel ordre économique mondial
se profile à l'horizon*

TELEX

Le Japon se remettra lentement de sa chute. Il lui faudra attendre un certain temps avant de pouvoir revenir sur la scène économique mondiale. L'Europe titubera sous le poids de la restructuration de l'ancien bloc soviétique et de l'Europe de l'Est pendant des années. Les Etats-Unis, avec leur énorme génération du baby boom, leur avance en matière de technologies de personnalisation et leur esprit d'entreprise seront les premiers dans les starting-blocks au départ de la course à la domination de l'économie mondiale, notamment s'ils s'allient avec les bons partenaires.

Trois blocs commerciaux influencent
l'économie mondiale

Tous les outils prévisionnels annoncent la prospérité. Les courbes de consommation, les courbes d'innovation, les courbes en S des technologies, la courbe en S de l'économie personnalisée et la fin de l'inflation indiquent que l'économie mondiale va être relancée à partir des Etats-Unis au cours du second semestre 1994. Les tendances laissent également penser que la restructuration profonde qui donnera lieu à un nouvel ordre économique mondial passera par la formation de trois grands blocs commerciaux. L'Amérique du Nord, avec les Etats-Unis en tête, sera le plus fort. Le bloc européen parviendra à se placer au second rang au cours des prochaines décennies. Le bloc d'Extrême-Orient, manquant probablement de cohésion au départ, continuera à se développer mais sera freiné par les difficultés économiques rencontrées par le Japon et la concurrence due à l'émergence des pays du tiers monde tels que le Mexique et l'Europe de l'Est.

Nous pouvons nous attendre à voir les tensions monter au fur et à mesure que la récession progressera en 1993. La tendance au protectionnisme sera probablement accentuée entre les différentes nations formant chaque bloc, mais surtout entre les grands blocs formés par le Japon et l'Extrême-Orient, l'Europe et l'Amérique du Nord. C'est justement cette tendance au renforcement des pratiques protectionnistes, intervenant dans une période économique difficile, qui amènera les régions géographiques voisines à se regrouper pour former les blocs commerciaux dont je viens de parler.

Les récents efforts de la Communauté européenne concernant l'intégration de l'Europe se sont malheureusement vus compromis par des luttes intestines portant sur des points de détail. Le processus d'unification sera probablement lent jusqu'à ce que le retour en force des Etats-Unis, au sortir de la récession, motive les pays de chaque bloc à réunir davantage leurs forces sur le plan économique. Pourquoi ? Premièrement, en raison de la complexité des difficultés rencontrées en Union soviétique et en Europe de l'Est. Deuxièmement, l'aggravation de la récession accentue la montée du nationalisme à l'intérieur comme à l'extérieur des différents pays. Cette tendance polarise l'attention des gouvernements au moment même où la Communauté économique est censée s'unifier. C'est pourquoi je pense que l'Europe sortira de la récession plus lentement, si ce n'est plus tard que les Etats-Unis. Il faudra sans doute attendre au moins 1995 pour que les pays européens commencent à retrouver leur puissance économique.

Dans un premier temps, la récession affaiblira la volonté américaine de constituer un marché unique avec le Canada et le Mexique. Durant les campagnes électorales menées par les deux grands partis politiques en 1992, il aurait fallu être sourd pour ne pas entendre les appels à la restriction des relations commerciales avec le Mexique et les autres pays. Cette tactique consistant à jouer sur la peur est toujours payante en période de difficultés économiques.

Mais lorsque les Etats-Unis commenceront à véritablement sortir de la récession, la peur de perdre son emploi et les appels au protectionnisme diminueront rapidement. Les Etats-Unis seront probablement les premiers à faire des ouvertures à leurs voisins afin de constituer un important bloc économique et commercial. Pendant ce temps, les Européens, soucieux de défendre leurs intérêts nationaux, poursuivront sans doute leurs interminables palabres. Mais ils finiront par prendre conscience des réalités. Lorsque le bloc commercial formé par les Etats-Unis et l'Amérique du Nord, profitant de leur manque d'unité, commencera à élargir ses parts de marché à l'échelle internationale, ils se rendront compte qu'il est temps d'arrêter de tergiverser.

Au vu de la réussite du bloc de l'Amérique du Nord, la Communauté européenne finira par prendre le taureau par les cornes et réalisera enfin son intégration économique. Une fois la coopération en place, elle jouira du plus vaste marché et du plus grand nombre de consommateurs du monde.

Le bloc commercial de l'Extrême-Orient sera probablement le plus lent à s'intégrer sur le plan économique. En raison du choc subi par le Japon, cette région du globe manquera en quelque sorte de leader — de toutes façons, la présence du Japon n'y a jamais vraiment été la bienvenue. Les pays comme la Corée, Taïwan et Singapour entretiennent davantage de relations commerciales avec les Etats-Unis qu'avec le Japon. Il se peut même que ces pays d'Extrême-Orient tentent de s'intégrer au bloc nord-américain, ce qui voudrait dire qu'il n'y aurait pas véritablement de bloc en Extrême Orient. Par conséquent, il est possible que cette région, comme l'Europe de l'Est, devienne le théâtre d'affrontements politiques et connaisse des troubles militaires au cours des prochaines années.

Un regard sur la taille et le calendrier des générations de chaque bloc commercial potentiel suffit pour comprendre comment ces derniers vont se mettre en place.

La courbe des générations

C'est sans aucun doute aux Etats-Unis et au Canada que la génération du baby boom est la plus importante sur le plan numérique.
Celle-ci arrive en outre dans sa période de consommation et de productivité maximales. La vague de consommation a commencé à
poindre en 1982. Elle reprendra de la vitesse et de l'ampleur en
1994 et se poursuivra jusqu'en 2006 ou 2010, provoquant le plus
grand élan de consommation du monde en Amérique du Nord. La
figure 7-1 explique pourquoi la vague de consommation nord-amé-
ricaine de cette génération sera plus importante que celle de
l'Europe et nettement plus forte que celle du Japon, qui s'orientera
à la baisse dans la seconde moitié des années 90.

Ce schéma illustre la taille et l'étalement dans le temps de la
génération du baby boom en Europe, aux Etats-Unis et au Japon. Il
est clair que les Etats-Unis ont connu un baby boom beaucoup plus
important que l'Europe et le Japon. D'autant plus important que la

Comparaison des baby boom dans le monde

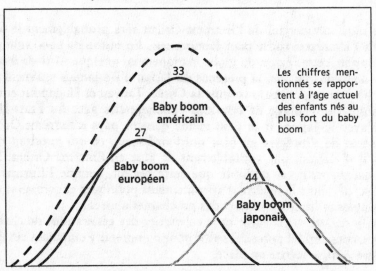

Figure 7-1. Baby booms des plus grandes puissances économiques actuelles

démographie du Canada est similaire à celle des Etats-Unis. Vous noterez la différence d'âge du point culminant de chaque boom. Aux Etats-Unis, il se situe aujourd'hui à 33 ans environ. La vague de consommation d'une génération atteignant son plus haut niveau aux alentours de 49 ans, les Américains ont donc au moins 16 ans d'expansion économique devant eux.

Comparez cela à la situation au Japon, dont la génération du baby boom est déjà sur le point d'atteindre sa consommation maximale. Cette génération numériquement moins importante est née juste après la Deuxième Guerre mondiale, des années avant le baby boom américain. Le Japon ayant subi une défaite accablante et essuyé l'explosion de deux bombes atomiques, il est évident que cette période n'a pas été très propice aux naissances. La génération du baby boom japonais a donc actuellement 44 ans ; autrement dit, elle approche de l'âge où la consommation atteint son niveau maximum, mais elle a déjà connu la pointe de consommation en logement, le phénomène le plus important intervenant à 43 ans. Cela signifie que la vague de consommation japonaise atteindra son point le plus haut entre 1990 et 1997. Elle ralentira donc entre la fin des années 90 et le début des années 2000, au moment même où les Etats-Unis entreront dans leur phase de consommation la plus importante. C'est pour cette raison également que je pense que le Japon mettra longtemps à se remettre de la récession et sera un concurrent plus faible dans la future course à la suprématie économique mondiale.

Entre parenthèses, si l'on regardait plus loin dans le futur, on constaterait un autre scénario. Ayant connu un second petit baby boom, dont la consommation sera en pleine ascension entre 2010 et 2025 environ, les Japonais jouiront de la prospérité lorsque les Etats-Unis seront à nouveau en perte de vitesse. En fait, cette génération sera plus créative et plus individualiste. Par conséquent, il est fort probable qu'elle améliore l'économie personnalisée mise en place par les Etats-Unis tout comme la génération précédente a perfectionné l'économie standardisée.

En raison du temps qu'il a fallu à l'Europe pour se reconstruire après la Deuxième Guerre mondiale, les taux de natalité européens sont en retard sur ceux des Etats-Unis. Les enfants du baby boom européen sont donc plus jeunes — avec un âge de pointe à 27 ans environ — et moins nombreux que leurs homologues américains. Nous avons vu que la révolution créative européenne accusait un retard de six ans par rapport à celle des Etats-Unis en raison de cette différence. L'Europe connaîtra donc une économie florissante plus tard que les Etats-Unis, vers 2015 ou 2016, en tenant compte des variations de la pyramide des âges de chaque pays.

La ligne en pointillé de la figure 7-1 représente l'estimation du baby boom à l'échelle mondiale. Il semble clair que le boom mondial des taux de natalité est aligné sur celui de l'Amérique du Nord. L'économie mondiale suivra donc également les performances des Etats-Unis et du Canada.

Qu'en est-il du nombre de retraités ?

Au cours de la prochaine période d'expansion, la proportion de retraités par rapport à la population active sera considérablement plus élevée au Japon et en Allemagne qu'aux Etats-Unis. L'économie américaine sera dominée par la forte productivité des enfants du baby boom, qui supportera largement le poids du nombre accru de retraités.

Les tendances démographiques laissent penser que la population des retraités croîtra plus lentement au cours des dix prochaines années qu'au cours de la précédente décennie. Nous avons déjà vu que la génération Charles Trenet, plus petite, a pris sa retraite dans les années 80. La croissance de la population de retraités sera relativement modérée durant la prochaine décennie car l'espérance de vie rallonge de plus en plus. La génération du baby boom ne prendra pas sa retraite avant la fin de la période d'expansion, le peloton de tête atteignant 65 ans au plus fort de la croissance.

Naturellement, les effets positifs entraînés par l'énorme génération du baby boom sur le prochain boom économique seront inversés dès que ce dernier aura atteint son point culminant. La génération du baby boom accentuera la crise qui suivra, vers 2010, d'une part parce qu'elle commencera à ralentir sa consommation, ce qui provoquera un ralentissement économique et, d'autre part, parce qu'elle atteindra l'âge de la retraite et entrera dans sa phase non productive, ce qui freinera sérieusement l'activité économique.

Voilà pour la démographie et la courbe de la consommation. Voyons maintenant le prochain boom sous l'éclairage d'un autre facteur, plus décisif, favorisant le bloc de l'Amérique du Nord.

L'économie personnalisée

Certes, nous avons perdu du terrain vis-à-vis du Japon dans les années 70 et 80 car celui-ci s'est montré plus performant dans l'économie standardisée, mais nous nous dirigeons maintenant vers une économie mondiale de plus en plus personnalisée, au sein de laquelle la souplesse et la créativité seront les facteurs déterminants. Il est clair que dans cette économie basée sur l'informatique, les Etats-Unis seront les leaders. Ils seront les plus grands bénéficiaires de la tendance à la personnalisation et de la révolution micro-informatique. Ne pouvant plus autant tirer parti de leurs points forts, les Japonais seront les plus grands perdants. Tenteront-ils de passer directement de l'économie standardisée à l'économie personnalisée? Naturellement. Sont-ils en mesure d'y parvenir sans l'aide de leur machine financière et avec une population très peu créative? Probablement pas. En tout cas, pas avant que leur second mini-baby boom, qui sera certainement plus créatif, n'entame sa vague de consommation. C'est-à-dire dans dix à quinze ans.

Voici maintenant comment se formeront les trois blocs.

Le Japon et l'Extrême-Orient

La personnalisation n'est pas le fort des Japonais. Leur culture n'accorde pas une grande place à la personnalité individuelle. En fait, c'est la raison pour laquelle leur précieux système éducatif travaillera en leur défaveur dans l'économie personnalisée. Ils ont rarement excellé dans les entreprises requérant un fort degré de personnalisation et de spécialisation. Les jeunes ne sont pas formés à réfléchir par eux-mêmes ni à prendre leurs propres décisions dans ce système éducatif dont ils font si grand cas. Les micro-ordinateurs qu'ils possèdent ne sont pas entre les mains des consommateurs ni des salariés, mais des entreprises.

Qui plus est, les Japonais dominent essentiellement les marchés standardisés du hardware qui vont rapidement décliner dans les années 90. Tout comme ils ont surpassé les Etats-Unis dans le domaine de la standardisation, ils vont subir la concurrence accrue des quatre tigres que sont la Corée, Taïwan, Singapour et Hong-Kong. En s'industrialisant, ces pays du tiers monde se sont hissés à un niveau supérieur au cours de la dernière décennie. Dans l'ensemble, les courbes de consommation florissante de la Corée, de Taïwan, de Singapour et de Hong-Kong sont assez proches de celle des Etats-Unis. Ils ont déjà prouvé qu'ils étaient des compétiteurs avec lesquels il fallait compter. Regardez le nombre de voitures coréennes qui envahissent le marché américain aujourd'hui. Il est difficile d'éviter les comparaisons avec les minuscules voitures japonaises d'il y a quelques décennies. En fait, l'effondrement du Japon favorise la progression des autres pays du Pacifique qui bénéficient d'une pyramide des âges et d'une situation économique propices.

Il est clair que la stratégie coréenne vise à supplanter le Japon dans le secteur, en lui faisant ce qu'il a fait aux autres. Nous pouvons donc nous attendre à une joute pour la domination de cette région du monde. Etant donné l'absence de leader politique ou militaire, la lutte risque de rester ouverte pendant un certain temps. Une chose est sûre : tout le monde ou presque déteste le Japon. Que cette aversion soit issue de la Deuxième Guerre mondiale (et de l'impérialisme qui l'a précédée), liée à un mauvais esprit de vengeance ou traduise simplement une saine compétitivité, vous pouvez être certain que la lutte économique divisera la région pendant un bon moment.

> Si la région du Pacifique doit voir émerger un nouveau leader pour remplacer le Japon, je pense que le mouvement viendra de Chine, la région de Hong-Kong et la province de Guangdong se trouvant actuellement en pleine croissance. Ce que j'aime dans cette région, c'est qu'elle manifeste un réel esprit d'entreprise. Autrement dit, elle ne doit pas sa croissance à la planification centralisée du gouvernement. En fait, il est flagrant qu'elle transgresse la politique de Pékin.

Maintenant, le gouvernement communiste chinois la considère même comme un modèle pour son pays. Et il ne faut pas oublier qu'en 1997, les Britanniques devront rendre Hong-Kong à la Chine.

La Chine est un immense pays disposant d'un fort potentiel à long terme. Mais compte tenu de ses nombreux retards et de la décrépitude de son gouvernement centralisé, il lui faudra encore de nombreuses décennies avant de pouvoir entrer dans la compétition mondiale. Mais les Chinois peuvent y parvenir en développant progressivement le modèle de Hong-Kong-Guangdong. D'après mes prévisions, la Chine finira par devenir une grande puissance économique mondiale à l'horizon 2040, soit dans le cadre de l'économie personnalisée, soit de l'économie qui lui succédera.

En tout cas, compte tenu de tout ce qui a été dit, la région du Pacifique ne sera pas le moteur de la croissance qu'il a été tout au long des vingt dernières années.

Mes outils prévisionnels indiquent que les prévisions traditionnelles, selon lesquelles le monde va être dominé par la région Pacifique, sont totalement erronées. Ce secteur ne se verra pas à nouveau entraîné par une puissance stable avant de nombreuses décennies. En revanche, la région Atlantique opérera un retour en force, car les Etats-Unis et l'Amérique du Nord deviendront les leaders de la croissance économique et l'Europe viendra se classer en seconde position dès qu'elle sera touchée par la vague d'expansion.

L'Europe

Les ouvrages publiés en Europe disent tous que : « L'Europe va devancer les Etats-Unis car la C.E.E. détiendra le plus grand et le plus compétitif des marchés mondiaux. » C'est totalement faux. Pour l'instant, l'Europe se heurte encore à des problèmes d'intégration. Ces pays ne vont pas s'unir et se mettre d'accord sur tout du jour au lendemain. Il va falloir attendre patiemment que l'Europe de l'Est et la Russie se reconstruisent et il faudra de nombreuses années avant que les lourds investissements effectués dans ces pays ne portent leurs fruits. Les capitaux allemands seront drainés par la dépression et le pénible processus de reconstruction en Europe de l'Est, ainsi que dans les républiques de l'ancien bloc soviétique — bien au-delà des montants négociés. L'Europe de l'Ouest doit investir lourdement et avoir la patience d'attendre que ces pays abandonnent leur ancien système pour passer à une véritable économie de marché.

Selon mes analyses, l'Europe s'en sortira, mais pas dans un avenir immédiat. Je pense qu'elle retrouvera sa compétitivité vers la fin de ce boom — vers la fin des années 90 ou au début des années 2000. Certes, l'Europe a une tradition de qualité, de personnalisation et a l'habitude de cibler les marchés spécialisés. Mais plusieurs facteurs travailleront en sa défaveur durant le boom.

Le talon d'Achille de la plupart des pays européens réside dans le fait qu'ils n'ont pas les technologies modernes permettant de produire efficacement dont disposent de plus en plus le Japon et les Etats-Unis. Naturellement, de nombreuses exceptions confirment la règle. Ils sont également en retard par rapport aux Etats-Unis sur le plan de la créativité et de la micro-technologie permettant une concurrence efficace sur les marchés plus personnalisés. De nombreux pays d'Europe sont encore largement dépendants de la planification centralisée et du socialisme. Ces systèmes ont tendance à minimiser la prise de risques car ils reposent sur des réseaux de vieilles connaissances qui ne fonctionnent pas si bien à l'ère de l'informatique. Les chefs d'entreprise doivent prendre des risques pour progresser rapidement et sortir du lot. Cela ne veut pas dire pour autant que tous les pays doivent absolument calquer leur système sur le modèle américain d'économie libérale. Mais les pays qui s'orientent vers ce type de système sont ceux qui profiteront le plus dans le monde personnalisé et l'ère de l'informatique.

Un autre facteur travaille contre les Européens. Ils ont tendance à avoir une mentalité d'artisan qui méprise la technologie et glorifie le maître artisan. Comment peuvent-ils rattraper la technologie japonaise en matière de production et les Etats-Unis en matière de service et de personnalisation grand public ? Là encore, ils n'y parviendront pas sans aide.

Stratégies fondamentales pour la France. Sans commune mesure avec celui des Etats-Unis, le baby boom français de l'après seconde guerre mondiale n'en est pas moins riche d'implications pour l'économie hexagonale. Les nouvelles générations issues des années de forte natalité, entre 1946 et 1972, vont progressivement arriver à maturité de consommation pendant les trente prochaines années. L'activité, pour peu que le pouvoir d'achat suive l'essor démographique, devrait s'en trouver revigorée. C'est un formidable défi qui se trouve ainsi lancé aux gestionnaires de l'économie française. Défi à haut risque cependant. Car du juste emploi de cette population en perspective, dépend l'avenir du pays pour au moins le moitié du prochain centenaire. La génération du baby boom est en effet la dernière chance de relance par la consommation avant longtemps. La natalité n'a jamais véritablement repris depuis le milieu des années 70. Ces vingt-deux millions de Français, en chiffres bruts, nés pendant le baby boom, vont devoir sceller durablement les piliers de la croissance sous peine d'exposer le pays à de graves difficultés.

Stratégie n° 1 : profiter des acquis. La France, culturellement, n'a jamais été un pays amateur de produits standardisés. Même si l'influence américaine est très présente dans quelques secteurs d'activité comme l'alimentation, les vêtements, les programmes télévisés, cette influence est surtout sensible dans les produits de moyenne ou basse gamme (restauration rapide, jeans, etc.). La France reste la championne du monde du luxe, avec son champagne, ses parfums et ses articles de mode. Le rayonnement international de ces activités, fondé sur une expérience millénaire du service à une clientèle exigeante et soucieuse du détail, est un avantage indéniable face à la montée des nouvelles générations apportées par le baby boom. Le luxe n'est d'ailleurs pas le seul domaine dans lequel les français ont déployé leur capacité de répondre à une demande de sur-mesure. Transports, télécommunications, maîtrise de l'énergie, offrent de nombreux témoignages d'adaptation du sacoir-faire français et son refus de la standardisation.

Stratégie n° 2 : considérer la délocalisation des entreprises comme un mal nécessaire mais de durée limitée. L'accélération du mouvement de délocalisation des unités de production depuis la fin des années 70, sensible notamment dans l'industrie textile, a suscité une crainte légitime parmi la population salariée. Dans de nombreuses régions, les fermetures d'usines, les suppressions d'emplois, ont brutalement plongé de nombreuses familles dans une crise aiguë, leur laissant peu de solutions de secours. Les employeurs, pressés par la concurrence internationale et les pratiques de leur profession, n'ont souvent eu pas d'autre choix pour assurer la pérennité de leur entreprise que d'exporter leur fabrication dans les pays du Maghreb ou plus loin, vers l'Extrême-Orient. Les générations montantes devront s'accomoder de cet état de fait.

Elles doivent savoir en effet qu'expatrier les usines dans les pays en voie de développement, c'est une manière de s'ouvrir en même temps des débouchés pour son savoir-faire, tout en procurant à ces pays une chance de survie.

L'évolution de l'emploi en France se fera donc en faveur de la matière grise, avec de meilleures qualifications et de meilleurs salaires. Le message est clair : si vous avez actuellement un emploi bien payé mais peu qualifié, vous pouvez vous attendre à le perdre car il sera délocalisé à l'étranger ou automatisé. Au contraire, plus il est qualifié, plus vos chances sont grandes de voir vos capacités s'améliorer, à condition de savoir s'adapter. Il faut également avoir conscience qu'en installant les usines à l'étranger, l'on peut sauver une plus grande partie des industries mises en péril par la concurrence étrangère. Dans l'industrie automobile par exemple, il paraît préférable de transférer les chaînes de montage au sud de l'Europe et dans les pays de l'Est afin d'être sûr de conserver notre compétitivité ainsi que les secteurs plus importants que représentent la conception, le marketing, la vente et le service. Spécialités dans lesquelles devront s'initier d'urgence les générations du baby boom.

Stratégie n° 3 : profiter de l'essor de l'Europe de l'Est et de la Russie. Les entreprises françaises, principalement dans le bâtiment, les travaux publics et l'industrie alimentaire, ont déjà très sérieusement manifesté leur intérêt pour les nouvelles démocraties de l'Est. Certains pays, comme la Bulgarie et la Roumanie, sont liés culturellement à la France et les contacts y sont fructueux. L'Europe est en position de tenir tête aux ambitions américaines dans cette région du monde, même si les investissements y sont considérés comme à long terme en raison de la faiblesse des infrastructures des pays concernés. Les Français ont plus à craindre de la concurrence de l'Allemagne et de l'Autriche qui sont liés par des liens historiques avec des pays d'Europe orientale, mais l'ampleur de la tâche à accomplir est telle qu'il devrait y avoir de la place pour tout le monde dans cette région tout autant que dans les anciennes républiques soviétiques. Bien formées, les générations du baby boom français devraient pouvoir profiter de cette chance de mettre en valeur leur savoir-faire. D'autant que dans de nombreux pays, les cycles de produits n'en sont encore qu'à leurs tout débuts.

Stratégie n° 4 : ne pas négliger les marchés en croissance de la vieille Europe et de ses proches voisins. L'arrivée des pays de l'Est sur le devant de la scène ne doit pas laisser au second plan les pôles de croissance déjà existants en Europe. La péninsule ibérique, la Grèce, le pourtour méditerranéen, avec un Liban émergeant, offrent autant de nouvelles opportunités pour les générations montantes françaises. La demande d'encadrement, de savoir-faire, de nouvelles technologies, sont caractéristiques de ces payx souvent à population nombreuse, mais insuffisamment formée pour assurer un rapide décollage de leurs économies. L'Espagne, le Portugal, sont déjà privilégiés par les entreprises françaises, mais aussi les européennes dans leurs sratégies de développement. La main d'œuvre y est abondante et moins chère qu'en Europe du Nord, et les fluctuations de la monnaie espagnole favorisent encore plus les investisseurs extérieurs.

Stratégies n° 5 : développer les joint ventures avec les Etats-Unis et les autres pays européens. L'énorme vague annoncée du baby boom américain ne restera pas sans effet sur les économies occidentales. Les entreprises françaises, et leurs cadres aux formations suffisamment pointues, ne peuvent qu'intéresser les entreprises américaines dans leur stratégie de croissance mondiale. Ce sera l'occasion de sceller des joint ventures avec les nouvelles entreprises dominantes, les Français en échange de leur puissance économique leur apportant leur maîtrise des produits personnalisés. Les Français seront à même ainsi d'anticiper les innovations technologiques américaines en participant à leur élaboration, et en être les coauteurs. De cette manière, les entreprises françaises verront leur expansion mondiale facilitée.

De même, les entreprises européennes auront autant intérêt à coopérer pour mieux maîtriser leurs marchés et résister aux prétentions américaines et japonaises. Dans les grandes industries de consommation, automobile, alimentaire, textile, de grandes alliances sont en cours ou déjà scellées surtout entre la France et l'Italie. Mais c'est avec l'Allemagne, tournée vers l'Est, que les alliances se révéleront immanquablement les plus fructueuses.

L'Amérique du Nord

Les Etats-Unis vont sortir de la récession actuelle de manière retentissante. S'ils adoptent les bonnes stratégies, le reste du monde réalisera subitement que le bloc commercial potentiel le plus fort du monde se trouve en Amérique du Nord.

Naturellement, le parcours n'est pas sans obstacle. Les Etats-Unis devront surmonter les dissensions provoquées par la minorité qui prône l'isolationnisme. Sans oublier, bien sûr, les nombreuses politiques orientées sur la délocalisation vers le Mexique, destinées à préserver l'emploi pendant la récession. Une fois sortis de la récession, ils devront toutefois passer à l'offensive et établir la coopération afin de s'associer d'une part avec le Mexique, qui lui offrira des sites de production bon marché et, d'autre part, avec le Canada, qui lui fournira une main d'œuvre hautement qualifiée et des ressources naturelles qui compléteront parfaitement les siennes. S'ils sont intelligents, à plus long terme, ils pourront également élargir leur bloc commercial aux pays d'Extrême-Orient et d'Amérique du Sud. Si tout se passe bien, les Nord-américains, grâce à l'expansion de leurs marchés due à la consommation de la génération du baby boom et à l'intégration des technologies personnalisées apportées par la révolution micro-informatique, domineront clairement l'économie mondiale.

Les Etats-Unis sont les plus avantagés sur les créneaux spécialisés. Ils dominent les technologies qui compteront dans la prochaine économie personnalisée. Ils dominent la télévision et le software. Ils dominent les télécommunications et les micro-ordinateurs — toutes sortes de produits et services personnalisés. C'est ce qui fait leur force — malgré la baisse de niveau aux examens d'entrée à l'université que nous constatons dans la génération du baby boom.

Nous devons nous interroger pour savoir si ces vieux instruments mesurent véritablement les facteurs qui compteront à l'avenir. L'examen d'entrée à l'université sert essentiellement à évaluer les compétences gérées par le cerveau gauche, c'est-à-dire les aptitudes de base permettant de s'exprimer et de calculer qui étaient essentielles dans le cadre de l'économie standardisée. Dans l'économie personnalisée, l'accent sera davantage placé sur les aptitudes gérées par le cerveau droit.

Quiconque souhaite un retour au bon vieux système éducatif que nous avons connu dans le passé devrait prendre en considération ces simples statistiques dont j'ai entendu parler par un expert en matière d'innovation. Il disait que les enfants perdent généralement 90 % de leur créativité entre cinq et sept ans, une fois qu'ils entrent dans l'environnement arbitraire du système scolaire. Aujourd'hui, la plupart des créatifs mettent des années à se débarrasser du carcan que leur ont imposé le système scolaire et la bureaucratie. La plupart des gens ont maintenant besoin de suivre une thérapie pour retrouver une partie de leur créativité enfantine. Manifestement, l'économie personnalisée ne tolérera pas un système éducatif qui accorde davantage de mérite à la mémorisation et à l'apprentissage par cœur qu'à la créativité.

Cela dit, je me rends parfaitement compte que les modèles d'enseignement traditionnels qui reposent uniquement soit sur la discipline, soit sur la créativité ont eu respectivement à faire face au problème posé par le manque de flexibilité ou la permissivité. Tout système éducatif devrait maintenir la discipline tout en favorisant la créativité. Aux Etats-Unis, nombre d'entraîneurs sportifs et d'enseignants ont appris à allier efficacement la créativité et la discipline. Nombre d'écoles privées et d'établissements publics plus progressistes ont réussi à prouver qu'il était possible de jouer sur les deux tableaux. Le challenge consistera à élargir ces nouveaux prototypes à l'ensemble du système scolaire public au cours des prochaines décennies et à mettre au point de nouveaux instruments de mesure qui évalueront à la fois la créativité et les aptitudes du cerveau droit et la discipline et les aptitudes du cerveau gauche. Ce sont justement ces facultés que notre génération du baby boom a été la première à utiliser — notamment, les aptitudes du cerveau droit.

Tout cela génère de nouveaux débouchés pour les produits et les services de l'économie personnalisée. Mais voici le point clef. Les Japonais et les Allemands vont certainement produire un plus grand nombre de scientifiques et de mathématiciens que les Etats-Unis. Toutefois, nous avons appris quelque chose de différent par rapport aux Japonais, quelque chose de plus important, à mon avis. Notre société doit encore apprendre à apprécier et à mesurer ces nouvelles compétences. Dans l'ensemble, nous nous refusons à reconnaître qu'il est possible que nous n'ayons plus autant besoin des compétences traditionnelles. Ce n'est pas la bonne attitude. Réfléchissez. Il n'y a pas si longtemps, à l'université, les étudiants en maths, en chimie et en physique devaient nécessairement apprendre à se servir de la règle à calcul. Aujourd'hui, quelqu'un utilise-t-il encore une règle à calcul ? Pourquoi le faire alors que les calculettes de poche le font beaucoup plus vite et avec beaucoup plus d'exactitude ?

Grâce à l'automatisation rendue possible par la révolution micro-informatique, les compétences verbales et mathématiques de base sont de plus en plus accessibles. La question n'est pas de savoir si les gens doivent ou ne doivent pas avoir ces compétences de base, mais plutôt si les progrès réalisés dans le domaine des logiciels et des ordinateurs vont ou non nous dispenser de certaines contraintes. En nous proposant un accès et une utilisation plus conviviale, les ordinateurs nous permettront de nous concentrer davantage sur les compétences humaines plus importantes que sont la créativité et l'esprit d'entreprise. C'est justement le type de débouché dans lequel les Etats-Unis ont démontré leur supériorité. *Et c'est ce qui comptera dans le cadre de l'économie personnalisée qui prend forme !*

Cela dit, puisque les observateurs en parlent, je me sens obligé d'aborder la question de la baisse du niveau scolaire des jeunes qui entreront dans la population active au cours des quinze années à venir. Certes, si elles se généralisent, les lacunes pourraient bien émousser la supériorité économique américaine. Mais ce pays doit ses prouesses économiques aux personnes les plus cultivées, pas à celles qui manquent d'instruction. L'énergie lui vient des individus les plus créatifs, pas des moins inventifs. Malgré tous ses défauts, les Etats-Unis ont la meilleure université et le système éducatif le plus élevé du monde. Ce pays détient 75 % de tous les MBAs du monde. Aux Etats-Unis, le défi consistera pour la population la plus instruite à concevoir des logiciels et des systèmes qui aideront les groupes de niveau moyen et faible à devenir beaucoup plus productifs. L'impact produit par le petit segment de la population moins instruite se fera par conséquent moins ressentir. Ceux qui le désireront pourront suivre une formation continue ou se recycler, car la pénurie de travail prévue obligera les entreprises à proposer cette possibilité afin d'améliorer les compétences de ceux qui n'ont pas reçu ce dont ils avaient besoin dans le système scolaire. Enfin, il faut affronter la réalité et accepter le fait qu'un petit pourcentage de la population américaine ne pourra, et ne voudra pas, se faire aider. Le type d'emploi qu'elle sera en mesure de remplir sera éliminé par l'automatisation ou délocalisé vers le Mexique.

Voyons maintenant les facteurs de base démontrant pourquoi les Etats-Unis seront les plus compétitifs dans l'économie personnalisée.

Les Etats-Unis sont les mieux positionnés dans la révolution micro-informatique. Aux dires de la presse et des économistes traditionnels, c'est son manque de politique industrielle à l'échelle nationale qui a permis aux Japonais et aux Allemands de prendre la tête dans les infrastructures technologiques clef, telles que les fibres optiques. Naturellement, les Japonais ont été les premiers à essayer d'élaborer la télévision haute définition, avec l'aide de leur gouvernement.

Mais un certain nombre d'experts affirment déjà que les Japonais sont passés trop tôt à des technologies analogiques inférieures pour percer dans la TVHD.

Que les Japonais aient ou non commis une erreur, le point fondamental est que : l'économie libérale américaine et sa génération plus créative ont choisi de se concentrer sur les technologies les plus déterminantes, non pas pour l'économie standardisée traditionnelle, mais pour l'économie personnalisée. Le micro-ordinateur, la télévision, le télécopieur, le magnétoscope, le téléphone sans fil et les meilleurs logiciels d'application sont entre les mains des chefs d'entreprise, des salariés et des consommateurs. Notre système est profondément enraciné dans la créativité et l'innovation. C'est le facteur clef dans une économie personnalisée.

Pourquoi nos économistes pessimistes qui se lamentent sur la perte de l'économie standardisée ne nous parlent-ils pas des statistiques concernant le parc de micro-ordinateurs installés dans chaque pays? En 1988, il s'élevait à 45 millions d'unités aux Etats-Unis. Le reste du monde n'est même pas en mesure de rivaliser. Le Japon en compte environ 5 millions. Cette infrastructure ne devrait-elle pas être considérée comme critique? Comment les Japonais vont-ils devenir créatifs si le salarié et le consommateur de base n'ont pas appris à se servir de l'outil le plus important de l'économie personnalisée, l'ordinateur personnel?

Quelle est la situation de la micro-informatique en Europe? Le Royaume-Uni possède un peu moins de 6 millions de micro-ordinateurs — parce que les Britanniques parlent anglais et, par conséquent, ont accès aux meilleurs logiciels du monde. L'Allemagne en compte 5 millions, à peu près autant que le Japon, mais beaucoup moins que les Etats-Unis, et la France 1,3 million seulement.

Si l'on considère le nombre d'ordinateurs personnels pour 100 habitants, les Etats-Unis en ont plus de 18. Le Canada arrive en seconde position avec 11 et la Grande-Bretagne 10. L'Allemagne en a 8, la France 2.

Le Japon? 4 — derrière pratiquement tous les pays d'Europe, hormis l'Italie.

Taïwan en compte 3 et la Corée du Sud seulement 0,5. Là encore, ces données indiquent que si les Japonais sont performants dans le domaine de la production à la chaîne, ils ne sont pas orientés vers l'esprit d'entreprise et l'utilisation individuelle des ordinateurs personnels.

Certes, le Japon et l'Europe ont davantage investi que les Etats-

Unis dans certaines infrastructures de grande échelle, telles que les fibres optiques. Mais quels sont les secteurs qui vont se développer? Au niveau individuel. Ce sont les gens qui sont équipés de micro-ordinateurs qui vont créer et servir les entreprises personnalisées. Les Etats-Unis possèdent cette infrastructure. Les Américains ont tous les outils de base pour cette nouvelle révolution — plus de voitures, de télévisions, de télécopieurs, d'ordinateurs personnels et de magnétoscopes par habitant que tout autre pays du monde. Les réseaux de fibres optiques suivront les besoins générés par cette profonde révolution des micro-technologies.

Les Etats-Unis ont les salariés les plus flexibles et les plus créatifs. Inutile de dire que les salariés issus de la génération du baby boom — qui arrivent maintenant dans leurs années les plus productives — sont plus créatifs que les Européens et beaucoup plus créatifs que les Japonais. Les Américains ont le secteur le plus dynamique du monde, et dominent pratiquement tous les segments commerciaux créatifs, de la télévision à la musique en passant par les logiciels informatiques. Dans les années 1980, les petites entreprises les plus entrepreneuriales ont permis de créer plus de 20 millions emplois.

Les Américains ne sont sans doute pas plus disciplinés ni plus méthodiques, mais ils sont plus inventifs. C'est ce que la nouvelle économie va requérir. Il ne va pas falloir travailler plus dur, mais plus intelligemment. Etre capable de personnaliser et satisfaire les besoins des consommateurs sera plus important que de produire le produit à la vanille le moins cher du marché. Aussi fantastiques soient-elles, les voitures Lexus et Infiniti ne sont toujours disponibles que dans un nombre réduit de couleurs. Vous souhaitez combiner ou adapter différentes options? Bon courage.

En résumé, notre plus grande source de concurrence en l'an 2000 sur le marché mondial viendra probablement d'Europe, et c'est également avec l'Europe que nous entretiendront le plus de relations commerciales.

Le transfert des richesses vers le tiers monde

Jusqu'à présent, les pays du tiers monde ont toujours été dépendants des marchés japonais, américains et européens pour écouler leur pétrole, leurs matières premières, sans oublier le riz, le sucre, le café, le thé, les bananes etc. Cela a relativement bien fonctionné dans les années 70 parce que l'inflation maintenait les prix élevés. Dans les années 80, en revanche, ces pays ont connu de graves difficultés à cause de la déflation, qui a fait chuter le cours de leurs récoltes et de leurs ressources naturelles. La déflation a été le signe pour les pays du tiers monde qu'il valait mieux pour eux abandonner le marché des matières premières et s'industrialiser en suivant l'exemple du Japon et des « quatre tigres ».

Dans les années 90, le problème se pose de la manière suivante : « Quels sont les pays du tiers monde qui vont réellement progresser vers l'ère industrielle ? » Le Mexique est manifestement en bonne voie. A un degré relativement moindre et approximativement dans l'ordre suivant, les pays d'Europe de l'Est, le Brésil, l'Argentine, une partie de la Chine et l'ancienne Union soviétique le sont également.

Le retour de la croissance aux Etats-Unis devrait permettre au Mexique de connaître le développement le plus important dans les années à venir.

L'Europe de l'Est mettra plus de temps à émerger, mais sa courbe d'industrialisation devrait définitivement s'orienter à la hausse, approximativement dans l'ordre suivant : à commencer par l'Allemagne de l'Est, suivie de la Tchécoslovaquie, puis de la Hongrie et enfin de la Pologne. Les investissements dans les anciens Etats communistes et les inspirations technologiques viendront essentiellement d'Allemagne, mais aussi d'autres pays européens et des Etats-Unis. Durant la seconde moitié des années 90, la Russie et les anciennes républiques d'Union soviétique finiront tôt ou tard par suivre l'exemple de l'Europe de l'Est dans la voie de l'industrialisation. Les Etats présentant le plus fort potentiel sont l'Ukraine, la Russie, le Kazakhstan, les républiques baltiques et la Géorgie. Là encore à peu près dans cet ordre.

La Chine adoptera progressivement le modèle de réussite de

Hong-Kong et de la province de Guangdong et étendra l'industrialisation à d'autres provinces. Lentement, mais sûrement, elle deviendra une grande puissance et s'imposera au cours du siècle prochain.

Le continent sud-américain, l'Amérique centrale et l'Afrique sont-ils aptes à participer à la course à l'industrialisation? Dans une certaine mesure, oui. Mais ces pays continueront probablement à être dominés par le commerce des matières premières et des produits de base.

De nombreux pays d'Afrique du Nord seront tôt ou tard invités à rejoindre le bloc commercial de la Communauté européenne, qui leur donnera un avantage sur les pays plus arriérés d'Afrique centrale.

En Amérique du Sud, le Brésil, l'Argentine, l'Uruguay et le Paraguay ont commencé leur intégration économique et consolident progressivement de nombreux secteurs industriels en pratiquant la joint venture. Nous pouvons, par conséquent, nous attendre à voir finalement émerger derrière le Mexique un bloc sud-américain avec une économie en forte industrialisation.

Enfin, maintenant que la polarisation entre les Etats-Unis et l'ancienne Union soviétique a disparu, les pays du tiers monde n'ont plus à s'aligner sur l'un ou l'autre bloc. Cuba illustre bien le fait que de nombreux anciens pays communistes du tiers monde pourraient maintenant connaître des changements économiques positifs.

Dans l'ensemble, les pays du tiers monde ont vu le pire. Certains d'entre eux profiteront largement du boom économique qui suivra la récession mondiale. Naturellement, ils ne seront pas en mesure de passer directement à l'économie personnalisée. Certes, les superpuissances économiques ne pourront pas se permettre de rester dans l'économie standardisée traditionnelle. Nous aurons, toutefois, toujours besoin de certains produits que seuls les procédés de manufacture standardisés peuvent produire. Ce qui signifie que :

Le tiers monde va peu à peu hériter de l'économie standardisée et concurrencer le Japon et la Corée dans la production de biens et de services industriels standardisés. En fait, les pays du tiers monde finiront par dominer l'économie standardisée et forceront les autres pays industrialisés à passer à l'économie personnalisée à plus forte valeur ajoutée.

Voyons maintenant le nouvel ordre économique mondial et certaines des stratégies requises pour que l'Amérique du Nord profite au maximum de sa prospérité.

Un nouvel ordre économique mondial

Les grands pays développés appartenant aux trois grandes économies unifiées confieront la sous-traitance d'une grande partie de l'économie standardisée aux pays du tiers monde.

L'Amérique du Nord. Tandis que les Etats-Unis retrouveront leur solidité sur le plan économique et de l'emploi, le pays prendra peu à peu conscience du fait qu'il doit s'orienter vers l'économie personnalisée plus rémunératrice ou vers les secteurs hautement automatisés de l'économie standardisée. Dans les secteurs traditionnels où ils seront encore compétitifs, ils devront délocaliser certaines unités de production, notamment en ce qui concerne le travail à la chaîne, vers le Mexique. Les meilleures usines automobiles de General Motors et Ford y sont déjà implantées. Il vaut d'ailleurs mieux faire produire les biens et les composants standardisés par le Mexique que par l'Extrême-Orient. Pour la simple et bonne raison que le Mexique est plus proche des Etats-Unis. En aidant le Mexique à s'industrialiser, ils augmenteront les revenus des consommateurs mexicains. Ce qui entraînera une augmentation de la demande de produits et de services de plus grande valeur fabriqués chez eux — créant ainsi des emplois plus nombreux et plus satisfaisants qu'ils n'en perdent dans l'économie standardisée. Le Canada, le Mexique et les Etats-Unis s'unifieront pour former le plus puissant bloc économique du monde avec des connexions secondaires en Amérique du Sud, notamment au Brésil et en Argentine.

L'Europe. La même logique s'appliquera à l'Europe. Les investissements et la sous-traitance des biens et services standardisés confiés à l'Europe de l'Est, l'Afrique du Nord et les anciennes républiques d'Union soviétique aideront les anciens pays du bloc communiste à devenir les producteurs les moins chers sur les marchés mondiaux. De même, la demande augmentera dans ces pays pour les produits finis et les services des pays européens. Après les privations subies par le peuple de l'ancienne Union soviétique sous le régime communiste, la consommation ne demande qu'à exploser.

L'Allemagne sera le moteur de l'intégration avec l'Europe de l'Est, l'ancien bloc soviétique et, accessoirement, l'Afrique et le Moyen-Orient. L'Allemagne deviendra progressivement la seconde puissance industrielle du monde, à la place du Japon.

L'Extrême-Orient. Afin de concurrencer les pays des deux autres blocs, les pays industrialisés d'Extrême-Orient devront de plus en plus confier la production de nombreux produits en sous-traitance à des pays comme la Chine. Le Japon et la Corée développeront des marchés en Chine et dans les pays du Pacifique.

Dans chaque bloc, la puissance dominante devra confier ses besoins industriels à la sous-traitance dans les pays du tiers monde appartenant à sa sphère géographique. Les échanges continueront à l'intérieur, mais aussi à l'extérieur du bloc, avec les pays des autres blocs.

Stratégies fondamentales pour les Etats-Unis

Les Etats-Unis seront forcément les plus grands gagnants du monde. Et, par conséquent, le Mexique sera le plus grand gagnant des pays du tiers monde. Mais si la tendance générale permet d'être assuré de cette suprématie, cela ne signifie pas que les choses se feront automatiquement. Aucun acte de Dieu ou de la Mère Nature ne peut faire plus que ce qui n'a déjà été fait par les lois de l'économie et le formidable taux de natalité qui convergent au moment où nous passons d'une ancienne à une nouvelle forme d'économie. Les Etats-Unis doivent avoir le bon sens de reconnaître les circonstances exceptionnelles qui se trouvent devant eux. Et doivent agir, ne pas gaspiller leur avantage en se querellant sur des points de détail quant à la manière tandis que le reste du monde s'efforce de réduire le fossé qui l'en sépare. Les Etats-Unis ont les moyens de contrôler leur destin au cours du prochain boom économique. Ce qui doit les amener à :

La stratégie numéro 1 — Profiter de leurs avantages Vous souve-nez-vous du modèle prévisionnel humain du second chapitre ? J'y fais référence de temps à autre parce qu'il décrit parfaitement leur défaut le plus parlant. Les Etats-Unis ont en effet tendance à sacri-fier les possibilités à long terme en se préoccupant, pour ne pas dire qu'il s'agit d'une véritable obsession, uniquement de ce qui se passe aujourd'hui. Ils sont parfois leur pire ennemi quand il s'agit de passer à l'action. Même si le moment est particulièrement bien choisi, il semble que certains groupes de leur pays soient obsédés par l'auto-destruction.

Ils auront le marché le plus solide pour accueillir les produits per-sonnalisés et le savoir-faire nécessaire pour les produire. Ils devraient donc envisager la nouvelle économie personnalisée comme une fabuleuse opportunité, l'emploi étant libéré par le départ de nombreuses industries standardisées traditionnelles.

Vous verrez. Les statistiques immuables de la natalité sont là pour rappeler que les Etats-Unis seront fortement handicapés par la pénurie de main d'œuvre après la récession. Les chiffres sont indis-cutables. Les naissances ont décru dans les années qui ont suivi le baby boom. Ce qui signifie tout simplement que le personnel man-quera durant cette période d'expansion sans précédent. Cela n'empêchera pas qu'il y aura toujours des groupes de pression pour dire qu'ils ne devraient pas investir dans l'automatisation car cela supprime des emplois et coûte trop cher.

La stratégie numéro 2 — Profiter du Mexique Au fur et à mesure que les Etats-Unis passeront de l'économie standardisée à l'écono-mie personnalisé, ils devront accepter de considérer le Mexique comme un véritable partenaire.

En délocalisant les segments standardisés de leur économie vers le Mexique, ils ne perdent pas d'emplois — c'est une vue à très court terme. La délocalisation et la sous-traitance vers le Mexique représentent un énorme gain de temps à long terme. Ils délocaliseront les emplois de faible qualification dont personne ne veut, permettant ainsi aux Américains d'accéder aux emplois plus qualifiés. De plus, tandis que leur génération du baby boom approche de ses années de productivité maximale, la génération suivante est beaucoup moins importante sur le plan numérique. Les Etats-Unis vont donc souffrir d'une forte diminution de main-d'œuvre ! Il est évident que, compte tenu de la pénurie de main-d'œuvre et de la croissance du marché qu'ils dominent, ils *devront* sous-traiter le travail au Mexique, sinon ils ne seront pas en mesure de se développer suffisamment rapidement pour faire face à la nouvelle économie.

Le Mexique ne sera que trop content de récupérer des emplois pour sa main-d'œuvre largement sous-employée. Grâce à ces nouveaux emplois, les Mexicains verront leurs revenus augmenter, ce qui leur permettra d'acheter davantage de produits qu'ils ne peuvent en produire eux-mêmes. Ils aideront le bloc nord-américain à concurrencer les autres dans les branches industrielles telles que la construction automobile — en prenant en charge la production à la chaîne pour laquelle il n'est plus très compétent.

Naturellement, il y aura des perdants à court terme, mais seulement dans les emplois peu qualifiés et hautement rémunérés — qu'ils perdront tôt ou tard de toute façon. La plus grande perte de salaire et d'emploi dans les années 80 n'a pas touché les minorités, mais les hommes de race blanche ayant une formation universitaire. Dans le passé, ces groupes occupaient des emplois défendus par les syndicats, hautement rémunérés, relativement peu qualifiés dans de nombreuses branches standardisées de l'industrie manufacturière. Le message est clair : *si un Américain a un emploi bien payé mais peu qualifié, il peut s'attendre à le perdre car il sera délocalisé à l'étranger ou automatisé.*

Même si les Etats-Unis ont la possibilité d'être les premiers à s'associer avec le Mexique, le Japon — l'éternel concurrent — dira : « N'installons plus d'usines aux Etats-Unis. Allons plutôt nous implanter au Mexique. » Et les Etats-Unis devraient avoir conscience qu'en installant des usines au Mexique, ils peuvent sauver une plus grande partie des industries restantes qu'ils perdraient autrement au profit de la concurrence étrangère, comme ils les ont perdues au profit du Japon par le passé. Dans la construction automobile, par exemple, il vaudrait sans doute mieux pour les Etats-Unis transférer leurs chaînes de montage au Mexique afin d'être sûrs de conserver leur compétitivité ainsi que les secteurs plus importants que représentent la conception, le marketing, la vente et le service.

La stratégie numéro 3 — Profiter de l'Europe de l'Est et de la Russie

La troisième chose la plus importante que les Etats-Unis puissent faire est d'essayer de devancer l'Allemagne en établissant leur présence économique en Europe de l'Est et dans les républiques de l'ancienne Union soviétique.

Ils bénéficient également là-bas de certaines ouvertures. Même si l'Allemagne a déjà manifesté son engagement et investi des capitaux afin de les aider à financer leur développement, les Européens de l'Est et les Russes ont une peur naturelle de l'Allemagne, en raison du passé. Ils veulent l'aide de l'Allemagne, mais ils ne veulent pas être dominés. Les pays d'Europe de l'Est craignent également les Russes. Cela crée un climat politique et commercial favorable pour les Etats-Unis. Leur gouvernement peut offrir un bouclier militaire de protection et un soutien politique en échange de concessions commerciales mutuelles et de portes ouvertes aux investissements commerciaux et aux joint ventures avec les entreprises américaines.

> Ceux qui pensent que la supériorité militaire américaine sera plus un fardeau qu'un avantage sont à côté de la plaque. Cela pourrait être un énorme avantage pour instaurer des accords commerciaux avec des pays d'Europe de l'Est et d'Extrême-Orient qui permettraient d'élargir leur marché dans un monde qui s'oriente vers la formation de blocs commerciaux plus protectionnistes.

La question est de savoir si les Etats-Unis vont en tirer profit? La question posée par Richard Nixon : « Allons-nous nous demander qui a perdu la Russie? », est tout à fait valable. Les Etats-Unis doivent accorder la priorité à l'établissement de leurs intérêts économiques en Europe de l'Est. Sinon, c'est finalement l'Europe qui obtiendra la supériorité économique dans cette région et les Américains seront exclus de l'une des régions les plus prometteuses et des marchés de consommation les plus importants du nouvel ordre économique mondial.

Dans cette ère, lorsque les Etats-Unis opéreront leur retour en force au premier rang économique mondial, leur plus grand concurrent sera l'Europe. Celle-ci dominera-t-elle le développement de la Russie et de l'Europe de l'Est ou les Etats-Unis en auront-ils leur part? Manifestement l'avantage est à l'Europe, mais les Etats-Unis bénéficieront d'un plus fort positionnement dans le monde s'ils se servent eux-mêmes et ne laissent pas les Européens dominer totalement en Europe de l'Est. Après tout, de nombreuses entreprises japonaises et européennes implantent déjà des usines au Mexique.

La stratégie numéro 4 — La joint venture avec l'Europe Les Etats-Unis, qui sont déjà les plus forts sur le marché mondial et bénéficient des plus grands avantages naturels pour la prochaine période d'expansion, sont incroyablement influents. Cette influence leur permet de dire aux autres nations et aux entreprises multinationales : « Si vous voulez accéder à nos marchés, échangeons nos technologies ou laissez-nous pénétrer vos marchés. » Cela leur donnera la capacité d'exiger la création de joint ventures. Le nouvel ordre économique mondial sera peut-être simplement une énorme joint venture à tous les niveaux — éclipsant finalement le pouvoir des gouvernements nationaux — mais pas avant de nombreuses décennies. Chaque bloc a quelque chose d'unique à apporter.

Les Européens se rendent compte qu'ils ont des marchés en pleine expansion, des produits de qualité et un bon savoir-faire en matière de conception. Mais ils n'ont pas les capacités de production bon marché, sauf dans certaines branches dominées par les Allemands, telles que l'industrie chimique. Et ils n'auront pas les dernières technologies en micro-informatique nécessaire à la personnalisation. Nous allons donc voir les firmes européennes souhaiter se lancer dans des joint ventures avec le Japon, pour ce qui est de la technologie de production en masse, et avec les Etats-Unis en ce qui concerne les micro-technologies permettant une production personnalisée.

La stratégie est évidente. Soit les Etats-Unis coopèrent avec les entreprises européennes là où cela est possible, soit ils regardent les Japonais le faire à leur place. Pour l'instant, soit parce qu'ils bénéficient de nombreux avantages et d'un bon positionnement, soit simplement parce qu'une bonne étoile veille sur eux, ils seront les leaders de l'économie mondiale. Est-il réellement pensable que les Japonais se contenteront de participer à la course ? Non, ils seront de féroces concurrents. Les Etats-Unis n'ont pas le choix, ils ne peuvent pas se permettre d'opter pour l'isolationnisme et le protectionnisme.

La stratégie numéro 5 — La joint venture avec le Japon et l'Extrême Orient Une fois qu'elles auront reculé sur de nombreux marchés internationaux, les entreprises japonaises se rendront compte que le seul moyen pour elles de repartir consiste à se lancer dans ces fameuses joint ventures. Elles seront obligées de regarder la réalité en face. Elles ne pourront plus se frayer un chemin à grands renforts de capitaux. Elles devront donc se lancer dans des joint ventures avec les entreprises européennes et américaines afin de maintenir leur présence sur les marchés qui connaîtront une plus grande croissance que les leurs. Le Japon va donc devoir jouer un rôle différent. Après avoir semblé sur le point de dominer l'économie mondiale, il devra s'orienter davantage vers la consultance en matière de gestion, de technologie et d'exploitation. Les Japonais peuvent aussi gagner du terrain en pratiquant la joint venture avec les pays qui ont des marchés.

Les entreprises américaines les plus intelligentes ne refuseront pas la joint venture avec les Japonais car ces derniers peuvent mieux gérer la production de leurs usines qu'elles-mêmes. Si les Etats-Unis implantent des unités de production au Mexique, il vaut peut-être mieux pour eux embaucher des dirigeants japonais ou sous-traiter aux Japonais la mise en route et la gestion de ces usines car ces derniers sont généralement plus forts que les Américains dans ce domaine.

De même, les Etats-Unis devraient viser les pays nouvellement industrialisés d'Extrême-Orient, comme Hong-Kong ou la province de Guangdong pour lancer des joint ventures et avoir un pied dans ces régions prometteuses.

> Nous verrons les entreprises américaines, européennes et japonaises pratiquer davantage la joint venture et échanger leurs capitaux, leurs technologies et leurs accès sur les marchés. La vraie tendance à long terme est la disparition progressive de l'Etat-nation en tant qu'unité économique et la montée des grandes multinationales en tant qu'entités économiques, voire politiques, de l'économie mondiale.

Quelque part dans le futur, nous verrons peut-être l'impact politique et économique de ces trois blocs commerciaux s'affaiblir, mais dans l'avenir proche, leur évolution et leur intégration plus profonde semblent inévitables — une étape intermédiaire nécessaire pour accéder à une véritable économie mondiale avec un libre-échange de dimension internationale.

8

Les stratégies d'investissement des années 90

Miser sur les secteurs rentables

TELEX

Ces vingt dernières années ont été propices aux types de placements permettant de se prémunir contre l'inflation, autrement dit l'or et l'immobilier. Mais l'inflation ne sera pas un facteur dans l'économie nouvelle qui se dessine. Ce nouveau cycle favorisera donc les actions des secteurs porteurs et les obligations à long terme... à condition d'agir au moment opportun. Aux Etats-Unis, les trois périodes d'investissement clef, de 1993 à 1997, de 1998 à 2006 et à partir de 2007, nécessiteront la mise en place de trois stratégies distinctes. Ces périodes d'investissement sont applicables en Europe et en France. En effet, le poids de l'économie américaine dans l'économie mondiale est tel qu'il gommera les particularités démographiques propres à la France (décalage des pics de natalité du baby boom).

Les investissements d'hier et les placements d'aujourd'hui

Dans les précédents chapitres, nous avons souligné les forces sous-jacentes de l'économie. Vous savez maintenant comment ces forces affecteront le scénario économique mondial. Vous savez quels sont les outils qui permettent de prévoir l'orientation et le calendrier de l'économie. Maintenant vous voulez savoir ce qu'il faut faire en ce qui concerne vos investissements personnels et commerciaux.

Voici un principe directeur. Laissez-vous guider par l'inflation (ou son contraire, autrement dit la déflation) pour savoir où investir. Et pour reprendre mon principal argument, n'oubliez pas que n'aurons pas d'inflation dans le futur immédiat.

Les années 70 et 80, deux décennies marquées par l'inflation, ont favorisé les investissements dans l'or et l'immobilier. Vous avez bien fait d'optimiser votre potentiel d'investissement en achetant de l'or dans les années 70 et des biens immobiliers dans les années 80. En prenant de la valeur, l'or offre à la fois une protection contre l'inflation et une sécurité en cas de crises mondiales telles, par exemple, que la crise du pétrole ou la prise des otages au Liban.

L'immobilier représentait une très bonne couverture — à effet de levier —contre l'inflation, notamment dans les années 80. Par effet de levier, j'entends que la hausse du marché a été aussi rapide, si ce n'est plus, que l'inflation — alors que vous n'avez eu à payer que le versement initial, correspondant à 20 % du montant total. Si vous avez acheté une résidence principale ou un autre bien immobilier, vous avez véritablement bénéficié de l'inflation puisque c'est grâce à elle que vos propriétés ont pris de la valeur, et vous vous êtes donc retrouvé en position de force — jusqu'à ce que le marché immobilier ait retrouvé ses esprits entre la fin des années 80 et le début des années 90.

Les investissements tels que l'or et l'immobilier accuseront une chute vertigineuse en 1993 et probablement jusqu'en 1994. Voyons donc la situation actuelle concernant la déflation.

Vous vous souvenez que pendant la période de récession déflationniste de 1980 à 1982, l'inflation est passée de 15 à 3 % aux Etats-Unis. Au sortir de cette récession, les taux d'intérêts ont décru, les prix ont chuté, la consommation a repris et nous avons connu une période d'expansion spectaculaire entre 1982 et 1986. C'était l'apogée du boom économique des années 80.

Au début, la déflation est toujours négative parce qu'elle entraîne des restrictions de crédit pour les entreprises faibles et suscite la surchauffe. Les entreprises qui ne peuvent pas rester compétitives en période de chute des prix font inévitablement faillite. Ce qui se traduit par une augmentation des taux de chômage et provoque une récession déflationniste. En fait, les pires récessions que nous ayons connues ont toujours été déflationnistes. La crise des années 30 ayant été la pire de toutes.

Toutefois, après avoir bouleversé le monde des entreprises, la déflation fait baisser les taux d'intérêts et les prix à la consommation, et relance le pouvoir d'achat. Une fois que la consommation peut reprendre, la seconde partie du cycle déflationniste s'avère positive. C'est ce qui s'est produit entre 1982 et 1986.

Entre 1990 et maintenant — et à mon avis jusqu'en 1997 — nous traverserons une seconde période déflationniste. De 1990 à 1992, l'inflation a commencé à décroître. L'économie s'est enfoncée dans la récession et les entreprises qui ne pouvaient plus rester dans la course ont commencé à fermer leurs portes. Même si la situation s'est aggravée en 1992, puis en 1993, mes prévisions laissent entendre que la spirale de la déflation devrait prendre fin entre fin 1993 et 1994. L'économie sortira ensuite de la récession de manière retentissante. Non seulement parce que les données démographiques indiquent que la plus grande vague d'enfants du baby boom s'apprête à acheter des maisons et à consommer, mais aussi parce que les taux d'intérêts vont baisser. Grâce aux progrès réguliers réalisés dans le domaine des nouvelles technologies, les produits seront de plus en plus abordables. Les entreprises plus solides, plus performantes domineront le jeu et réaliseront, par conséquent, de plus gros profits.

Au fur et à mesure que nous avançons dans cette période déflationniste où les nouvelles technologies font baisser les prix, les habitudes de consommation de la nouvelle génération favorisent la croissance économique. Les deux principaux secteurs porteurs des années 90 et au-delà seront les obligations à long terme et les actions des entreprises en expansion. Investissez surtout dans les valeurs dont le cours va nécessairement monter dans l'économie personnalisée, celles dont je parle en détail dans le chapitre 9.

La courbe de la consommation et les autres outils exposés dans les précédents chapitres indiquent qu'il y aura trois périodes distinctes favorables aux investissements : de 1993 à 1997, de 1998 à 2006 et à partir de 2006. C'est pourquoi j'ai élaboré une série de stratégies correspondant à chacune d'entre elles.

De 1993 à 1997

De 1993 à la fin 1997, nous verrons la déflation continuer, mais surtout les taux d'intérêts décroître rapidement. La croissance économique sera vertigineuse. Les énormes emprunts gouvernementaux et le taux de faillite générale qui ont fait monter les taux d'intérêts de 1992 à 1993 commenceront à diminuer. Même si les prix baissent en 1993, l'inflation ne reviendra pas au galop. Les prix resteront relativement stables après 1993 ou 1994, la déflation aura même tendance à se faire sentir jusqu'en 1997, avec au pire quelques poussées ponctuelles, mais modérées d'inflation.

D'après mes meilleures prévisions, les taux d'intérêts chuteront beaucoup plus modérément en 1994 et 1995, puis plus fortement de fin 1996 à fin 1997 ou début 1998. Mais il est toujours difficile de prévoir précisément les taux d'intérêts à court terme. La plupart des investisseurs devraient se contenter d'acheter et de conserver leurs obligations entre fin 1993 et fin 1997 ou début 1998.

Dans les années qui viennent, ce sont les obligations à long terme qui offriront les meilleures possibilités d'investissement au moindre risque. Dans cet ordre d'idées, il sera judicieux en France d'investir dans les emprunts d'Etat, les privatisations, les obligations émises par les entreprises (via notamment les SICAV obligataires) ou encore dans un contrat d'assurance-vie, qui à terme de 6 ou 8 ans, grossira votre franchise d'impôt. Il est bon aussi de jouer sur la décrue des taux d'intérêts en souscrivant des obligations approchant actuellement les 7 % et en attendant la décrue des taux du marché vers 4 ou 5 %. Entre 1994 et début 1998, notamment, je pense que les taux d'intérêts dégringoleront littéralement; je vous conseille, par conséquent, d'acheter le maximum d'obligations. A l'horizon 1998, votre capital devrait normalement avoir au moins doublé.

Les emprunts d'Etat représentent un placement sûr, car ces investissements garantis par le gouvernement vous assurent un revenu tout en continuant à prendre de la valeur.

C'est notre principale stratégie d'investissement en ce qui concerne le début des années 1990.

Une brève explication sur les obligations à long terme. (Si vous comprenez déjà le mécanisme des obligations à long terme et le rapport entre elles et les taux d'intérêts, passez immédiatement à la partie suivante. Si vous ne comprenez rien aux obligations et souhaitez en savoir plus sur les investissements qu'elles représentent, poursuivez).

Il faut acheter des obligations à long terme lorsque les taux d'intérêts vont être élevés. Pour les obligations sur 15 à 18 ans comme pour les obligations dites « à fenêtre », le gouvernement garantit pendant cette durée le taux d'intérêt en vigueur à l'époque où vous les avez achetées.

Si vous optez pour la sécurité, vous attendrez 15 ou 18 ans afin d'obtenir un rendement de l'ordre de 6 %. Il est possible que pendant des années, les obligations ne rapportent que 4 ou 5 %. La plupart des retraités et autres investisseurs préférant détenir un portefeuille leur assurant un revenu fixe et un taux d'intérêt élevé conservent leurs obligations jusqu'à l'échéance. Ils peuvent en effet se permettre de ne pas toucher à leur placement afin de recueillir les 6 %.

Les obligations sont également intéressantes pour ceux qui souhaitent réaliser une plus-value à plus court terme. Vous voyez, la chute des taux d'intérêts est avantageuse pour les obligations. Alors il faut en acheter le plus possible lorsque les taux sont élevés et espérer que ceux-ci retomberont plus tard. Mettons que vous achetiez une obligation pour 10 000 F, avec la garantie de toucher 6 % d'intérêts pendant 15 à 18 ans. Lorsque les taux tombent à 4 %, la prime à payer pour se garantir 6 % d'intérêts est importante. Sur le marché, cet avantage se traduit par une augmentation de la valeur de l'obligation, proportionnelle à la différence entre les deux taux sur la durée de l'obligation.

Si elles passent de 7 à 4 %, les obligations sur 15 à 18 ans doublent généralement de valeur. Par conséquent, le titre que vous aurez payé 10 000 F en vaudra 20 000. Pour ceux qui veulent prendre davantage de risques et réaliser un plus gros bénéfice, il existe des bons du Trésor à coupon zéro, vendus à prix très réduits mais qui ne rapportent pas d'intérêts. L'intérêt auquel on renonce est compris dans le prix d'achat. Les obligations à coupon zéro pourraient aller, non pas jusqu'à doubler, mais jusqu'à quadrupler si l'on suit le même scénario. Toutefois, si vous vous êtes trompé, vos pertes seront également doubles.

Je parlerai des actions dans la partie suivante. Mais même si les actions vont également monter en flèche et probablement au moins doubler à partir de fin 1994 et jusqu'en 1997, les obligations sont généralement considérées comme des investissements à moindre risque. Même si je me trompe, vous aurez fait un investissement qui vous rapportera au moins du 6 % et qui sera garanti par le gouvernement. Les obligations représentent donc un meilleur potentiel de plus-value compte tenu des risques encourus au cours de cette période.

Les actions ne constitueront donc pas le meilleur investissement durant le prochain renversement de tendance. Mais pour ceux qui préfèrent investir dans les actions ou favoriser les entreprises qu'ils connaissent, je suggère d'amasser progressivement les actions entre mai et novembre 1994, notamment si le CAC a fortement chuté d'ici là. Toutefois, si vous choisissez cette option, vous devez être prêt à tenir vos positions contre vents et marées, car la situation ne sera pas des plus stables. Sinon, je vous conseille de vous concentrer d'abord sur les obligations émises par les sociétés privées sérieuses, puis de laisser courir de fin 1993 jusqu'à début 1998 car les taux d'intérêts accuseront une chute vertigineuse au cours de cette période. Ensuite, vous pourrez commencer à vous défaire de vos obligations.

Le portefeuille idéal devrait comprendre entre 60 et 80 % de parts de sociétés privatisées et d'obligations commerciales à long terme, progressivement acquises durant le second trimestre 1993, 10 à 20 % de valeurs de croissance et 5 à 10 % de fonds de placement en instruments du marché monétaire ou de SICAV à court terme pour les besoins de trésorerie.

De 1998 à 2006

A partir de début 1998 à 2006/2010 environ, ce sont les valeurs de croissance de qualité qui rapporteront la plus forte plus-value. Il se peut qu'en dépit de la formidable croissance économique, la hausse des actions soit assez modeste au début du nouveau boom. La série de krachs, notamment ceux de 1987 et de 1993, aura évidemment un peu traumatisé les valeurs, malgré la spectaculaire hausse générale des cours entre 1982 et 1992. Les investisseurs auront par conséquent davantage conscience de la volatilité des cours du marché et des risques encourus. Mais lorsque l'expansion semblera vouloir s'installer, qu'il y aura peu ou pas d'inflation et que les taux d'intérêts chuteront, les actions démarreront. Elle subiront une très forte accélération précisément parce que les taux d'intérêts auront produit de très faibles rendements vers fin 1997 ou mi-1998. Comme nous l'avons vu en 1987 et 1992, la baisse des taux d'intérêts n'est pas seulement perçue comme le signe d'une croissance économique sur les places boursières, elle incite également les détenteurs d'obligations et de fonds de placement en instruments du marché monétaire à s'orienter vers les actions offrant un taux de rendement supérieur. D'après mes indicateurs à long terme, les actions rapporteront la plus forte plus-value de toutes les formes traditionnelles de placement à partir de début 1998.

Les outils prévisionnels indiquent que le Dow Jones va grimper pour atteindre jusqu'à 8 500 points entre 2006 et 2010 ! La grande majorité de ces hausses devraient intervenir en deux temps, entre fin 1994 et fin 2000 ou 2001, puis entre 2002 et 2006/2010.

Les obligations continueront à progresser lentement, mais elles auront donné leur rendement maximum entre 1994 et 1998.

Dans un deuxième temps, je recommande d'investir dans les actions qui augmenteront au cours de la prochaine période d'expansion. Il vous faudra lire les chapitres 9 et 10 pour savoir quels sont les marchés qui se développeront et quelles sont les stratégies commerciales qui fonctionneront dans le cadre de la prochaine économie. Les modèles de réussite que j'ai établi pour l'économie personnalisée devraient vous permettre d'évaluer le potentiel des entreprises de chaque branche industrielle.

Recommandations générales concernant les actions   Je ne vais pas analyser la situation de chacune des entreprises figurant sur la liste des cotations de la place de Paris afin de vous fournir le nom des valeurs en hausse. Avant tout, je ne pense pas pouvoir prétendre être en mesure de le faire. Les analystes financiers des agences de courtiers consacrent toute leur carrière à évaluer les petits segments du marché. Toutefois, je pense que pour déterminer quelles sont les actions ou les possibilités de placement dans lesquelles vous pouvez avoir confiance, la meilleure stratégie pour vous consiste à faire appel à votre connaissance et à votre expérience personnelle dans votre propre entreprise ou branche d'activité, ou à vos intérêts en tant que consommateur. J'ai rencontré de nombreuses personnes ayant réalisé de jolis profits à la Bourse américaine grâce à des actions telles que Home Depot dans les années 80, uniquement parce qu'elles avaient eu le sentiment qu'il s'agissait d'une grande idée qui allait forcément faire son chemin.

Utilisez les outils quantitatifs et qualitatifs exposés dans cet ouvrage pour localiser ces possibilités. Puis demandez à votre conseiller financier de vous indiquer quelles sont les entreprises qui répondent à vos critères. Le conseiller peut étudier de manière plus approfondie les différents risques et facteurs financiers qui affectent les entreprises dans lesquelles vous souhaitez investir. Voici quelques brefs conseils. Orientez-vous vers les actions des sociétés qui présentent :

Des dispositions pour la personnalisation. Cherchez les actions de croissance — les actions des entreprises qui se développeront dans l'économie personnalisée. Vous souvenez-vous des caractéristiques dont nous avons parlé au chapitre 6 ? Veillez à ce que les entreprises dans lesquelles vous voulez investir présentent les qualités suivantes :
- haut de gamme
- sur mesure
- rapidité du temps de réponse et de livraison
- service personnalisé

Des débouchés internationaux. Cherchez les entreprises qui, pour les raisons exposées dans le chapitre précédent, profiteront de la croissance aux Etats-Unis, en Europe, au Mexique et en Europe de l'Est. Soyez sélectif et veillez à ne pas acheter des actions dans les secteurs qui risquent de souffrir de la crise du Japon.

Des technologies de pointe. Dans chaque branche industrielle, il existe un segment ayant la réputation d'être dynamique sur le plan du R&D et d'exploiter toutes les technologies de pointe afin de se maintenir au plus haut niveau dans le domaine du software. Nous aborderons ces facteurs en détail dans le chapitre 10.

Des pratiques managériales de pointe. Les entreprises qui ont évolué en passant des structures de la hiérarchie verticale à la prise de décision dynamique sur le terrain permettant la réponse directe aux besoins des consommateurs prospéreront dans la nouvelle économie.

Des alliances stratégiques. Les petites entreprises qui s'allient aux plus grandes sociétés afin de réaliser des économies d'échelle et les grandes entreprises qui se lancent dans des joint ventures avec de plus petites sociétés axées sur l'innovation seront les grandes gagnantes au cours de la prochaine période d'expansion. Cherchez les grandes entreprises proposant des stratégies valables pour pénétrer sur les nouveaux marchés porteurs. Celles qui, à l'instar de Toyota avec Lexus, pratiquent la distribution des actions en fin d'exercice à de plus petites sociétés, afin de bénéficier d'avantages fiscaux et d'être compétitives sur les marchés des produits haut de gamme.

Le scénario boursier
Nos outils nous permettent de prévoir que la Bourse américaine commencera à exploser probablement dès le premier semestre 1994, mais plus probablement à partir du second semestre de la même année. Après un démarrage en flèche, nous pourrions assister à certains réajustements entre fin 1996 et 1997. Toutefois, le marché restera orienté à la hausse jusqu'à l'an 2000 ou 2001. Les Bourses européennes et française en particulier devraient être touchées par le même mouvement, mais avec un décalage d'une année au moins. A la fin de l'an 2000, la vague de consommation en logement de la génération du baby boom américain arrivera à

son plus haut niveau. Le marché sera toujours résistant, mais cette forte croissance devrait se terminer vers la fin de l'an 2000. Dans l'ensemble, la période entre mi-1994 et fin 2000 ou 2001 devrait être la plus favorable pour la Bourse.

> De fin 1997 jusqu'à la mi-1998, je vous conseille d'éliminer le plus grand nombre possible d'obligations de votre portefeuille en n'en conservant pas plus de 10 à 20 % environ, afin de pouvoir détenir 70 à 80 % d'actions et 10 % de liquidités. Les indicateurs laissent penser qu'à partir de fin 1997 ou début 1998, les actions augmenteront beaucoup plus que les obligations jusqu'à l'an 2000 ou 2001 environ.

A partir de la fin de l'an 2000 jusqu'en 2001, réduisez progressivement les actions afin de disposer de liquidités suffisantes pour faire face à un éventuel et important ajustement du marché. Au second semestre 2002, rachetez des actions et maintenez le cap jusqu'à ce que le marché atteigne son point culminant entre 2006 et 2010. Par mesure de sécurité, débarrassez-vous progressivement des actions à court terme et portez-vous sur les bons du Trésor plus sûrs, tels que les bons à court terme, entre 2006 et 2010. Pour apprendre à reconnaître le type d'entreprises qui réussira dans l'économie personnalisée, reportez-vous aux chapitres 9, 10 et 11.

A partir de 2006

Entre 2006 et 2010, les chances de spéculation et d'instabilité augmenteront car nous commencerons à entrer dans une période de crise, peut-être la plus grave de tous les temps. Je recommande, par conséquent, de passer progressivement à des placements plus sûrs : 60 à 90 % d'obligations à court terme et 10 à 20 % d'or ou autre métal précieux. Il est fort probable que les actions continuent de grimper jusqu'en 2010, mais je suggère de ne pas compter sur ces dernières années à moins de savoir où vous mettez les pieds.

Secteurs spécifiques d'investissement

L'or et l'argent L'or est une bonne couverture contre l'inflation, mais pas contre la déflation. Lorsque les gens se rendront compte que nous nous enfonçons dans une période de déflation, l'or continuera de perdre de son attrait. Dans l'ensemble, mieux vaut se tenir à l'écart de l'or et de l'argent durant les années 90. Ces investissements subiront la même évolution que les matières premières. De plus, les pays tels que la Russie et le Moyen-Orient, qui traversent de grosses difficultés économiques, pratiqueront le dumping sur le marché de l'or afin de réunir les liquidités dont ils ont besoin pour atténuer la crise économique. Mes indicateurs prévoient que l'or devrait atteindre ses valeurs plancher en 1994 pour ensuite, dans le meilleur des cas, opérer une lente remontée.

Il est fort probable que les cours de l'or progressent durant la première partie de la crise pendant l'année 1993 — lorsque le marché japonais s'effondrera et que l'incertitude gagnera les marchés internationaux — en raison du raz de marée de Tokyo. C'est à ce moment-là que la crise bancaire frappera l'économie mondiale. Mais une fois que la tendance s'orientera réellement vers la déflation, le cours de l'or suivra celui des matières premières, retombant vers les 200 $ l'once. Par conséquent, si vous voulez acheter de l'or, attendez 1994; mais ne vous attendez pas à un marché particulièrement haussier. Seuls les investisseurs sophistiqués qui maîtrisent le marché de l'or pourront se permettre de tirer parti des fluctuations à court terme. C'est un terrain dangereux pour les autres.

Les matières premières Les nouvelles technologies vont maintenir la baisse des prix des matières premières et des produits de base pendant la plus grande partie des années 90 et au début des années 2000. La vague de technologie va travailler contre les prix des matières premières. Le pétrole ne sera pas un bon investissement, alors évitez ce type de placement, notamment en 1993.

L'immobilier Là, on trouve un peu de tout. L'immobilier devrait toucher le fond en 1993 dans de nombreux secteurs ou, au plus tard, en 1994 en région parisienne et sur la Côte d'Azur où les prix sont particulièrement gonflés. Ce qui signifie que la période sera propice aux achats. Durant la période d'expansion, le marché immobilier remontera, mais se conformera à la loi de l'offre et de la demande. Il ne sera pas aussi explosif que dans les années 70 et 80, où il était alimenté par l'inflation.

Oui, l'immobilier sera un bon placement si vous achetez de bonnes propriétés dans les régions en pleine croissance. Dans la plupart des cas, ce sera un bon investissement à partir de 1994, mais le temps où n'importe qui pouvait acheter n'importe quelle maison ou propriété et réaliser de gros profits est terminé. Même s'il est évident que l'immobilier profitera de l'expansion, il est probable qu'il ne progresse pas autant que les valeurs de croissance. Quoiqu'il en soit, c'est un investissement à effet de levier pour lequel vous pouvez emprunter. En outre, les ménages continueront certainement à vouloir accéder à la propriété et les entreprises devront s'assurer des biens immobiliers stratégiques.

A l'investisseur immobilier, je recommande les trois stratégies suivantes :

Optez pour les locaux commerciaux hauts de gamme. Une fois que nous serons sortis de cette récession, ce choix s'avérera une nécessité. Les entreprises seront contraintes d'améliorer leur image de marque durant la période d'expansion afin de pénétrer les marchés de la personnalisation de haute qualité. Etant donné qu'il y a eu surconstruction de locaux commerciaux dans de nombreux secteurs, il y aura d'incroyables affaires à faire au plus fort de la récession.

Optez pour le logement haut de gamme. Achetez des logements de standing dans les quartiers chics. La plus grande partie de la génération du baby boom américain va acquérir sa plus grande résidence principale durant la vague d'achats en logement entre fin 1993 et l'an 2000. En France, il est probable que cette vague commencera vers la fin 1994 à la faveur des incitations fiscales et de la baisse des taux d'intérêt. Les maisons qui se vendront aux prix les plus élevés sont les grandes maisons chères. Ce sont elles qui seront probablement le plus touchées durant la récession, offrant une bonne opportunité d'achat.

Optez pour les zones de faible urbanisation. Les secteurs immobiliers qui connaîtront la plus grande croissance seront sans doute les petites villes à l'écart des énormes zones métropolitaines congestionnées. Nous aborderons cet aspect plus en détail dans le chapitre 9, mais il est déjà important de savoir qu'une nouvelle tendance migratoire se dessine. Au cours du cycle technologique des années 1900, nous avons quitté les villes pour la banlieue. Durant le prochain cycle, nous assisterons à une autre migration vers les petites villes pour des raisons de sécurité, d'éducation, de qualité de vie et de qualité de l'environnement. Les nouvelles technologies permettront aux gens de travailler plus facilement chez eux et aux entreprises de relocaliser certains de leurs services — notamment les services informatique et financier — dans des villes plus petites ou en grande banlieue. Les gens n'auront plus à habiter Paris, dans les métropoles régionales ou dans leur cité-dortoir.

> Le marché immobilier connaîtra sa plus forte hausse dans les villes moyennes telles que Toulouse, Aix-en-Provence, Strasbourg, Brest et autres villes similaires. Les gens se disperseront dans les zones de faible urbanisation. C'est la prochaine grande migration, qui aura lieu sur de nombreuses décennies, au fur et à mesure que la nouvelle économie se développera. Mieux vaut donc éviter d'acheter dans le centre des grandes villes.

A l'avenir, les investissements qui rapporteront le plus seront les choses réelles et tangibles, les bonnes entreprises, les bonnes obligations et les bons placements immobiliers. Nous abandonnerons les couvertures contre l'inflation pour revenir aux investissements qui génèrent la croissance des entreprises. Dans le chapitre suivant, nous allons voir de plus près comment la vague de consommation et la vague d'innovation de la génération du baby boom va affecter les entreprises individuelles et les marchés régionaux. S'ils apprennent à étudier ces courbes, les investisseurs pourront choisir les actions qui les intéressent. Elles permettront par ailleurs aux entreprises de bien choisir leurs marchés.

Comme je l'ai déjà suggéré, vous devriez maintenant lire les conseils exposés dans les trois chapitres suivants afin d'évaluer vos possibilités de placement.

9

Les marchés porteurs des années 90

Quels seront les secteurs vedettes et les secteurs perdants du prochain boom ?

TELEX

Il est parfaitement possible de savoir quels sont les secteurs d'activité d'avenir... *bien avant la venue de l'expansion !* Pensez aux implications de cette affirmation. Vous pouvez adapter votre planning et vos calendriers en localisant les nouveaux segments de marché avant qu'ils n'entrent dans leur période de croissance rapide. Vous pouvez profiter de la période de récession actuelle pour vous préparer à l'explosion sans précédent que connaîtront les marchés de demain !

Ne vous laissez pas distancer

Il ne suffit pas de savoir que nous allons vivre une période de croissance, même s'il s'agit du plus grand boom de tous les temps. Bien sûr, cela veut dire que le gâteau sera plus gros et que nous connaîtrons la prospérité. Mais cela signifie également que la concurrence va s'intensifier sur les nouveaux marchés porteurs.

C'est au sortir de la récession que se présenteront les meilleures occasions de gagner du terrain. Beaucoup d'entreprises seront encore prudentes, la plupart n'étant pas en meilleure forme. Vous disposerez de nombreuses possibilités pour conquérir des parts de marché dans votre secteur d'activité. Mais pour cela vous devez être prêt. Vous devez analyser vos marchés, identifier les segments gagnants et être prêt à passer à l'offensive à la fin de la récession.

C'est l'objet de ce chapitre : comment cibler les marchés porteurs des années 90 dans votre secteur d'activité.

Si vous voulez augmenter vos chances de profiter de la prospérité dans les quinze années à venir, vous devez prendre le contrôle de votre destinée. Vous devez vous informer sur les produits vierges apparaissant sur les nouveaux marchés. Vous devez suivre l'évolution des tous derniers créneaux qui commencent à empiéter sur les marchés solidement implantés. Vous devez estimer quand faire votre entrée sur les marchés porteurs. Il vous faudra sans doute abandonner complètement les produits qui ne marchent pas très bien — ou peut-être voudrez-vous vous adapter à la nouvelle économie personnalisée en donnant un second souffle aux segments en perte de vitesse.

Marchera ? Ne marchera pas ? Comment savoir ?

La première chose à faire est de chausser de nouvelles lunettes ! J'ai l'habitude de dire que je regarde notre monde avec une paire de lunettes différentes de celle des autres. Je vois les choses du point de vue de la nouvelle économie personnalisée et des principes de croissance, de productivité et de gestion qui vont de pair. Je vois des opportunités là où les autres ne voient que le déclin. Pourquoi ? Simplement parce qu'ils regardent les entreprises standardisées traditionnelles qui stagnent ou tombent en ruines. Je vois que le potentiel de croissance réside dans les créneaux spécialisés qui remplacent peu à peu les marchés et les produits standardisés traditionnels.

La plupart des chefs d'entreprise ne voient que les problèmes. Ils prétendent que « les enfants du baby boom ne sont pas disciplinés et, par conséquent, ne sont pas productifs en affaires ».

Je considère pour ma part que la génération du baby boom est hautement créative et productive. Je sais qu'elle peut être largement motivée dans un contexte favorable. Je suis convaincu que la croissance est possible si nous modifions nos pratiques managériales et notre structure logistique.

C'est pourquoi je vous demande de chausser de nouvelles lunettes et d'ouvrir grands les yeux. Regardez ce qui se profile à l'horizon. L'information est là. Tout ce que vous avez à faire c'est apprendre à la reconnaître. Dans ce chapitre, je vous donnerai les outils qui vous aideront à porter un regard plus perspicace autour de vous. Ainsi vous pourrez prendre une longueur d'avance sur le peloton. Vous serez capable de reconnaître les tendances lorsqu'elles se dessineront et avant que les observateurs moins sagaces ne les devinent. Au moins, vous éviterez le piège de conserver des produits ou des segments qui courent à leur perte.

Prenons nos deux outils de base, la courbe de la consommation et la courbe de l'innovation, et appliquons-les, non plus à la macro-économie, mais aux prévisions concernant les différents marchés et les différentes entreprises. Voyons d'abord la courbe de la consommation, parce qu'elle nous dit que la génération du baby boom consomme selon des schémas prévisibles. A partir du moment où ils entrent dans la population active, les membres de cette génération acquièrent de l'expérience, gravissent les échelons de leur carrière, deviennent plus productifs, gagnent et dépensent leurs revenus selon un calendrier prévisible. Ils atteignent leur consommation maximale vers 49 ans. En fait, les enfants du baby boom sont tellement nombreux à adopter simultanément le même comportement de consommation que nous pouvons prévoir le cours de l'économie.

Les grandes catégories de dépenses par branche industrielle

Aussi évident que cela puisse paraître, je le dirai quand même : les enfants du baby boom ne consommeront pas au même âge pour tous les produits. La figure 9-1 illustre les différentes pointes de consommation en fonction des secteurs.

L'étude de ces catégories de dépenses permet d'apprendre beaucoup de choses sur les principales caractéristiques du prochain boom. Je vais maintenant décrire en quelques mots le schéma et indiquer l'impact de chacun sur le boom général.

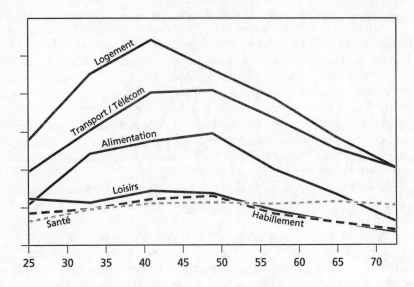

*Figure 9-1. Schéma des dépenses relatives aux principales branches indus-
trielles (Source : I.N.S.E.E.)*

Habillement. La consommation en vêtements culmine entre la fin
de la trentaine d'années et le début de la quarantaine. En effet, les
jeunes adultes ont davantage conscience de la mode car ils progressent sur le plan professionnel et social et ont des enfants adolescents
qui suivent la mode de près.

Automobiles. La consommation en matière de transports culmine
vers la fin de la quarantaine, en suivant de très près le point culminant de la consommation en général.

Divertissements. La consommation en matière de divertissements
culmine entre la fin de la trentaine et le début de la quarantaine car
les jeunes adultes dépensent plus pour leurs divertissements et ceux
de leurs enfants adolescents.

Alimentation. La consommation alimentaire culmine vers la fin
de la quarantaine en suivant le cycle de la consommation générale,
même si la consommation alimentaire à domicile culmine plus tôt.
Un phénomène influencé par les adolescents. Lorsque les enfants

commencent à quitter le domicile familial, les parents sortent davantage au restaurant.

Santé. Les coûts de la santé sont les seuls à demeurer relativement stables. Ils progressent tout au long de la vie de chacun. Puis, dans les derniers six mois environ, lorsque le plus fort pourcentage de dépenses de santé surviennent, ces coûts accusent généralement une montée en flèche.

Assurances. La consommation en matière d'assurances culmine entre la fin de la quarantaine et le début de la cinquantaine, car la plupart des ménages prennent leurs dispositions afin de pouvoir subvenir à leurs besoins en cas de décès du chef de famille.

Et, naturellement, ce qui est de la plus grande importance pour vous et pour l'industrie :

Le cas particulier du logement

Logement. Comme nous l'avons vu, l'énorme impact du plus grand investissement de la plus grande génération du siècle intervenant selon un calendrier prévisible détermine l'orientation générale de l'économie.

Après avoir atteint son niveau le plus haut, vers 43 ans, la consommation en logement en ce qui concerne les résidences principales décroît lentement jusque vers 48 ou 49 ans, âges à partir desquels la courbe chute brutalement. Une minorité de consommateurs achète une résidence secondaire ou une maison de vacances à la cinquantaine. A partir de 60 ans, de nombreuses personnes emménagent dans une forme ou une autre de logement pour retraités.

N'oubliez pas que la génération du baby boom regroupe trois vagues successives. En France, la première vague du baby boom, née en 1946 a aujourd'hui 47 ans. Mais cette génération reste encore très demandeuse de résidences principales, la « pointe du logement » ayant été décalée par de nombreux éléments conjoncturels : insuffisance de l'offre, taux d'intérêts trop élevés, conditions draconiennes imposées par les banques. A la faveur de la détente

des taux de crédit, de l'encouragement fiscal à investir dans l'immobilier, le marché du logement français devrait connaître un sursaut
dans les mois à venir, vers le second semestre 1994. A ce phénomène conjoncturel s'ajoutent en France des mesures d'ordre structu-
rel, comme les aides à l'accession à la propriété, qui indépendam-
ment de l'évolution démographique draînent des couches de
population plus jeunes sur le marché du logement. Que vont-ils
faire ensuite? Acheter des maisons de vacances. La récession va
provoquer un profond déclin du marché des résidences secondaires
dans de nombreuses régions. Mais lorsque la première vague
d'enfants du baby boom fera son incursion dans ce domaine, ce
sera le bon moment d'acheter ce type de résidences car les acheteurs
de la seconde, puis de la troisième vague achèteront ensuite pendant
de nombreuses années. Les entrepreneurs devraient peut-être
attendre que les stocks excédentaires aient été écoulés et que les
prix recommencent à monter avant d'entrer sur le marché de la
maison de vacances.

Les enfants français du baby boom de la seconde vague auront
46 ans vers 2005. Leur demande en résidence principale va culminer vers 1997.

Tandis que la récession prolongée réduit l'offre excédentaire de
logement due à la surconstruction des années 80, l'énorme
deuxième vague d'enfants du baby boom s'apprête à conduire l'économie vers la plus forte demande de logements. Les membres de
cette génération auront autour de 38 ans cette année. Ils vont arriver en masse sur le marché des grandes résidences principales au
cours des dix ans à venir — de 1994 à l'an 2000 ou 2005, pour être
plus précis. Mes calculs concernant cette période découlent de
l'indicateur du logement selon lequel la consommation atteint son
point culminant vers 43 ans. En d'autres termes, le logement va
connaître une croissance vertigineuse entre 1995 et 2005 avant que
la demande n'atteigne son niveau maximal. Et n'oubliez pas que les
enfants du baby boom iront s'installer en banlieue ou plus probablement dans les petites villes s'ils ont les moyens d'habiter à l'écart
des grandes métropoles.

C'est le marché des résidences principales qui connaîtra la plus
forte augmentation de consommation. Pour les investisseurs, c'est
également celui qui sera le plus touché par la récession, car les
quelques personnes qui achètent s'orientent vers les logements
moins chers. Toutefois, après la récession, c'est cette catégorie qui
prendra le plus de valeur. Les entrepreneurs devront oublier les

petites maisons qui ont déjà connu leur période de croissance dans la plupart des régions et se concentrer sur les grosses résidences principales. N'oubliez pas que je prévois également une forte baisse des taux d'intérêts entre 1994 et 1997, ce qui incitera encore plus à acheter des maisons plus vastes et présentant davantage d'options. D'après mes prévisions, vous pourrez pratiquement vous offrir le double de surface pour le prix que vous paieriez aujourd'hui, car les taux de l'emprunt hypothécaire vont baisser jusqu'à 5 ou 6 % et la récession va ramener les prix de l'immobilier à un niveau réaliste. Là encore, cette formidable hausse du pouvoir d'achat fera plus que compenser les baisses éventuelles concernant les petites maisons. Par conséquent, les marchés du logement de standing sont ceux qui se développeront le plus.

> Le logement sera l'une des industries les plus florissantes dans les dix ans à venir. Mais attention. De nombreux entrepreneurs ne sauront pas interpréter les tendances et continueront à construire ces petites maisons dont plus personne ne voudra. Certes, ces petites maisons se sont bien vendues par le passé — à l'époque où, comme prévu, la génération du baby boom en voulait. Les vendeurs devront pratiquer des remises sur ces petites maisons afin de les vendre aux membres de la génération moins nombreuse avant de tirer les leçons de l'étude de ces tendances de la consommation. Les gens qui comprennent le mécanisme de la pyramide des âges et de la courbe de la consommation s'efforceront de rendre les plus grandes résidences principales plus abordables. Et les consommateurs les attendront de pied ferme dans les régions où ils veulent vivre. Tout cela est prévisible.

Les sociétés immobilières avisées suivront la courbe des résidences principales vers les résidences secondaires, puis les communautés de retraités. Elles profiteront de la génération du baby boom tout au long de sa vie et de son cycle de logement.

Nous verrons les appartements et les locations reprendre dans la seconde moitié des années 90, car la première vague de la prochaine génération commencera à entrer dans la population active.

Toutes les industries liées à la construction des logements en général et à la construction des résidences de standing en particulier — plomberie, menuiserie, luminaires, moquette, électroménager, charpente, briqueterie, fabricants de fenêtres, de piscines, accessoires de jeux — devraient s'efforcer de rendre la qualité haut de gamme accessible à un marché en expansion.

Evolution des produits et des services

En fait, la pyramide des âges nous permet d'affiner les schémas de consommation au-delà de ces grands secteurs industriels. Chaque produit ou service de consommation varie en fonction des âges — du logement aux saucisses de Francfort en passant par les chips en ce qui concerne les produits et les soins vétérinaires en ce qui concerne les services. Les données annuelles fournies par les études de l'I.N.S.E.E. sur les dépenses des ménages (figure 9-2) permettent de comprendre les habitudes de consommation de milliers de consommateurs. En voici trois exemples :

Les sucreries culminent vers 40 ans. Maintenant, vous pouvez vous demander si « à la quarantaine, les gens mangent réellement autant de sucreries ? » La réponse est non. Ce sont les adolescents qui entraînent la demande de ce produit — les statistiques nous disent que le nombre de calories absorbées en moyenne par un enfant culmine vers 14 ans. Il se trouve simplement que dans la plu-

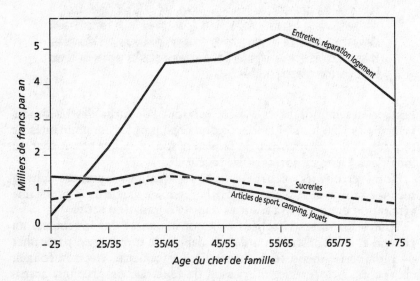

Figure 9-2. Consommation moyenne des ménages par âge pour trois produits et services (Source : I.N.S.E.E.)

part des familles où les parents ont 40 ans, on trouve un adolescent de 14 ans. C'est pourquoi nous constatons cette pointe dans la courbe de consommation des sucreries. Il en va de même pour de nombreux autres produits d'épicerie et les aliments sans valeur nutritive.

Les articles de sport, camping, jouets culminent peu après 40 ans. Vous savez déjà pourquoi, je suppose. Eh bien oui, c'est l'âge auquel les enfants de ces parents qui ont à peine la quarantaine vivent encore avec eux. Naturellement, lorsque les enfants quittent la maison, ces dépenses suivent le même chemin.

Les dépenses d'entretien et de réparation du logement culminent à un âge avancé, vers 68 ans. Pourquoi ? Là encore, le bon sens nous donne la réponse. Si la plupart des gens achètent leur résidence principale au début de la quarantaine, il y habitent généralement encore à la fin de la soixantaine. Au bout de 20 à 30 ans, le logement nécessite certains travaux. Il est plus courant d'entendre une personne de 60 ans qu'une personne de 30 ans dire : « Je ne vais pas passer mon week-end à risquer ma vie sur le toit pour nettoyer les gouttières. Je vais faire venir une entreprise. »

A chaque produit ou service de consommation correspond une vague de consommation par âge différente, qui croît jusqu'à un certain point de l'existence, atteint son point culminant, puis décline de manière prévisible. Outre le secteur de la santé, qui n'atteint jamais des sommets, certaines catégories ne se fondent pas dans le moule. Au second chapitre, nous avons vu que l'épargne connaît deux pointes successives, une au milieu de la quarantaine pour le financement des études supérieures, suivie d'une plus forte chez les septuagénaires retraités. De même, certaines catégories de produits suivent ce schéma « à deux bosses ». L'une d'entre elles est le matelas !

Pourquoi la courbe de consommation des matelas ressemble-t-elle à un dromadaire ? Naturellement, la première « bosse » correspond au moment où, entre 35 et 45 ans, les gens achètent leur résidence principale. La consommation devrait-elle chuter une fois que les enfants quittent la maison ? C'est ce que l'on est tenté de croire. Pourtant nos statistiques indiquent le contraire. Au moment où les enfants partent, nous arrivons à l'âge où nous souffrons davantage du dos ! Par conséquent, nous achetons de nouveaux matelas. Plus fermes, plus mous, adaptés aux problèmes de colonne vertébrale — quels qu'ils soient, ces matelas sont plus coûteux.

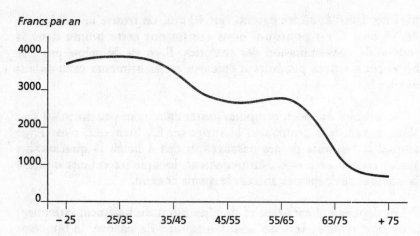

Figure 9-3. La courbe de consommation de matelas par ménage, en moyenne et par âge (Source : I.N.S.E.E.)

Vous pouvez prévoir la croissance des produits et des services de consommation tout comme nous avons prédit l'orientation générale de l'économie. A chaque produit correspond une courbe de consommation, ce qui permet de calculer le moment où la consommation concernant ce produit atteindra son point culminant.

En général, l'homme a des réactions prévisibles. Il suffit d'ouvrir les yeux pour savoir à quel moment nous achetons des couches pour bébé, des vêtements, des logements et des animaux et à quel moment nous avons mal au dos etc.

Un service informatique que j'ai mis sur pied me donne les courbes de consommation année par année pour n'importe laquelle des centaines de catégories détaillées dans l'enquête. Pour toute information concernant ce service, reportez-vous à la fin de ce livre.

Finalement, si votre entreprise est axée sur les produits grand public, le meilleur moyen de cibler les marchés en fonction des âges consiste à commencer par réunir les données démographiques concernant votre clientèle. Je recommande à la plupart des entreprises d'établir leurs propres courbes de consommation pour chaque marché qui les intéresse. Elles peuvent ensuite se servir des statistiques locales ou régionales sur la répartition de la population par âge afin d'établir des projections sur la consommation et la croissance de ces marchés.

Vous pouvez projeter la courbe de consommation d'un produit ou d'un service dans n'importe quel pays, région, département, code postal ou même quartier. Nous pouvons projeter la consommation sur un produit dans n'importe quel marché local ou n'importe quelle région à l'aide de deux données. Tout d'abord, la courbe de la consommation du produit. Deuxièmement, la répartition par âge par rapport au marché ou à la région. Une fois que vous avez obtenu les statistiques locales concernant la répartition de la population par âge, vous pouvez, à l'aide d'une projection, prévoir comment sa consommation se modifiera au fur et à mesure qu'elle vieillira.

Vous connaissez déjà, par exemple, le schéma concernant la consommation de sucreries par âge. Dans toute zone à code postal du pays, où vous pouvez déterminer qu'il y a une forte population d'adolescents approchant la pointe des 14 ans, vous pouvez localiser les meilleurs marchés porteurs pour ce produit et prévoir, tout au moins en gros, quelle sera la consommation de sucreries. Notre économie est encore plus prévisible, même au niveau micro-économique, que nous l'avons toujours pensé.

J'ai mis au point un modèle qui permet de réunir tous les détails concernant les produits et les marchés locaux. Il me permet de fournir rapidement et à moindre coût toutes les données aux entreprises et aux particuliers qui veulent établir des prévisions, qu'il s'agisse de quand et où acheter un logement ou des marchés locaux les plus porteurs. Je me suis servi de ce modèle pour vous donner une idée des 20 premières catégories de produit de consommation qui vont se développer au cours des dix années à venir. Voici :

Les secteurs porteurs

Cette liste, établie à l'aide de mon modèle démographique informatique, des 20 premiers secteurs porteurs en termes de pourcentages montre ce qu'il faut chercher à développer entre 1994 et 2004 au cours du grand boom. Le classement est donné dans l'ordre décroissant.

Liste des 20 produits et services les plus porteurs
- Camping-cars
- Canots automobiles
- Entretien des toitures et des gouttières
- Enseignement universitaire
- Vestes de sports pour hommes
- Achat et installation de réfrigérateurs/congélateurs
- Cuisinières, fours
- Domestiques
- Location de véhicules
- Livres scolaires et fournitures universitaires
- Pull-overs et vestes d'hommes
- Robes pour femmes
- Equipement de sports d'hiver
- Pose de moquette
- Enseignement élémentaire et secondaire
- Accessoires féminins
- Cotisations de clubs
- Frais de comptabilité
- Manteaux et vestes pour hommes
- Lunettes et verres de contact

Règle d'or : les plus grands marchés des années 90 seront dominés par les achats de la génération du baby boom de la tranche d'âge des 35/44 ans et de leurs enfants âgés de 1 à 10 ans. Ce sont les deux plus grands segments porteurs identifiés à l'aide de la pyramide des âges. Mais le plus fort pourcentage de croissance viendra des produits qui culminent dans la tranche d'âge des 45/54 ans, lorsque l'élite de la génération du baby boom atteint cet âge. Les Les études de l'I.N.S.E.E. vous donneront les produits de pointe concernant ces tranches d'âge. Etudiez également la question du point de vue de la qualité. Au fur et à mesure qu'ils vieillissent et gagnent davantage, les enfants du baby boom se portent vers la qualité supérieure dans la plupart de leurs achats. Autrement dit vers les grands pavillons de banlieue, les voitures haut de gamme, les breaks et les monocorps et, comme sport, le golf... etc. Voici d'autres grandes catégories de dépenses moins spécifiques que les précédentes. Vous pouvez vous attendre à voir ces secteurs se développer au cours des dix prochaines années, au moment où la génération du baby boom entrera dans la tranche d'âge des 35/44 ans :
- Ordinateurs et logiciels familiaux

- Alimentation (en raison des adolescents de 14 ans)
- Restaurants — de type familial pour les enfants qui commencent à sortir et de standing pour les parents qui dînent en ville de temps à autre
- Automobiles de luxe
- Grandes maisons familiales
- Mobilier et électro-ménager
- Assurances vie
- Epargne
- Emprunts hypothécaires
- Courtage en placements
- Habillement pour enfants et adultes
- Divertissements
- Soins médicaux et dentaires
- Voyages d'affaires
- Construction commerciale

Les secteurs *non* porteurs

Voici, classés par ordre décroissant, les 20 produits et services qui se développeront le moins. Vous noterez que nombre d'entre eux sont liés aux besoins et centre d'intérêts des jeunes enfants. Il est en effet évident que durant la période d'expansion, les enfants dont les parents appartiennent à la génération du baby boom seront en train de passer de l'adolescence à l'âge adulte.

Liste des 20 produits et services les moins porteurs
- Baby-sitting
- Frais de garderie et dépenses préscolaires
- Layette
- Bicyclettes
- Consoles et jeux vidéo
- Soins en maison de convalescence ou de repos
- Laveries automatiques et services de nettoyage à sec
- Objets d'occasion
- Jouets, jeux, passe-temps et tricycles
- Jupes et culottes pour fillettes

- Chemisiers, corsages et pull-overs pour fillettes
- Pantalons pour garçons
- Location de cassettes vidéo
- Equipement photographique
- Leçons particulières
- Réfection de meubles
- Cassettes vidéo, cassettes audio et disques
- Aliments et soins pour animaux
- Mobilier de cuisine et de salle à manger
- Téléphones et accessoires

Courbes en S technologiques et sociales de la génération du baby boom

Les dénominateurs communs des nouveaux produits et services qui arrivent dans notre économie ne relèvent pas nécessairement d'une distinction entre la technologie de pointe et la technologie sommaire, mais de quatre qualités fondamentales que la génération du baby boom apporte sur le marché. Nous avons abordé celles-ci dans le chapitre 5. Vous les appellerez, comme il vous plaira, des priorités ou des exigences. Que cela vous plaise ou non, les enfants du baby boom exigent :

- des produits et des services haut de gamme à valeur ajoutée
- le sur mesure répondant aux besoins individuels
- un temps de réponse et une livraison rapides
- un service personnalisé

Ces quatre priorités sont les facteurs les plus déterminants de ce que j'appelle l'économie personnalisée. Lorsqu'un groupe de la taille de la génération du baby boom exprime des priorités aussi marquées, le nombre crée à lui seul la demande sur le marché. Apprenez à le reconnaître et élaborez vos stratégies afin d'en tirer parti.

Des créneaux spécialisés à la consommation courante

Tandis que votre attention s'est détournée à cause de l'inflation des années 70, puis des écrans de fumée liés à l'activité économique des années 80, il s'est produit une formidable période d'innovation technologique. Toutes sortes de nouveaux produits et services ont été développés. Bien que beaucoup aient eu tendance à croire qu'elles resteraient confinées dans des créneaux spécialisés, ces nouvelles technologies ont progressivement conquis les parts de marché des produits standardisés traditionnels. Nombre d'entre elles, développées par des entrepreneurs issus de la génération du baby boom et de nombreux autres qui ont su reconnaître la demande potentielle de cette génération, sont prêtes à connaître une phase d'expansion car elles sont en train de se transformer en produits de consommation courante.

L'astuce consiste à identifier les produits qui vont passer d'un créneau spécialisé représentant, disons, entre 10 et 50 % du marché à une pénétration de 50 à 90 % au cours des années de croissance à venir. Pratiquement tous les secteurs industriels vont connaître ce phénomène.

Exemples des courbes en S du passé Nous avons déjà parlé du développement des pneus à structure radiale par rapport aux pneus à structure axiale et de l'adoption des automobiles jusqu'au moment où les ménages ont commencé à posséder deux véhicules. Le passé nous fournit d'autres exemples :
- Le CD qui a remplacé le disque vinyl dans les années 80
- L'apparition des distributeurs automatiques dans les années 70 et au début des années 80
- Les cartes de crédit — années 60, 70 et 80
- Le développement des ordinateurs personnels et l'informatisation des bureaux de la fin des années 70 aux années 80

Exemples des courbes en S naissantes des années 90
- Les voitures de luxe — 10 % à la fin des années 80, atteignant 90 % vers 2010
- Les pneus tous temps

- Les télécopieurs
- Les téléphones cellulaires de voiture
- L'équipement des forces de vente sur le terrain en ordinateurs portatifs — moins de 5 % actuellement, allant vers 10 % vers le milieu des années 90 et atteignant 90 % au plus fort du boom
- Les industries liées à l'épuration de l'environnement — elles ont atteint le niveau tremplin des 10 % vers la fin des années 80. Leur croissance et leur nombre se multiplieront pour atteindre les 90 % à la fin du boom — ce qui entraînera une législation en masse et de nombreux débouchés commerciaux dans le domaine de « l'épuration ».
- La restauration rapide de qualité supérieure, offrant des produits frais, des spécialités ethniques ou autres — des glaces au yaourt
- La mode masculine italienne — motifs à fleurs, cravates larges; pantalons à pinces, à revers, vestes sans fente dans le dos et coupes larges
- Le remplacement des machines standardisées par un équipement de production souple
- Les hôtels offrant chambres avec petit déjeuner compris et hôtels avec services de conciergerie à l'étage
- Les produits chimiques spécialisés
- Les aciers spécialisés
- Les mini-aciéries sur les marchés régionaux
- Les puces électroniques sur mesure
- Les installations sanitaires en matière synthétique de pointe
- Les practices de golf
- Les distributeurs automatiques pour automobilistes
- Les chaînes de boutiques spécialisées — de l'habillement à l'épicerie fine
- La livraison à domicile de produits alimentaires et autres
- L'alimentation haut de gamme — glaces Häagen-Dazs
- L'outillage de jardin haut de gamme

Le chapitre suivant aborde une sélection de ces produits et services de manière plus détaillée afin de montrer les changements qui vont s'opérer dans les stratégies commerciales au cours des prochaines décennies.

Quelles sont les courbes en S naissantes qui approchent des 10 à 90 % ?

Six clefs pour identifier les courbes en S sur le point de démarrer
- S'agit-il d'une tendance qui se confirmera avec le temps ou plutôt d'un engouement passager ?
- Le produit ou le service en question connaîtrait-il de plus grands débouchés si le prix baissait ou s'il devenait considérablement plus facile à utiliser ou à apprendre ?
- Le produit a-t-il une position ferme au sein du créneau spécialisé, laissant penser qu'il a atteint 5 à 10 % de son marché potentiel ?
- Sur les marchés de la consommation, le produit ou le service a-t-il déjà réussi à pénétrer les marchés des revenus supérieurs ou des yuppies et commence-t-il maintenant à attirer les acheteurs de la haute bourgeoisie ?
- Le produit ou le service a-t-il montré une baisse constante du coût et du prix, attirant ainsi de plus grands marchés ?
- Le produit ou le service répond-il aux quatre principaux critères de qualité de l'économie personnalisée ou aux grandes tendances sociales dont nous avons parlé dans la partie précédente de ce chapitre ?

Prévoir la seconde vague des principales courbes en S   Comme nous l'avons vu dans le chapitre 6, il faut généralement une courbe en S d'innovation et une courbe en S de croissance pour qu'une tendance se confirme véritablement. La première courbe en S correspond à une innovation radicale ou une nouvelle orientation. La seconde apparaît vers la phase de maturité de la première, autrement dit lorsque celle-ci atteint les 90 %. Elle apporte des innovations complémentaires et des orientations qui confirment la tendance et la pousse à devenir un phénomène grand public. Ces deux tendances s'inscrivent dans le cycle de vie des produits dont l'évolution comporte quatre phases : innovation, expansion, surchauffe et boom de maturité.

Toutes les entreprises doivent étudier les nouveaux segments apparaissant dans leur secteur d'activité. Cherchez les tendances qui se forment autour des grandes lignes de l'économie personnalisée. Cherchez les signes de maturation d'une première phase et l'émergence de la phase suivante. Etant donné que cette émergence devrait se produire au cours de la phase de surchauffe du produit ou de la branche industrielle, ne vous laissez pas perturber par les turbulences de la surchauffe.

Au chapitre 5, j'ai donné l'exemple des bloc-notes informatiques qui forment la seconde courbe en S de croissance durant la surchauffe des ordinateurs personnels de bureau.

Vous pouvez trouver des exemples dans votre propre secteur industriel. Cherchez simplement ces deux phases d'innovation et d'expansion des courbes en S. Etudiez les segments porteurs du passé qui semblent ralentir ou arriver à maturité — approchant la phase de 90 à 100 % sur la courbe en S. Cherchez les innovations complémentaires qui donnent naissance à la seconde courbe en S. N'oubliez pas que vous pouvez suivre la trace de la nouvelle croissance de la courbe en S si vous pouvez trouver le point de pénétration du marché fatidique des 10 %. Vous trouverez cette seconde courbe en S dans sa phase de développement ou d'innovation au moment où l'ancienne courbe en S est au plus fort de sa phase de surchauffe. Si vous maîtrisez les principes de la courbe en S et du cycle de vie des produits, vous verrez pratiquement toujours la croissance et les débouchés là où les autres ne voient que maturité et stagnation.

Voici deux exemples brefs :

Le prêt-à-porter de marque Dans l'industrie du vêtement, nous avons vu apparaître une courbe en S claire et radicale dans les années 70, correspondant à la mode des créateurs. Moyennant un certain prix, vous pouviez vous offrir un vêtement griffé conférant un prestige flatteur pour l'ego. Nous avions donc tous les signes classiques de l'émergence d'une nouvelle courbe en S : des prix à prime, une croissance constante dans le temps, un créneau spécialisé parfaitement délimité. Mais à la fin des années 80, les marchés des revenus supérieurs sont devenus saturés et la croissance s'est ralentie. Nous avons commencé à voir une certaine surchauffe dans ce secteur industriel.

Récemment, toutefois, nous avons également clairement vu émerger une nouvelle courbe en S. Les nouvelles lignes de vêtements du prêt-à-porter de marque. La figure 9-4 illustre le rapport entre les deux courbes.

Les créateurs reprennent leurs modèles haut de gamme et les rendent abordables en utilisant des tissus moins coûteux et en réduisant la main-d'œuvre. Cela crée un nouveau marché porteur visant la haute bourgeoisie ou les passionnés de la mode. Dans la seconde phase du boom, vous pouvez vous attendre à voir le prêt-à-porter de marque connaître une croissance encore plus importante que celle de la haute couture dans les années 70 et 80.

Courbes en S de la mode

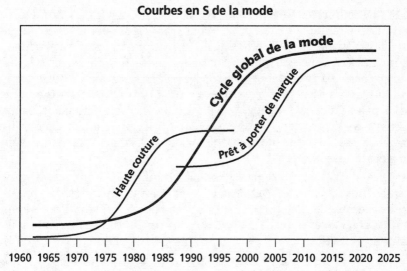

Figure 9-4. *Chevauchement des courbes en S de la haute couture et du prêt-à-porter de marque*

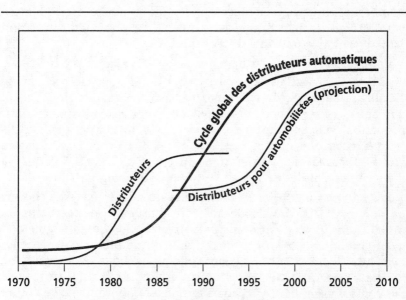

Figure 9-5. *Le cycle de vie de l'industrie des distributeurs automatiques indiquant le rapport entre la première et la seconde génération de distributeurs*

Les distributeurs automatiques Au début des années 70, les jeunes citadins aisés de la génération du baby boom ont commencé à utiliser les distributeurs automatiques de leurs banques. Ces machines sont passées dans leur phase d'expansion de 10 à 90 % entre la fin des années 70 et le début des années 80. Les consommateurs trouvaient qu'il était plus pratique de se servir au distributeur que d'aller au guichet. De plus, à la fin du mois, il est nettement moins gênant de demander 100 F en espèces à une machine qui ne vous regarde pas avec un sourire moqueur que de rédiger un chèque pour payer un litre de lait.

Que s'est-il passé dans la première moitié des années 80 aux Etats-Unis lorsque les distributeurs ont commencé à arriver à maturité? Comme la courbe en S aurait permis de le prévoir, nous avons vu émerger une nouvelle courbe en S — celle des distributeurs pour automobilistes.

En 1993, les distributeurs pour automobilistes aux Etats-Unis approchent du point fatidique des 10 % de pénétration du marché. Nous pouvons donc voir — mieux que la plupart des experts — que c'est le seuil vers la prochaine phase d'expansion rapide. De nombreux industriels pensent que les distributeurs accessibles en voiture constituent un créneau spécialisé arrivé à maturité et présentant un faible potentiel de croissance.

Préférez-vous parier sur les experts ou sur les courbes en S?

Si l'on en croit l'histoire, mieux vaut opter pour la courbe en S. J'ai lu les enquêtes de consommation. Elles indiquent clairement que de larges segments de la population sont intéressés par les distributeurs pour automobilistes. Lorsque les deux types de distributeurs existent dans un même endroit, ceux qui sont accessibles en voiture font état d'une utilisation supérieure de 20 à 100 %. Là où il y en a, les gens les utilisent. C'est tout ce qui compte!

Les banques intelligentes découvrent, de même que les fabricants de pneus à structure axiale ont pris conscience de la valeur du radial, que ces machines représentent bien plus qu'un simple créneau spécialisé. Les distributeurs pour automobilistes attirent les meilleurs clients et sont largement plus utilisés que les autres. Il est inévitable que leur coût diminue. La courbe en S et la dynamique des coûts nous indiquent que nous sommes au bord d'une explosion de croissance des distributeurs accessibles en voiture. Pour les investisseurs malins et les entreprises rusées, il est évident qu'il y a un débouché intéressant à saisir.

Comme je l'ai dit, la courbe en S s'applique non seulement aux produits et services, mais aussi aux tendances sociales et autres. Voyons donc maintenant certaines de ces tendances sociales qui modèleront le comportement des consommateurs et le développement des produits dans les années 90.

Tendances des courbes en S sociales qualitatives

Souci de l'environnement. Nous ne pouvons pas accepter la croissance sans tenir compte de l'environnement. Dans la tête des consommateurs ce souci va devenir une grande priorité. L'environnement deviendra une énorme industrie. Du recyclage aux équipements permettant de contrôler la pollution en passant par la volonté d'utiliser des produits tels que la fausse fourrure et les atomiseurs ne contenant pas de flurocarbones, cette tendance va s'accentuer. Elle a clairement commencé vers la fin des années 80 et continuera de progresser tout au long du boom. Les électeurs exigeront de plus en plus de législation pour protéger l'environnement. Les entreprises trouveront des moyens pour minimiser leur impact sur l'environnement. Les entreprises intelligentes profiteront de cette tendance.

Les compagnies pétrolières, par exemple, verront la demande de pétrole et les prix baisser. Pourquoi ne se considéreraient-elles pas comme les principales concernées par le mouvement d'épuration de l'environnement ? Dans le passé, l'industrie pétrolière a été la plus polluante du monde. On peut arguer du fait que ce n'était pas la faute des industriels, mais des consommateurs qui demandaient des produits pétroliers. Mais les temps ont changé. Maintenant, l'environnement est devenu une importante préoccupation — et par conséquent un débouché. Les compagnies pétrolières ont acquis une certaine expérience dans le domaine de l'épuration, une expérience acquise « accidentellement ». Etant donné que l'épuration écologique est similaire à l'exploration — c'est-à-dire qu'elle requiert des compétences géologiques, des dépenses de capitaux élevées et une analyse précise des risques — je pense que ce domaine connaîtra une croissance beaucoup plus importante que l'énergie solaire.

L'éducation. La nouvelle génération conformiste, empreinte de civisme, née dans les années 80 et 90 sera la génération la mieux éduquée de l'histoire en raison des préoccupations de leurs parents issus de la génération du baby boom. Tout le monde s'accorde généralement à dire que le système actuel n'est pas satisfaisant. Avec la réduction des dépenses militaires, le budget de l'éducation deviendra la grande priorité des électeurs. L'éducation évoluera certainement vers davantage de choix, de pouvoirs locaux et de dynamisme. Les produits et services des industries liées à l'éducation prospéreront. Les programmes éducatifs alternatifs et les programmes privés seront de plus en plus intégrés dans les écoles publiques.

Grande migration vers les zones de faible urbanisation ou les petites villes. Après la dernière grande révolution économique, nous nous sommes déplacés vers les banlieues. Cette fois, nous nous déplacerons vers les petites villes pour des raisons de sécurité, de qualité de l'environnement, de meilleure éducation et de quartiers plus intimes. Ce mouvement entraînera des problèmes d'infrastructure et de fiscalité dans les grandes villes et certaines zones périphériques. Des centaines de villes florissantes souffriront de la croissance. Cette tendance affectera tout, du logement à la construction commerciale en passant par les pouvoirs politiques et les petits détaillants.

La réforme de la santé. Les patients deviennent plus intelligents. Cette courbe en S est clairement sur le point de démarrer. Il y a deux raisons fondamentales à l'augmentation vertigineuse des coûts de la santé : premièrement les méthodes et les équipements de pointe coûteux, utilisés au nom de l'acharnement thérapeutique. En d'autres termes, nous nous sommes encore une fois servis de la novotique pour préserver l'ancien système qui consistait à soigner plutôt qu'à prévenir, et ce à n'importe quel prix.

Deuxièmement, les procédures inutiles : les opérations et les solutions coûteuses, des pilules miracles à l'ablation d'organes.

La prévention et les différentes formes de médecine douce vont s'accroître — de l'acupuncture à la physiothérapie et au nutritionnisme en passant par la médecine par le sport.

Dans l'ensemble, nous aurons un choix plus vaste et les patients assumeront davantage leurs responsabilités en matière de santé. Les médecins et autres praticiens appartenant au corps médical joueront

davantage le rôle de conseillers auprès de leurs patients. Ils les aideront à comprendre le corps, le système immunitaire et les différentes solutions envisageables afin qu'ils puissent choisir les soins
les mieux adaptés à leur cas. Mais surtout, nous verrons les gens
apprendre à prévenir la maladie et les problèmes de santé au lieu de
se contenter de se soigner une fois les premiers symptômes déjà
apparus.

Au fur et à mesure que la prévention et les médecines alternatives
se répandront, les polices et les caisses d'assurance couvriront peu à
peu ces pratiques. Les allopathes et les praticiens des médecines
nouvelles aligneront leurs méthodes et se mêleront dans des institutions qui offriront ce qui se fait de mieux dans tous ces domaines.
Nous avons déjà vu et nous verrons encore davantage de produits
et services permettant l'auto-diagnostic, mis à la disposition des
malades en consultation externe, à proximité de leur domicile ou de
leur bureau, ou carrément sur place.

Rapprochement du lieu de travail. Il doit être évident à la lumière
des énormes menaces qui pèsent sur l'environnement et de nos préoccupations actuelles que nous devons changer la nature du travail ainsi
que l'éternel allongement des trajets nous séparant de notre lieu de
travail. Ajoutez à cela les contraintes de temps croissantes que doivent
supporter les ménages dans lesquels les deux conjoints travaillent.
Nous devons reconnaître que nous pouvons utiliser de nouvelles technologies afin de rapprocher le lieu de travail des travailleurs et réduire
les trajets inutiles. Ceci se fera de nombreuses manières :

- Déplacement de services entiers dans les bureaux des quartiers où les gens veulent habiter — en banlieue et dans les
  zones d'urbanisation réduite. Ce qui réduira les frais généraux des entreprises et fera gagner du temps aux salariés qui
  réduiront également leurs coûts de transport.
- Possibilité à davantage de salariés, notamment en ce qui
  concerne les services de vente et de clientèle, la maintenance
  et la technique ainsi que tous les professionnels mobiles, de
  travailler directement de chez eux.
- Relocalisation des grands bureaux dans les petites villes et les
  banlieues moins coûteuses, plus pratiques pour les salariés.
- Offre accrue des services tels que la consultance, le management, les communications et la vente par l'intermédiaire des
  télécommunications permettant un contact visuel et une interaction sans déplacement.

Naturellement, les déplacements et les trajets ne pourront être totalement éliminés car il sera encore parfois nécessaire d'établir un contact direct, personnel et humain. Cela veut dire que nous allons concevoir davantage de produits destinés à réduire les stocks et le déplacement des biens matériels, en personnalisant ces produits grâce aux logiciels ou aux puces ou en effectuant les dernières étapes de production directement chez le détaillant — autrement dit sur le terrain. Chaque fois que cela leur sera possible, les gens se déplaceront autrement qu'en voiture ou en avion.

En tant que conférencier, je voyage toutes les semaines et j'attends avec impatience le jour où les communications vidéo interactives seront économiquement rentables. Je pourrai alors joindre ou consulter mes collègues travaillant au siège social, répondre à leurs questions et entretenir une parfaite interaction avec mes interlocuteurs.

Cette tendance signifie à terme que le secteur routier et aérien ainsi que le secteur énergétique finiront par stagner, en dépit des énormes tendances au développement favorisées par le boom. Nous devons simplement réduire le mouvement des biens et des personnes et, naturellement, le faire de manière à accroître les biens et les services et le style de vie des consommateurs. C'est justement ce qui va se passer.

Evolution du mouvement des femmes   Les débouchés et la participation des femmes vont considérablement s'accroître au cours des prochaines décennies. Nous verrons le mouvement des femmes entrer dans une seconde phase qui sera beaucoup plus efficace et propulsera les femmes dans la participation active à tous les niveaux, aussi bien sur le plan professionnel que dans la vie privée.

En fait, cet exemple illustre parfaitement le fait qu'il faut une phase d'innovation et une phase de croissance pour que la tendance d'une nouvelle courbe en S se confirme véritablement. Le mouvement des femmes est représenté sur la figure 9-6.

La première courbe en S du mouvement des femmes correspond à la période durant laquelle les femmes se sont attaquées à la société phallocrate, y compris aux systèmes juridique et social. Les femmes ont dû lutter pour faire tomber les barrières en matière de promotion, de salaire, d'accès, etc. Et, bien sûr, nombre de ces barrières existent encore.

Les femmes ont largement réussi à faire prendre conscience de leur situation à la société. Les questions telles que la concurrence

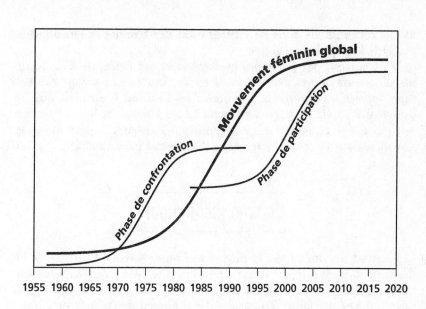

Figure 9-6. Courbes en S du mouvement des femmes

masculine sur le lieu de travail, le fait de se partager entre la maison et la carrière leur ont posé de nombreux problèmes de conscience. Aujourd'hui, elles savent plus précisément ce qu'elles attendent de la vie et de leur rôle au sein de la société. De nombreuses femmes veulent maintenant être libres de choisir de rester à la maison. Plus nombreuses encore sont celles qui veulent continuer à mener une carrière intéressante et lucrative sans avoir pour autant à subir la concurrence, les conflits et le harcèlement sexuel imposés par les hommes sur le lieu de travail.

Une nouvelle vague se profile déjà à l'horizon avec toute une série de bestsellers et d'idées. La loi sur le harcèlement sexuel, l'annonce de la contamination de Magic Johnson par le virus du sida ont largement contribué à sensibiliser les hommes aux problèmes des femmes et de la sexualité. Maintenant qu'ils sont davantage conscients de l'impact qu'ils ont sur les femmes au travail, les hommes se montrent davantage disposés à prendre ces problèmes fondamentaux en mains. Je pense que le mouvement des femmes va prendre un nouveau tournant. Il sera moins dirigé contre la gent masculine et plus orienté vers la promotion de la femme.

Les dirigeants appartenant à la génération du baby boom seront moins réticents vis-à-vis de l'intégration des femmes et des minorités dans la population active.

Mais surtout, les pratiques managériales des entreprises du futur nécessiteront de nouvelles compétences. Les cadres seront davantage appelés à entourer et à soutenir les salariés. Il est clair que ce nouveau style de management favorise les femmes et leur approche naturelle des choses. Cela contribuera d'ailleurs à nous donner l'avantage sur la concurrence dans l'économie personnalisée.

L'ultime melting pot

Les Etats-Unis ont connu le plus grand mouvement de lutte pour la défense des droits civiques. Les émeutes de Los Angeles en mai 1992 démontrent que les Américains ont encore beaucoup à faire dans ce domaine. Toutefois, il y a moyen de considérer l'amélioration des conflits raciaux comme un autre investissement qui rapportera beaucoup dans l'économie personnalisée mondiale.

Tout comme avec le mouvement des femmes, il est fort probable que les Américains assistent à une seconde phase de lutte pour la défense des droits civiques. Les minorités vont commencer à tirer parti de leurs forces, de leurs compétences et de leur participation et chercher à communiquer de manière agressive. Entre-temps, le reste de la société américaine doit apprendre à embrasser les ressources de ces diverses cultures qui défendent férocement leur indépendance. Cette diversité donnera aux Américains un avantage certain sur les cultures plus homogènes telles que les cultures japonaise et allemande, car elle leur permettra d'attaquer sur de nombreux marchés de dimension internationale.

Restructuration du commerce de détail

Dans son livre intitulé *The Popcorn Report* (Doubleday Currency, 1991), Faith Popcorn nous dit que nous devons nous attendre à voir se dessiner trois grandes tendances dans le commerce de détail. Je suis d'accord avec elle sur les thèmes suivants :

Livraison à domicile. De nombreux produits et services de base vont se rapprocher de la maison par le truchement de la livraison rapide — il est même fort possible que nous assistions à un retour du système de commande permanente tel qu'il existait autrefois pour le lait et le pain. Les méthodes développées par les sociétés comme DHL, Chronopost, Federal Express, dans le secteur de la livraison du courrier et des paquets, seront adoptées par un autre segment de la livraison à domicile. Vous verrez des spécialistes travailler pour le compte de nombreuses entreprises locales et un temps de réponse beaucoup plus rapide dans le secteur de la vente par catalogue. Les grands détaillants développeront leurs propres capacités pour assurer les livraisons sous 24 heures. Ne soyez pas surpris si votre épicier passe à la nouvelle ère économique en revenant au système d'antan : l'épicerie livrée à domicile. Nous avons déjà assisté au retour du laitier à l'ancienne mode. Alors pourquoi pas les vêtements, les articles divers, les livres et autres produits de supermarché ? Pour beaucoup d'entre nous, se faire livrer rapidement — et virtuellement sur-le-champ ! — est la plus grande des priorités.

Spécialisation des marchands locaux. Ces entreprises fourniront un service de proximité hautement personnalisé là où cela s'avérera nécessaire — habillement spécialisé, services commerciaux, restaurants spécialisés, bars de proximité, services de restauration, etc. En d'autres termes, partout où nous avons besoin de services personnalisés, ces produits et services seront dominés par les petites sociétés locales, dans la mesure du possible. Les magasins et les services pouvant fournir une touche personnelle rendront la vie plus agréable à la plupart d'entre nous. Par conséquent, nous continuerons à voir surgir de nouvelles courbes en S et fleurir une grande variété de produits spécialisés, d'entreprises de vente par catalogue, de services locaux et de chaînes nationales.

Les grands détaillants interactifs. Ces magasins développeront la démonstration des produits afin d'en favoriser la vente en recourant à l'animation. Contrairement aux grands magasins, la plupart des petits magasins ne peuvent pas s'offrir l'équipement nécessaire à ce genre de démonstration, ni un stock suffisamment important pour assurer une livraison immédiate.

C'est dans cette direction que les centres commerciaux vont commencer à évoluer. Les grands magasins pourront effectivement faire la démonstration des produits qui ne sont pas de première nécessité. Ils fourniront aux consommateurs le moyen de mieux choisir parmi les produits et les services sophistiqués et coûteux, tout en leur offrant un divertissement. Les familles seront ravies, car le travail et les trajets leur laissent finalement assez peu de temps libre.

L'essentiel ?

Dans n'importe quel secteur commercial, notamment en ce qui concerne le secteur de la consommation, l'astuce consiste à suivre l'explosion démographique de la génération du baby boom. Chaque fois qu'elle prend cinq ans de plus, ses habitudes psychologiques, sociales et consommatrices subissent d'énormes changements. Nous avons déjà connu la mode BMW-Rolex, lorsque les enfants du baby boom ont commencé à s'intéresser à la vie de famille et aux choses matérielles. Aujourd'hui, ils ne cherchent plus à impressionner leurs patrons ni leurs collègues en étalant leurs signes extérieurs de richesse comme ils le faisaient au début de leur carrière. Les entreprises doivent cibler les marchés qui se développeront en rapport direct ou indirect avec les besoins de la tranche d'âge des 35/45 ans et de leurs enfants âgés de 1 à 10 ans.

Si vous analysez sérieusement la pyramide des âges, le schéma de croissance des courbes en S et les tendances qualitatives de base générées par la révolution individualiste de la génération du baby boom, vous ne pouvez pas passer à côté des marchés porteurs des années 90.

Ces tendances qualitatives affecteront profondément la forme que prendra bientôt l'économie. Elles sont tellement importantes que je consacre le chapitre suivant aux conseils qui vous permettront d'adapter vos stratégies commerciales à ces tendances afin de prospérer dans la nouvelle économie.

10

Les stratégies commerciales des années 90

La lutte acharnée pour les marchés grand public

TELEX

Tenez-vous prêt à recevoir une bonne, mais aussi une mauvaise nouvelle. Commençons par la bonne : la nouvelle économie fournira suffisamment de marchés porteurs à la fois pour les nouvelles sociétés et les entreprises solidement implantées qui pourront développer la qualité et les segments personnalisés du marché. La mauvaise ? Les petites et les grandes entreprises se livreront une lutte acharnée pour conquérir ces marchés en proposant des produits grand public.

Les trois segments de marché fondamentaux toutes branches industrielles confondues

Chaque branche industrielle peut être divisée en trois segments de base : le segment de la qualité haut de gamme, le segment du discount et le segment de la qualité standard. Afin de les différencier, j'attribue à chacun un code couleur correspondant aux couleurs des jetons que l'on utilise pour jouer au poker : le bleu, le rouge et le jaune. Les jetons bleus sont généralement ceux qui ont la plus grande valeur. Les rouges ont une valeur inférieure à celle des bleus. Quant au jaune, il correspond aux jetons blancs qui auraient jaunis en vieillissant et présentent donc une valeur en perte de vitesse.

Le secteur bleu. Il s'agit des entreprises de premier ordre. Le secteur bleu regroupe les sociétés d'une industrie spécialisées dans la qualité haut de gamme, le sur mesure, le service personnalisé et la rapidité du temps de réponse et de livraison. Il y a de fortes chances pour que ces sociétés se soient développées assez récemment, dans un environnement dynamique, sous l'égide de chefs d'entreprise créatifs ayant opté pour une approche différente de la clientèle. Dans la branche du commerce de détail, on peut citer Nordstrom (une chaîne américaine de grands magasins réputée pour la qualité de son service) comme exemple type de société bleue. En France, si l'on établissait une liste des constructeurs automobiles de cette gamme, BMW et, plus récemment, Lexus devraient y figurer. L'avenir appartient aux entreprises qui répondent à ma définition du secteur bleu. Les sociétés qui rendront leur qualité abordable sur le marché de la consommation courante connaîtront la plus grande réussite.

Le secteur rouge. Il s'agit des entreprises qui ont bien marché dans le passé, mais qui seront légèrement en perte de vitesse dans le futur. C'est le segment du discount. Ces sociétés ont considérablement progressé par rapport aux firmes jaunes, spécialisées dans la qualité standard, en pratiquant des prix réduits tout en améliorant la qualité et le service. Naturellement, elles ont pris des parts de marché aux entreprises jaunes. Dans le secteur du commerce de détail, Carrefour est un parfait exemple de société rouge. Toyota est un excellent exemple de constructeur automobile rouge. Ces sociétés ont bien marché dans les années 80, car elles ont réussi à revitaliser les industries jaunes standardisées et arrivées à maturité. Dans les années 90, elles devront s'adapter à la génération individualiste, sinon elles finiront par voir leur croissance ralentir dans les pays occidentaux. Il leur sera également possible de délocaliser leurs unités de production dans les pays en voie d'industrialisation et, par conséquent, prêts à se lancer dans l'économie standardisée.

Le secteur jaune. C'est le secteur des produits grand public de qualité standard. Les entreprises jaunes sont des sociétés vieillissantes. Ces sociétés en perte de vitesse, positionnées dans des industries arrivées à maturité, se sont développées grâce au principe de la chaîne de montage qui caractérise l'économie standardisée. Elles reposent probablement sur une structure hiérarchisée et relativement bureaucratisée. Comme nous l'avons vu au chapitre 4, ces entreprises perdront du terrain dans la nouvelle économie personnalisée. Dans le secteur de la vente au détail, on peut qualifier Prisunic de société jaune. Dans le secteur de l'automobile, nous avons le choix parmi les trois grands constructeurs. Les sociétés jaunes appartiennent au passé; seules les entreprises capables de passer à des stratégies rouges survivront dans le futur.

Il vous suffira de quelques instants de réflexion seulement pour identifier les segments bleu, rouge et jaune de nos industries les plus connues. Naturellement, vous pourriez trouver d'autres segments à l'intérieur de ces différentes branches industrielles. Au sein du segment bleu de l'industrie automobile, par exemple, tous les consommateurs ne recherchent pas nécessairement la même qualité. Si je vous dis Mercedes, Cadillac, Porsche, BMW, Volvo, Renault, Peugeot, Citroën, vous imaginez immédiatement des acheteurs ayant des personnalités différentes. (Je pense que la voiture fournit l'un des meilleurs moyens d'identifier les différents groupes de consommateurs en fonction de leur mode de vie. La voiture et l'habillement sont probablement les deux types d'achat par le biais desquels le consommateur manifeste son mode de vie). Même chez Mercedes, la gamme comprend des modèles pratiques, comme la 190, des berlines de luxe et de séduisantes sportives comme la 500 SL. mais ne faisons pas trop de distinctions pour l'instant. Vous devez simplement comprendre que tous les secteurs industriels présentent des segments bleu, rouge et jaune. A vous d'identifier les subdivisions à l'intérieur de ces différents segments. Parmi tous ceux à qui j'ai enseigné mon système, beaucoup l'ont aujourd'hui intégré dans leur vocabulaire commercial, car il décrit parfaitement la situation.

Au cours du temps, vous avez certainement constaté que le rapport entre ces trois segments s'était quelque peu modifié, peut-être sans même vous en être rendu compte. Afin uniquement de vous mettre sur la voie, voici un tableau sur lequel figurent, à titre d'exemples, quelques noms d'entreprises françaises.

Les segments porteurs bleu et rouge représentent le début d'une ultime restructuration du secteur jaune d'une branche industrielle — une restructuration qui donnera naissance à de nouveaux

Bleu	Jaune	Rouge
Printemps	Samaritaine	Carrefour
BMW, Mercedes	Fiat	Renault, Peugeot
Häagen Dazs	Quick, Freetime	Courtepaille
Roche Bobois	Ikea	Conran's shop
Hewlett-Packard	Atari	Apple
DHL	La Poste	Chronopost
Méridien, Concorde	Novotel	Campanile
Philips, Sony	Thomson	Akai
Muples, Kenzo	Hechter	Naf Naf
Relais et Châteaux	Club Méditerranée	Nouvelles Frontières

Figure 10-1. Exemples des segments bleu, rouge et jaune que l'on retrouve dans tous les secteurs industriels

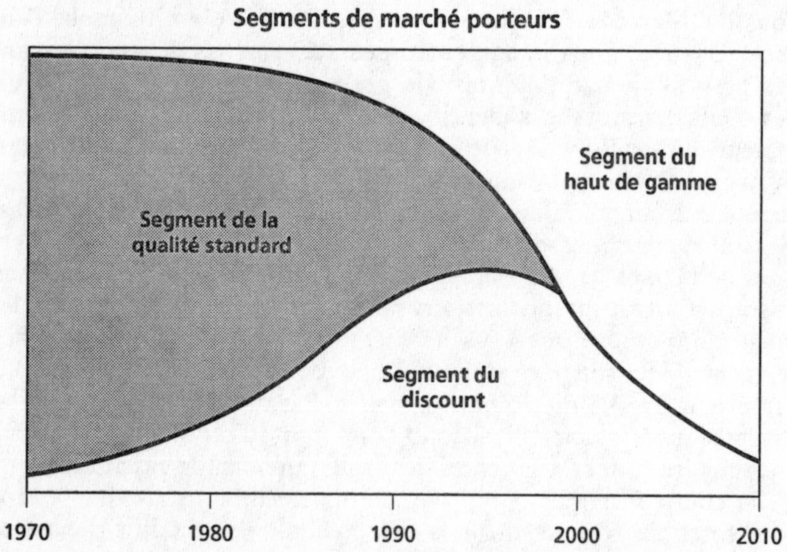

Segments de marché porteurs

Figure 10-2. Avenir des trois segments tous marchés confondus

gagnants et perdants au cours de la prochaine décennie. La figure 10-2 illustre les résultats que donnera ce processus.

Comme vous pouvez le constater, le segment jaune standardisé sera totalement évincé de la plupart des marchés d'ici la fin du siècle. Cela ne veut pas dire pour autant que toutes ces entreprises sont condamnées à mourir. Mais cela signifie qu'elles devront opérer une restructuration ou une réorganisation par rapport aux autres segments. C'est le segment rouge du discount qui s'est le plus largement développé dans le passé — mais, comme l'indique l'évolution prévue par la courbe en S, ce sont les entreprises bleues de la qualité haut de gamme qui connaîtront la plus forte expansion à l'avenir, car le coût de la qualité va rapidement baisser. Les segments bleus commenceront à dominer la plupart des industries dès la fin de la prochaine période d'expansion. En fait, cela veut dire qu'ils formeront bientôt les prochains segments jaunes, ou de qualité standard, car la qualité haut de gamme d'aujourd'hui représente la qualité standard de demain. Comme nous l'avons dit précédemment, ce phénomène s'est répété tout au long de l'histoire.

Haut de gamme ne signifie pas forcément technologie de pointe

La plupart des entreprises arrivées à maturité appartiennent au segment rouge. Mais beaucoup se demandent si elles constituent réellement le segment bleu de demain. Toutefois, je n'ai pas vu une seule industrie dans laquelle il n'y ait pas au moins un segment bleu sur le point d'émerger. Voici deux exemples de segments haut de gamme s'établissant sur les marchés traditionnels arrivés à maturité les plus invraisemblables :

Installations sanitaires. Apparemment il existe une entreprise qui vend des meubles et accessoires de salles de bain en matière plastique de haute technologie, présentant le double avantage d'être à la fois esthétiques et anti-graffitis. Les grands hôtels et autres établissements de marque acceptent de payer deux à trois fois plus cher pour avoir ce type d'équipement et renforcer leur image de marque. Pensez-vous que les installations en métal peint ont une chance de se maintenir lorsque le prix de ces équipements de pointe aura baissé ? Aucune.

Les salles de gymnastique « Fitness » aux équipements sophistiqués. Sur ce marché, l'entreprise Gymnase Club a réussi à esquiver
la crise. D'une année sur l'autre, son chiffre d'affaires a bondi de
53 % pour atteindre 330 millions de francs en 1992. Son secret?
Avoir cherché à répondre à la demande d'une clientèle plus soucieuse de sa santé que de son tour de biceps. D'où la présence de
nombreux instruments de mesure personnalisés, mis à disposition
des adhérents de Gymnase Club, et qui permettent à chacun de
tester sa forme, de construire avec l'aide d'un moniteur un programme sur mesure, adapté à ses possibilités.

Qu'est-ce que tous ces segments haut de gamme en pleine expansion ont en commun?
    La qualité haut de gamme, le choix, le sur mesure, un temps de
réponse et de livraison rapide et un service personnalisé, les caractéristiques de l'économie personnalisée.

La révolution individualiste revisitée

Les caractéristiques de la génération individualiste sont essentielles
pour comprendre la dynamique de la révolution des segments bleus.
    La principale préoccupation de la génération Charles Trenet,
tournée vers l'extérieur, et de Georges Pompidou se résumait ainsi :
« Comment puis-je m'adapter au système et l'améliorer en travaillant de l'intérieur. Comment puis-je faire partie de l'équipe et
contribuer à faire avancer les choses dans notre société ? »
    La génération du baby boom a davantage tendance à dire :
« Attendez une minute. Qu'ai-je envie de faire ? Dans quel domaine
suis-je le meilleur ? Le plus productif ? Quel mode de vie aimerais-je
avoir ? Comment puis-je modifier les institutions pour parvenir à ce
que je veux ? » Ces membres de la génération des innovations radicales préfèrent ne pas s'adapter aux méthodes conformistes traditionnelles. Ils s'attacheraient plutôt à modifier le système afin qu'il
corresponde à leurs valeurs. C'est une démarche dynamique et
créative.
    Ce changement d'attitude est simple, mais important. A part cela,
les gens sont les mêmes. Ils veulent toujours des maisons, des voi-

tures, de l'argent, du bonheur, une vie privée, des enfants (même si le nombre désiré a baissé) et des conditions de vie agréables dans un environnement sain et propre. Mais le changement d'attitude et la supériorité numérique de la génération du baby boom entraîneront d'importantes transformations sur le plan économique, lorsqu'elle atteindra l'âge de consommation maximale et parviendra aux postes les plus hauts dans les entreprises.

Tendances individualistes Voici les grandes tendances individualistes qui nous feront passer d'une économie de marchés de masse à une économie reposant sur de nombreux marchés hautement segmentés. Attendez-vous à l'évolution suivante :

Du coût à la qualité des biens et des services. La génération du baby boom apprécie la qualité et est prête à la payer lorsque cela lui paraît important.

De la vente agressive à la vente en douceur. Impossible de faire avaler n'importe quoi à un individualiste. Vous devez l'aider à faire le bon choix dans ses achats en lui fournissant des informations précises — et lui donner l'impression que c'est lui qui a pris la décision.

De « méfiez-vous du vendeur » à « méfiez-vous de l'acheteur ». Il est peu probable que l'individualiste accepte des produits et des services de qualité médiocre ou d'être traité de manière impersonnelle. Il attend des entreprises et des producteurs qu'ils prennent en compte ses besoins, de la sécurité à la fiabilité. Il attend des entreprises qu'elles communiquent de manière honnête avec lui. S'il pense qu'il a été induit en erreur ou victime d'une négligence, il n'hésitera pas à exiger un dédommagement — que les tribunaux lui accorderont probablement volontiers.

Du conformisme à l'individualisme. Cette tendance se manifestera aussi bien chez les salariés que chez les clients. Les entreprises qui entretiennent l'esprit d'initiative et l'innovation seront celles qui profiteront le plus de cette tendance. Les entreprises qui donnent une touche personnelle dans le soin qu'elles portent aux clients réaliseront d'énormes profits.

Du dirigisme à la participation. Il est fort probable que les salariés de la nouvelle race insistent pour être davantage consultés et impliqués dans les décisions qui les concernent.

De la centralisation à la décentralisation des entreprises. Il faudra réduire la bureaucratie afin de satisfaire aux besoins individuels des consommateurs. Si chaque consommateur devient un marché, chaque salarié deviendra une unité entreprenante ou commerciale.

De l'éthique du travail à l'éthique des loisirs. En disant cela, je sais que les gens vont penser que le pays est en pleine décadence. C'est faux. Le fait de parler d'une éthique des loisirs ne veut pas dire pour autant que les gens sont paresseux. Cela signifie qu'ils seront davantage motivés par un travail plus créatif, plus stimulant et qui leur plaît que par un travail monotone et routinier.

De la satisfaction matérielle à la satisfaction liée à l'expérience. Les consommateurs individualistes veulent apprendre, acquérir de l'expérience et tirer des produits et des services plus qu'une simple satisfaction matérielle. Les salariés recherchent la satisfaction personnelle dans leur travail.

Cette liste sommaire devrait vous mettre en garde contre le fait que nous allons connaître un changement radical — ce qui fonctionnait ne fonctionnera plus. Ce changement d'attitude exige plus qu'une simple amélioration dans les efforts produits pour répondre à l'attente des consommateurs. Il demande un bon en avant dans le domaine commercial, si ce n'est un renversement total des tendances habituelles.

> Ce qui compte, c'est que cette génération est tellement importante sur le plan numérique qu'elle a le pouvoir d'achat nécessaire pour influencer le résultat des luttes de concurrence du futur. Les enfants du baby boom vont également occuper de plus en plus les postes de décideurs dans le milieu des entreprises et de la politique.

Les entreprises qui se spécialisent actuellement dans de nouveaux créneaux mettent pratiquement toujours l'accent sur une ou plusieurs caractéristiques de la génération du baby boom, afin de se distinguer et de pratiquer la vente à prime. Par conséquent, tout segment porteur cohérent qui teint compte de ces caractéristiques est pratiquement certain de se maintenir à long terme et ne constitue ni une lubie passagère ni un créneau limité.

Pour moi, le principe de base est le suivant : la révolution créative des années 70 et 80 s'est opérée en douceur, mais la révolution qui est sur le point de se produire fera beaucoup plus de bruit et s'accélérera au sortir de cette récession. Il sera bientôt évident pour tous, sauf pour les observateurs qui continueront à ne pas l'admettre même lorsqu'elle supplantera l'économie jaune standardisée, qu'une économie bleue favorisant le haut de gamme est en train de se former sur la base de l'économie rouge du discount. Cette économie basée sur la première qualité repose essentiellement sur le sur mesure. Nous sommes en train de passer de l'époque des produits standards à l'époque des produits et des services personnalisés de première qualité. Ce mouvement a démarré lorsque les marchés de la grande consommation sont arrivés à maturité dans les années 60, nous sommes ensuite passés aux marchés segmentés dans les années 70, pour finalement nous installer dans le marketing des créneaux spécialisés dans les années 80.

Alors comment appeler le marketing des années 90 ? Le marketing individualisé. Chaque client représentera un marché. Et comment cela va-t-il se faire ? Grâce à l'une des plus grandes forces des Etats-Unis, un domaine dans lequel ils sont leaders à l'échelle mondiale : le logiciel personnalisé.

Chaque client représente un marché
— la personnalisation grâce au software

Les tendances sociales dont j'ai précédemment parlé sont telles que les consommateurs commencent déjà à exiger la qualité, le sur mesure, la réponse rapide et le service personnalisé. Ces demandes sont transmises le long de la chaîne du consommateur aux entreprises industrielles et commerciales à tous les niveaux d'interaction. Comme nous le verrons dans le chapitre suivant, il est inévitable que tous les aspects commerciaux soient affectés par le changement, parce que cette même génération qui réclame ce genre de choses occupera bientôt les postes à haute responsabilité des entreprises.

Les nouvelles technologies micro-informatiques ont été développées pour permettre aux entreprises de satisfaire aux besoins individuels à des coûts de plus en plus réduits. Les sociétés de pointe ont reconnu le pouvoir et le potentiel des nouveaux logiciels. Les nouvelles conceptions permettant une meilleure utilisation du matériel et des logiciels informatiques favorisent l'accroissement de l'utilité, de la personnalisation et des performances des produits. Il ne faudra pas longtemps pour que l'économie entière soit contrainte de porter la même attention au consommateur. Même si rien d'autre ne compte, ce sont ces entreprises de pointe qui profiteront de cette tendance, car elles domineront les marchés les plus importants.

Vous verrez que, dans l'ensemble, tous les secteurs commerciaux s'orienteront vers le software et les facteurs intangibles permettant d'accroître la valeur ajoutée des produits et des services alors que, dans la même période, le hardware et les facteurs tangibles se développeront de moins en moins. Dans le secteur des micro-ordinateurs, l'ordinateur lui-même — le matériel — se standardise de plus en plus et les coûts baissent également de plus en plus. En fait, la plupart des consommateurs ont seulement besoin d'un ordinateur de bureau ou d'un bloc-notes à un prix raisonnable. A côté de cela, ils peuvent dépenser d'énormes sommes à l'achat de différents logiciels et autres périphériques spécifiques. Le fait est que le software représente le moyen de personnaliser en réduisant la quantité et le coût des facteurs tangibles dans l'équation.

> Il arrivera un moment où vous pourrez vous offrir un ordinateur qui vous durera 20 ans pour moins de 1 000 francs. Vous pourrez alors dépenser des milliers de francs en logiciels afin de personnaliser et de gagner de l'argent dans votre activité professionnelle et votre vie privée. Si vous êtes dans une branche spécialisée dans le matériel, si vous ne vous servez pas de l'informatique pour améliorer la conception, la communication et autres facteurs intangibles, tels que le marketing et le service, vous rencontrerez probablement des difficultés au cours du boom.

Cette analogie software-hardware peut en fait être appliquée à tous les produits et services de toutes les fonctions commerciales. Tout produit ou service plus intangible, servant à personnaliser ou à augmenter les options proposées aux consommateurs est comparable au software. Tout produit ou service représentant un élément standardisé tangible est comparable au hardware. Les fonctions commerciales intangibles telles que la recherche et le développement, le marketing, la promotion, la gestion et le service clientèle sont plus comparables au software. Ce sont les secteurs qui vont croître dans les entreprises. Tous ce qui concerne les matières premières et le matériel, autrement dit les fonctions telles que la production et les achats, vont continuer à décroître.

Prenez, par exemple, les implications de la tendance à l'informatisation de la gestion commerciale. Cela veut dire que vous pouvez littéralement programmer la réussite de votre entreprise. Le franchisage en est un parfait exemple. Il suffit au chef d'entreprise d'analyser les facteurs clefs de la réussite dans un secteur typiquement familial, puis de programmer cette information dans le logiciel de gestion que représente l'accord de franchise. Ce type de programme commercial a progressivement gagné tous les secteurs familiaux simples et atteint un taux de réussite de 90 à 97 %. Alors que lorsque l'entreprise est uniquement gérée en fonction des instincts de son propriétaire, ce taux ne s'élève qu'à 10 à 20 %. Voilà ce que signifient innovation et productivité.

Les entreprises qui apprennent à se servir des nouvelles technologies et des nouvelles méthodes de gestion se classeront au premier rang sur les grands marchés de la qualité haut de gamme. Et n'oubliez pas ce que l'histoire nous a enseigné en matière de novotique : ce qui semble théorique ou trop coûteux aujourd'hui deviendra inévitablement concret et moins onéreux demain grâce aux technologies nouvelles, dont la courbe des coûts finit toujours par retomber.

Les puces électroniques de premier ordre

Voici l'exemple d'une entreprise que j'ai vue passer du système traditionnel standardisé à l'informatisation. Ce simple exemple d'une petite société illustre toutes les implications concernant l'avenir de la personnalisation.

L'un de mes clients fabriquait des arbres à cames pour les voitures haute performance. Si le client, généralement propriétaire d'un modèle haute performance ancien, voulait tirer 30 à 40 chevaux supplémentaires de son moteur, il payait mon client 100 à 200 $ pour un arbre à cames haute performance et près de 600 $ de main-d'œuvre pour la pose, car il fallait déposer le moteur.

Mais les temps ont changé. Les acheteurs de modèles récents ne peuvent tout simplement pas acheter un arbre à cames tout fait, car l'ordinateur de leur voiture ne le reconnaît pas et ne peut pas l'utiliser correctement.

Alors mon client a décidé de s'informatiser davantage. Afin de modifier les puces utilisées dans les moteurs, il a fait appel à des experts en informatique et a découvert qu'il était possible d'isoler les éléments de ces circuits intégrés qui permettaient d'améliorer les performances des arbres à cames standard. Il a également découvert qu'il pouvait modifier la puce afin d'augmenter les performances du moteur.

Naturellement, ces trouvailles ont ravi mon client. Il a mis au point un système permettant d'adapter les puces de tous les modèles de voiture. Il a même amélioré la conception de la puce d'origine et réussi ainsi à gagner entre 20 et 30 chevaux de puissance supplémentaire sur les voitures standard. Ses clients sont pour le moins satisfaits puisqu'il leur suffit désormais de débourser environ 120 $, ce qui vaut vraiment le coup si l'on considère qu'il faut compter 800 $ pour 30 à 40 chevaux. Et le client peut installer lui-même la puce sans démonter le moteur.

Ce produit pourrait finalement être vendu en magasin et devenir ainsi un produit totalement sur mesure, fourni avec un service personnalisé et rapide. Comment y parvenir ? C'est simple.

Vous mettez tous vos modèles de puce dans l'ordinateur central de votre bureau principal. Puis, dans le magasin, vous installez une machine peu coûteuse permettant de dupliquer un modèle de puce à la fois. Vous vous équipez ensuite d'un modem, ce qui permet aux ordinateurs de communiquer à distance par l'intermédiaire des lignes téléphoniques. Pour finir, vous utilisez un simple logiciel et vous gérez vos affaires à distance.

Résultat ? Les gérants des magasins peuvent accéder à toutes les demandes de leur clientèle. Ils n'ont plus besoin de gérer des stocks, puisqu'il leur suffit d'avoir une petite réserve de circuits de base. La machine leur permet ensuite de fabriquer la puce demandée sur mesure et de fournir sans délai un circuit intégré personnalisé.

Le client installera sa puce en cinq minutes.

Ce système supprime toute la chaîne de distribution. Plus besoin d'entrepôts, de camions, de service logistique. Il suffira d'un personnel réduit pour s'occuper de la comptabilité, des formalités et de la facturation. Le stockage en entrepôt ne sera plus qu'un mauvais souvenir. Lorsqu'il y aura pénurie de main-d'œuvre, au cours des prochaines décennies, le personnel et les ouvriers employés aux activités indirectes pourront être relocalisés dans des fonctions les plaçant en contact plus ou moins direct avec la clientèle.

C'est l'économie bleue en action. Ce qui implique un profit plus important, un nombre réduit d'intermédiaires et, surtout, une relation directe avec le client. Autrement dit, les commerciaux peuvent consulter chaque transaction pour connaître le type de voiture, l'adresse, l'âge et les habitudes de consommation du client et tirer parti de ces données pour leur future stratégie de marketing.

Manifestement, peu de gens auraient su prévoir que quelque chose d'aussi matériel que les accessoires liés à la performance automobile permettraient un jour d'ouvrir la voie à l'informatisation. Mais n'oubliez pas que l'apparition du microprocesseur dans les moteurs de voiture représente le facteur clef des changements intervenus dans cette industrie. Tôt ou tard, votre secteur d'activité connaîtra un changement similaire — si cela n'est pas déjà fait. La première question que vous devriez vous poser est de savoir si l'ordinateur a déjà fait une incursion, imperceptible, dans vos produits et services. Nous verrons finalement tous les produits et services se convertir aux principes de l'informatisation intensive de l'économie personnalisée. Alors gardez les yeux ouverts.

Deuxièmement, vous devriez vous demander comment faire pour passer de l'une à l'autre.

Stratégies de survie

Sur la base de ce que je vous ai dit à propos de la restructuration de l'économie et du réalignement de l'ordre économique mondial, les changements qui interviendront au cours de la prochaine période d'expansion sont incontournables. Par définition, le boom est en fait par lui-même une période de transformation spectaculaire. Dans les années 80, la tendance était au développement des créneaux spécialisés proposant des produits ou des services de première qualité à prix majorés. La tendance des années 90 est au développement des produits de première qualité à prix réduits — rendant le luxe abordable pour la haute bourgeoisie et, finalement la bourgeoisie, en créant une économie bleue.

Voyons maintenant chacun des trois secteurs de l'économie actuelle, en commençant par le segment jaune. Sans vouloir exagérer les choses :

Les entreprises jaunes devront changer ou mourir

Dans le nouvel ordre économique, les entreprises vulnérables sont les sociétés traditionnelles appartenant au segment jaune standardisé. Pour elles, il s'agit maintenant de se hisser sur les segments bleu ou rouge. En effet, ce sont ces deux types d'entreprises qui formeront l'économie bleue, dans laquelle il n'y a pas de place pour les jaunes.

> La situation est terrible pour les entreprises jaunes. L'alternative se pose en ces termes : changer ou mourir. Quelle que soit la solution choisie, il leur faut agir. Et rapidement.

Les entreprises jaunes doivent avant tout évaluer la situation. Voici la question que doit se poser la direction de toute entreprise standardisée : est-il trop tard pour pratiquer le discount et devenir une entreprise rouge ? Si la réponse est oui, vous pouvez vous préparer à vendre votre entreprise ou à quitter votre branche d'activité — nous aborderons cette issue dans la solution numéro 2. Si la réponse est non, passez à :

La solution jaune numéro 1. *Se restructurer pour devenir une entreprise rouge* N'essayez pas de passer au segment bleu du haut de gamme. Dans l'ensemble, il est inutile de viser les marchés bleus si vous ne parvenez pas déjà à rivaliser avec les entreprises rouges sur vos propres marchés. Vous devez donc d'abord devenir rouge, parce que c'est là où vous rencontrerez le moins de résistance et parce que — d'après le système hiérarchique des entreprises mis au point par mes soins — cette catégorie est plus proche de la jaune que la bleue. Si une entreprise jaune peut investir dans l'humain, l'organisation et la technologie, il lui est tout à fait possible de rattraper ses concurrents rouges.

Cela s'est déjà vu. Prenons l'exemple du secteur de la pizza. Aux Etats-Unis, Domino a réellement ébranlé Pizza Hut. En réaction,

Pizza Hut s'est lancé dans la livraison à domicile et le système du drive-in. La société est en train de reprendre du terrain par rapport à Domino, qui a été contraint de licencier du personnel.

> Si, par quelque miracle, une marque comme Chrysler survit au cours du prochain boom, ce sera parce qu'elle aura procédé à une restructuration qui l'aura totalement transformée.

On peut dire que, depuis le décès de Ray Kroc, McDonald est devenue une société jaune. Bien qu'elle soit sur le point de se faire dépasser aux Etats-Unis par Taco Bell, il n'est pas encore trop tard pour qu'elle s'adapte au secteur rouge et applique les stratégies exposées plus loin. La firme General Motors se trouve à un tournant décisif de son existence, mais il n'est absolument pas trop tard pour qu'elle devienne la grande survivante des marques d'automobiles grand public. Je pense que deux choses peuvent contribuer à faire passer GM du segment jaune au segment rouge. D'une part la gravité de la récession permettra sans doute à la direction de procéder plus librement à des coupes sombres dans le système bureaucratique de l'entreprise. Depuis mai 1992, nous avons déjà assisté à de grandes opérations de restructuration, y compris la mise en vente d'importantes parties de la société lorsque cette dernière a cherché à se consolider au moment critique de la récession.

> D'autre part, nous assisterons probablement à la fusion des firmes GM et Chrysler au cours de la récession, car Chrysler doit lutter pour survivre dans ses dimensions actuelles, mais a un avantage sur le plan du développement de nouveaux produits, dont GM pourrait profiter grâce à ses systèmes financiers et son marketing plus solides. En fait, si GM subit le même niveau de réorganisation au cours de cette récession que Iacocca a réalisé chez Chrysler au cours de la récession du début des années 80, à long terme, GM pourrait devenir un compétiteur mondial sérieux.

Ces compétiteurs jaunes et leurs homologues doivent décider s'il est trop tard pour se restructurer et retrouver suffisamment d'influence pour devenir un concurrent rouge. Et s'il n'est pas trop tard, c'est la seule stratégie possible. Si vous êtes dans le secteur jaune, essayez de passer au rouge. N'envisagez même pas le segment bleu.

S'il vous est impossible de viser le rouge, passez à :

La solution jaune numéro 2. *Vendre tant qu'il en est encore temps*   S'il
est trop tard pour restructurer, l'entreprise jaune n'a plus qu'à se
résigner à vendre tant qu'il lui est encore possible de sauver une
partie des meubles. Aux Etats-Unis, lorsque la direction de Sears se
rendra finalement compte qu'il lui est impossible de battre Wal-
Mart et autres, elle devra aller trouver ses concurrents et leur suggé-
rer chapeau bas : « Ecoutez, nous avons des magasins, des actifs et
une clientèle. Ne pourrions-nous pas envisager une joint venture ?
Accepteriez-vous de nous racheter ? Nous ne vous ferions pas payer
plein tarif. Ne voudriez-vous pas au moins racheter nos magasins
de pneus et autres accessoires auto, notre chaîne de bricolage
Craftsman ou notre chaîne d'électro-ménager Kenmore ? Ou pourquoi pas reprendre nos magasins, les réaménager et élargir votre
part de marché ? »

Comme Firestone, qui s'est fait racheter par Bridgestone, Sears
devra tôt ou tard admettre qu'elle ne peu pas y arriver. Firestone
n'avait aucune chance. Même Bridgestone n'a pas réussi à remettre
l'entreprise sur pied, tellement sa situation est désastreuse. Si elle ne
change pas du tout au tout, Sears connaîtra le même sort.

Accession des entreprises bleues
aux marchés de la consommation courante

Vous supposez sans doute que les entreprises positionnées sur un
créneau spécialisé, ces sociétés dynamiques et créatives, nées d'une
brillante idée élaborée par une équipe de dissidents dans les sous-
sols d'un laboratoire, sont les plus faciles à porter sur les segments
bleus de l'économie. Pas du tout. On ne compte plus le nombre de
jeunes talents qui ont créé de minuscules entreprises, sont sortis de
l'anonymat et ont prospéré sous le nez des grands qui ne voulaient
pas tenir compte de leurs idées lorsqu'ils travaillaient pour eux.
Que se passe-t-il ensuite ? Est-ce que le jeune créateur d'entreprise
parvient à chasser ses aînés hors du terrain de jeu ? Non. N'ayant
souvent pas vraiment idée de la façon de s'y prendre pour organiser
son entreprise, commercialiser ses produits et faire concurrence aux
établissements solidement implantés, il disparaît lentement — parfois même rapidement — de l'horizon.

Au cours de mon expérience, j'ai rencontré de nombreux exemples de créateurs d'entreprise incapables de gérer leur affaire une fois sortis des sous-sols de leurs laboratoires. A titre de contre-exemple, on pourrait citer Henry Ford, qui a inventé la chaîne de montage et essayé de gérer son entreprise comme un fief personnel. Lorsque, comme il se l'était imaginé, l'automobile a fini par devenir un produit de consommation courante, GM était devenue une marque courante aux Etats-Unis. Comment? GM a innové en instaurant une méthode de gestion systématique et hiérarchisée dans les années 20. Son système d'organisation fonctionnelle lui a permis de produire la voiture la mieux gérée et la mieux commercialisée du monde. Voyons maintenant les possibilités dont disposent les innovateurs pour exploiter leur potentiel bleu, tandis que la courbe en S progresse vers la consommation courante.

Possibilité bleue numéro 1. *Passer au créneau spécialisé supérieur*

Cette stratégie s'adresse aux entreprises déjà implantées sur les marchés de la qualité haut de gamme. C'est la possibilité la plus dangereuse et éventuellement la moins rentable lorsque les entreprises rouges commencent à envahir votre créneau exclusif. Passer à un créneau encore plus spécialisé revient à dire que vous ne voulez pas entrer dans le jeu de la concurrence acharnée avec un nouveau compétiteur rouge comme Lexus. Vous préférez occuper une niche plus élevée et plus restreinte avec l'espoir de parvenir à augmenter vos marges bénéficiaires. C'est exactement la stratégie que Porsche et BMW ont adoptée depuis que Lexus a lancé un modèle équivalent aux leurs, mais coûtant 40 000 $ au lieu de 60 000 $. Inutile de dire que les clients ne sont que trop heureux de pouvoir s'offrir le même luxe pour 10 000 à 20 000 $ de moins. C'est pourquoi BMW, avec sa série 800, et Mercedes, avec la nouvelle série S, ont maintenant l'intention de proposer des modèles de luxe à 90 000 $.

C'est une riche idée, qui va probablement marcher pendant un certain temps. Mais si vous choisissez cette solution, comme BMW, vous risquez de voir l'envahisseur refuser malgré tout de vous céder le terrain. Il est hors de question que Lexus sorte un modèle plus luxueux. La firme va faire la chasse à BMW, en sortant à nouveau des modèles de luxe équivalents pour 10 000 à 20 000 $ de moins. Dans la gamme des 60 000 à 70 000 $, la NSX d'Acura fait déjà concurrence à la BMW série 800 et aux voitures de sport 500 SL à 90 000 $ de Mercedes.

Possibilité bleue numéro 2. *Passer à de nouveaux créneaux spécialisés*

Cette possibilité consiste simplement à regarder la réalité en face et à l'accepter. En effet, les nouvelles entreprises se disent : « Nous sommes spécialisées dans certains créneaux et nous l'acceptons. Notre point fort est justement le ciblage des nouveaux marchés. Nous faisons nos affaires dans le secteur correspondant à la phase de 0 à 10 % sur la courbe en S. Nous savons comment développer des produits de pointe adaptés à ces créneaux. Cela fait, notre travail est terminé. Si nos produits gagnent les marchés grand public, nous vendons ou nous essayons d'établir une joint venture avec une entreprise déjà implantée sur ces marchés, à qui nous laisserons le soin de diriger les opérations, car nous ne sommes pas faits pour le monde de la consommation courante. »

Au lieu de chercher à s'adapter à une culture d'entreprise totalement nouvelle, ce type de société peut se contenter de s'allier les compétences d'une entreprise implantée sur le marché par le biais de la consultance. Elle peut ainsi poursuivre ses travaux de recherche et développement et maintenir son avance dans son secteur de pointe.

Mais elle peut également abandonner entièrement ses droits sur ses produits spécialisés, en les vendant ou en accordant des licences à d'autres entreprises. Et ensuite ? Naturellement, il peut s'avérer stratégique pour une entreprise de continuer à développer de nouveaux marchés correspondant à des créneaux de 0 à 10 % dans d'autres secteurs liés à sa clientèle ou à ses compétences techniques. Elle aura toujours la possibilité ensuite de vendre ses droits ou d'instaurer un système de licence. Les créateurs d'entreprise peuvent faire une carrière brillante en passant simplement de créneau en créneau.

Possibilité bleue numéro 3. *Passer aux marchés grands publics*

La troisième possibilité qui s'offre aux innovateurs consiste à opérer une conversion vers la consommation courante. Dans ce cas, le décideur se dit : « Nous avons inventé ce produit et nous dominons maintenant ce créneau. Puisque notre courbe en S progresse vers la consommation courante, nous allons nous accrocher. Nous lutterons contre les entreprises rouges qui essaient de conquérir notre part de marché. Nous entendons gagner cette bataille et dominer le marché, ou au moins un large segment. »

Lorsqu'un créateur d'entreprise décide de propulser sa société sur le segment bleu haut de gamme, il doit pouvoir se reposer sur une structure solide et une bonne méthode de gestion. Il n'a pas le choix. L'entreprise doit être en mesure de continuellement affiner son produit, d'introduire de nouvelles technologies et de réaliser des économies d'échelle plus importantes afin d'abaisser le coût de la qualité haut de gamme.

Dans ce domaine, on peut dire que Federal Express est un exemple de réussite. Fred Smith, le fondateur de FedEx a réussi à dominer ce créneau, puis à s'implanter sur le marché de la consommation courante. C'est en s'entourant d'une équipe de professionnels de la gestion, évitant ainsi à son équipe d'origine de procéder par tâtonnements, un processus très peu performant, qu'il est parvenu à ce résultat. Grâce aux entreprises internationales qu'il a acquises, il a pu se lancer sur les marchés internationaux. Désormais, Federal Express est en mesure de concurrencer UPS ainsi que d'autres grandes sociétés de ce secteur. Il est difficile de dire si cela fonctionnera ou pas. En tout cas, c'est la stratégie.

Possibilité bleue numéro 4. *S'associer à une entreprise rouge* Vous comprendrez aisément le danger que représente la possibilité numéro 3. Vous devez fonder votre entreprise, mettre en place un système de gestion et vous développer rapidement. Si vous ne réalisez pas d'économies d'échelle avant que la concurrence ne vous rattrape, vous risquez de vous retrouver rapidement en compétition avec une solide entreprise rouge. Là encore, regardez ce que Toyota a fait à BMW avec sa nouvelle division Lexus sur le segment haut de gamme de l'industrie automobile. Voyez ce qui est arrivé à la compagnie aérienne People's Express. American and United sont devenus subitement menaçants lorsqu'ils ont commencé à cibler la clientèle affaire de People's Express. Ces derniers ont eu beaucoup de mal à réagir. La petite compagnie n'avait pas la structure de gestion professionnelle et méthodique, ni les avantages stratégiques à grande échelle dont disposait American and United (le contrôle sur le système de réservation international). People's avait une structure correspondant à son esprit d'initiative. Le coup de poing frappé par le couple de géants l'a donc mis totalement K.O.

L'alliance d'une entreprise bleue, jouissant de bonnes capacités de conception de produit et s'efforçant de satisfaire sa clientèle, à une entreprise rouge tenue à distance peut s'avérer très rentable. La première devrait ainsi être en mesure d'apporter des structures de vente et de distribution ainsi qu'une capacité de production à moindre coût. Tandis que le partenaire rouge peut aider son petit associé en matière de recherche et développement fondamental, voire permettre à la petite entreprise d'accéder aux bases de données de pointe en matière de marketing et de prospection dans l'industrie. Ce type d'alliance peut permettre aux deux sociétés de gagner sur les deux tableaux : proposer des produits sur mesure et à moindre coût.

Possibilité bleue numéro 5. *Etablir une vaste alliance d'entreprises bleues* Les entreprises bleues ont également la possibilité de se développer en regroupant plusieurs petites entités. Celles-ci peuvent réaliser des économies d'échelle en se partageant la force de vente, les sites de production, le personnel d'encadrement et les laboratoires de recherche et développement. Les entreprises peuvent effectuer des économies d'échelle non seulement en exploitant au maximum un créneau spécialisé, mais également en formant une grande alliance regroupant plusieurs niches connexes. Vous voyez donc que cela fonctionne dans les deux sens. Soit les petites entreprises se rassemblent pour former une fonction de grande échelle partagée par plusieurs sociétés positionnées sur des créneaux spécialisés. Soit les entreprises disposant de fonctions à grande échelle s'allient à plusieurs petites entreprises spécialisées dans certains créneaux avec lesquelles elles partagent les avantages de ces fonctions.

Un bref exemple. L'un de mes clients, un petit éditeur spécialisé, était perplexe à l'idée des énormes coûts que nécessitait l'acheminement de ses livres tout au long de la chaîne de distribution avant d'arriver sur les étagères des libraires. Il a donc décidé de s'allier à un certain nombre d'autres éditeurs spécialisés qui rencontraient exactement les mêmes difficultés. Ensemble, ils ont mis en place leur propre système de distribution. Celui-ci permet aujourd'hui à plus de quarante éditeurs spécialisés de distribuer et de vendre leurs ouvrages attirant le même segment d'acheteurs dans l'industrie du livre. Toutes ces sociétés partagent une même force de vente. Avec leur système commun de marketing et de distribution, ils peuvent choisir de se concentrer sur un type de produit et de réduire leurs coûts d'au moins 50 %. Grâce à ce regroupement, ces sociétés disposent maintenant d'un éventail de livres suffisamment large pour intéresser un maximum de lecteurs sans, pourtant, qu'aucune d'entre elles n'ait perdu son indépendance ni son contrôle éditorial. Chaque éditeur dirige ses propres programmes de marketing et de promotion correspondant au créneau qui lui est propre.

L'alliance permet de frapper fort dans un secteur important. Ce qui n'empêche pas chaque entreprise de conserver sa petite structure et de rester fidèle à son propre créneau. En fait, le but consiste à être suffisamment gros pour pouvoir réduire les coûts, mais pas trop pour ne pas effrayer la clientèle. Souvent les très grands groupes génèrent un système trop hiérarchisé et trop bureaucratique qui éloignent les clients. Ils perdent justement l'élément qui va devenir très important dans la nouvelle économie de la génération individualiste du baby boom : la touche personnelle.

Possibilité bleue numéro 6. *Créer un créneau spécialisé à la fois* Certaines activités spécialisées se prêtent à une croissance progressive vers la consommation courante. Mettons, par exemple, que je sois un passionné de musique. J'ai découvert une maison de disques américaine, le label Windham Hill, qui réunit un certain nombre de grands musiciens s'adressant à un public commun. Lorsque je vois ce label, je sais que j'ai affaire à un disque de qualité car Windham Hill n'édite jamais de mauvais musiciens. Une fois implantée sur le créneau de la musique acoustique, la société se lance dans le domaine du jazz, qui s'adresse également à un public particulier — elle compte déjà certains amateurs parmi sa clientèle, il lui suffira d'en attirer d'autres.

Il est tout à fait possible pour une entreprise de se développer en passant d'un créneau particulier à un créneau connexe qui lui permettra de continuer à profiter des économies d'échelle qu'elle réalise déjà. Plus elle se positionnera sur des créneaux différents, plus ces économies seront grandes. Si elle parvient à réunir des centaines d'artistes répondant à vingt créneaux différents, une maison de disques pourra alors réduire le prix de vente de ses disques. Et se lancer dans la publicité grand public. Elle tiendra une place importante chez les disquaires. Elle deviendra une entreprise de premier ordre sur le marché de la consommation courante.

De nombreuses entreprises rouges se maintiendront aux premiers rangs

Quelle est la meilleure position à avoir pour faire face à la prochaine forme d'économie ?

Si mes remarques précédentes ne vous ont pas encore suffisamment renseigné, la réponse — qui sera une surprise pour beaucoup car mes prévisions vont largement dans le sens des secteurs bleus — est *rouge*. Rappelez-vous, il sera pratiquement impossible pour les entreprises jaunes de passer directement aux secteurs bleus. La plupart des entreprises positionnées dans des créneaux spécialisés développent pratiquement toujours une culture d'entreprise permettant d'innover. Mais pour passer d'un créneau spécialisé aux marchés grand public, il faut savoir changer d'attitude, de pratiques, de culture, d'organisation et de structure. Dans l'ensemble, je pense que parmi les dirigeants qui réussissent par ailleurs dans les créneaux spécialisés, peu de chefs d'entreprise réussiront à faire la transition.

L'avantage est donc aux entreprises rouges, qui ont déjà appris les techniques permettant d'améliorer leur structure et leur organisation afin de souffler la place à leurs concurrents jaunes. Comment y parviennent-elles? En adoptant les technologies les plus développées. En rationalisant la production, la distribution et la gestion. En intégrant la qualité. En offrant un service globalement de meilleure qualité. Tout cela à un prix compétitif.

Voyons les stratégies dont disposent les entreprises rouges. Toutefois, n'oubliez pas que si de nombreuses stratégies et possibilités mentionnées plus haut excluent les autres, l'entreprise rouge doit essayer de mettre en œuvre toutes ces stratégies en même temps.

Stratégie rouge numéro 1. *S'installer à l'étranger* Par définition, l'entreprise rouge est une société devenue leader dans une industrie en pleine maturité après avoir surpassé ses concurrents jaunes. Si vous êtes déjà en position de force, reportez-vous à la partie de cet ouvrage consacrée au scénario mondial. Identifiez les marchés étrangers sur lesquels vos marchandises standardisées pourront continuer à se développer et à se vendre. Tournez-vous d'abord vers les autres pays développés tels que les pays d'Europe occidentale, le continent nord-américain, la Corée et le Japon. Voyez ensuite ce qu'il en est au Mexique, en Europe de l'Est et dans les pays du tiers monde situés autour du Pacifique. En d'autres termes, cherchez la voie qui vous offre le moins de résistance, comme l'a fait McDonald. Vous n'aurez pas vraiment à faire preuve d'innovation, sauf dans la mesure où vous devrez vous adapter aux us et coutumes locaux. Développez ce qui fonctionne déjà bien aux Etats-Unis dans les pays qui n'ont pas encore trouvé leur courbe en S dans le domaine des supermarchés, de la pizza ou de la restauration rapide. Dans ces pays, un produit rouge constitue en fait un nouveau produit bleu très attrayant.

Stratégie rouge numéro 2. *Se lancer dans les marchés bleus* Les
entreprises rouges doivent pénétrer dans les marchés bleus. Elles
n'ont pas le choix, si elles veulent rester leader dans leur secteur
d'activité au cours des prochaines décennies. Les marchés bleus
vont prendre le dessus, notamment dans les pays développés tels
que les Etats-Unis et l'Europe. Dans dix à vingt ans, les marchés
bleus domineront la plupart des branches industrielles. En fin de
compte, votre part de marché dans le secteur bleu sera plus importante que les parts de marché que vous pourrez détenir dans le secteur rouge standardisé, qui finira par décliner.

Peu d'entreprises rouges ont réussi à développer des produits
bleus parce qu'elles étaient trop concentrées sur les marchés de la
grande consommation et éloignées de la clientèle haut de gamme.
Lorsque j'ai travaillé comme consultant pour un distillateur national, j'ai vu de nombreux producteurs traditionnels de scotch
essayer de cibler le marché émergeant de la qualité haut de gamme,
le marché du whisky de 12 ans d'âge, détenu par Chivas Regal.
Dans l'ensemble, ils se contentaient de faire vieillir leurs produits de
qualité standard pendant quatre années de plus. La bouteille portant l'étiquette « marque X classique », était vendue entre un et
deux dollars moins cher que le Chivas. La majorité d'entre eux ont
échoué. Les plus grandes réussites nous ont été fournies par les
marques de whisky pure malt telles que Glenlivet et Glenfiddich
qui, comme Lexus, ont commercialisé des produits de qualité supérieure à ceux de Chivas. Elles ont pratiqué des prix supérieurs à
ceux de Chivas afin de maintenir leur position sur un marché où le
prix constitue le principal facteur de positionnement, car peu de
consommateurs peuvent faire la distinction entre les différentes
qualités de scotch.

Stratégie rouge numéro 3. *Acheter pour pénétrer sur les marchés bleus*
Pourquoi une entreprise rouge devrait-elle réinventer la roue ? Pourquoi développer tous les aspects de chaque créneau, du concept en
passant par le R & D au prototype, aux tests de marketing, à l'affi-
nage, la production, la vente, la distribution et la
commercialisation ? C'est un processus onéreux qui prend du temps
— et ce n'est pas un domaine dans lequel les entreprises rouges
excellent généralement. Toyota étant ici l'exception qui confirme la
règle.

La direction des entreprises rouges doit se poser la question suivante : « Si nous sommes les meilleurs sur le marché de la grande

consommation, pourquoi ne pas nous lancer dans une joint venture ou racheter d'autres entreprises ? Pourquoi ne pas trouver des entreprises qui ont déjà un produit de pointe éprouvé et une image de marque solide sur les créneaux qui nous intéressent ? Comment pourrions-nous alors contribuer à transformer ce produit en un produit de consommation courante ? Quels avantages stratégiques avons-nous à offrir ? »

Si elle avait pu prévoir l'arrivée de Lexus sur le marché, la firme BMW aurait peut-être cherché à se rapprocher de Toyota ou de Nissan en leur soumettant la proposition suivante : « Ecoutez, nous savons ce qui va se passer. Vous êtes les constructeurs les plus performants et vous avez le meilleur système de distribution. Nous avons la meilleure conception et la plus grande clientèle sur le marché haut de gamme. Nous pourrions mettre nos bureaux d'études et nos laboratoires de R & D pour les voitures de luxe à votre disposition. Vous vous chargeriez de la production et de la distribution. Formons une joint venture. »

La société McDonald subit manifestement un ralentissement de croissance aux Etats-Unis. Si elle rachetait certains points de vente de restauration rapide gastronomique ou spécialisée et leur donnait les moyens de se développer en assurant un service et une nourriture de qualité, tout en continuant à multiplier ses restaurants dans le tiers monde...

Vous me suivez.

Macro-stratégies aux dimensions de l'économie mondiale

Au chapitre 7, nous avons exposé le scénario du boom mondial et la nouvelle répartition des puissances économiques en trois centres distincts. Le premier et le plus puissant étant formé par les Etats-Unis, pierre angulaire de l'alliance avec le Canada et le Mexique. Le second par la Communauté européenne, sous l'égide de l'Allemagne, alliée à l'Europe de l'Est et à l'Afrique du Nord. Et, enfin, l'alliance économique de l'Extrême-Orient, éventuellement dirigée par le Japon, formée par les « quatre tigres » et les pays du tiers monde du Pacifique.

Les Etats-Unis sont en train de mettre en place une économie bleue. Les industries du secteur bleu dominent car l'Amérique du Nord possède davantage de marchés prêts à recevoir les produits et les services bleus et davantage de technologies émergeant du segment entreprenant de la courbe en S. La génération américaine du baby boom se tourne vers les produits sur mesure, renforçant l'économie personnalisée. Elle finira d'ailleurs par exiger ce type de produits.

Les Etats-Unis disposent également de nombreuses industries de base dans le segment jaune standardisé pouvant s'adapter au segment rouge du discount et finalement passer au bleu — si elles manoeuvrent à temps.

> Pour les Etats-Unis l'astuce dans les années 90 consiste à former des alliances entre les secteurs industriels bleu et rouge afin de solidifier leur position de leader au sein de l'économie mondiale.

La stratégie américaine la plus efficace consiste à allier la force des multinationales rouges développant l'esprit d'innovation et ayant conscience du fait que les marchés du secteur bleu sont en pleine expansion. C'est la stratégie qui leur assurera la suprématie sur l'Europe et le Japon. Ces deux régions disposent de secteurs multinationaux solides, mais on ne peut pas dire que le Japon manifeste un esprit d'entreprise particulièrement dynamique et le secteur émergeant en Europe n'est pas aussi solide ni aussi développé que celui des Etats-Unis. C'est leur atout majeur.

Les entreprises américaines devront prendre conscience du fait qu'il leur faut exploiter leurs forces en intégrant les entreprises rouges dans l'économie bleue. Wal-Mart est le leader du commerce de détail mondial, par exemple, et Merck est passé maître dans le domaine des produits pharmaceutiques et de la biotechnologie. Les Américains detiennent toujours la première place dans le secteur informatique, grâce à IBM, même si la firme montre actuellement quelques signes d'affaiblissement. Ce pays a besoin d'alliances entre ses entreprises rouges et bleues afin de continuer à dominer tandis que le secteur bleu poursuit son expansion. Et naturellement, IBM est contraint de s'allier à des entreprises comme Apple afin de consolider sa position sur le marché.

Le Japon, qui était rouge à l'origine, cherchera à former des joint ventures afin de pénétrer sur les marchés bleus en rachetant des firmes nord-américaines et européennes. Il sera difficile pour les Japonais de développer seuls des entreprises spécialisées dans certains créneaux, puis de les transformer en entreprises bleues, car leur culture ne favorise pas l'esprit d'initiative, mais plutôt le travail d'équipe et le conformisme. Certes, Lexus est un candidat sérieux sur le marché de l'automobile haut de gamme. Mais c'est une exception ; la construction automobile reste encore une industrie tellement axée sur le matériel qu'elle ne permet pas énormément de personnalisation.

L'Europe, en grande partie jaune, voudra probablement former des joint ventures avec les firmes japonaises afin de tirer parti de leur savoir-faire en matière de conversion du jaune au rouge. Les Européens, trop souvent coincés par leur éthique artisanale, devront investir dans les meilleures technologies possibles afin d'être performants dans le secteur des produits standardisés à moindre prix. C'est le seul moyen dont ils disposent pour passer à l'économie bleue. Les entreprises européennes jaunes et rouges devront également se tourner vers les entreprises bleues américaines pour établir des joint ventures et pénétrer sur les marchés personnalisés en expansion. Leurs entreprises bleues aussi devront chercher à s'allier aux entreprises bleues des Etats-Unis.

Pour les entreprises qui envisagent sérieusement les alliances ou les options suggérées ici, il n'est probablement pas de meilleure période que la période actuelle de récession mondiale. Les récessions font prendre conscience des réalités à toutes les entreprises. Nombre d'entre elles vont probablement commencer à envisager ce type d'options, plus qu'elles ne le feraient en période moins difficile. Et, naturellement, le marasme favorise l'accès aux produits ou aux actifs des bonnes entreprises à des conditions très intéressantes.

La tendance aux alliances stratégiques de tout type se poursuivra, car les entreprises se réorganiseront afin de satisfaire à la demande complexe de l'économie personnalisée, des salariés et des consommateurs de la génération du baby boom et de relever le défi sur les marchés internationaux. Mais ce sont les meilleures entreprises, et non pas les meilleurs produits, qui gagneront la bataille sur les nouveaux marchés au cours de la période d'expansion à venir. Dans le chapitre 11, nous survolerons la vague d'innovation logistique qui marquera cette période de prospérité sans précédent.

11

Réinventer l'entreprise

La courbe d'organisation annonce l'apparition de nouvelles structures d'entreprise

---

TELEX

Les anciennes pratiques managériales qui consistaient à exercer un contrôle hiérarchisé par l'intermédiaire d'une bureaucratie pesante sont dépassées. La nouvelle économie personnalisée exige que les entreprises articulent leur organisation au plus près de la clientèle, telle celle que les nouveaux dirigeants ont été les premiers à mettre en place. La compétitivité commerciale se traduira non plus par la qualité des produits mais par la qualité des systèmes de livraison, ce qui implique que l'innovation logistique sera le terrain de bataille le plus important. Les leaders de la prochaine grande période de prospérité seront ceux qui n'auront pas attendu d'y être contraints pour opérer les changements qui s'imposent.

La courbe des générations revisitée

Dans ce chapitre, j'introduis un nouvel outil, la courbe d'organisation, l'élément final de la courbe des générations. Elle représente le changement de pouvoir qui résultera de l'arrivée des membres de la

Courbe de la génération du baby boom

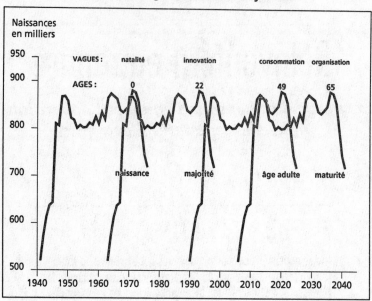

Figure 11-1. La courbe d'organisation des enfants du baby boom indique le moment où cette génération prendra le pouvoir et restructurera les entreprises

génération du baby boom aux postes de direction dans les entreprises américaines.

Avec la vague d'organisation, le tableau est complet — et d'une élégance toute simple. La première des quatre vagues nous indiquait simplement la forme de la courbe de natalité d'une génération. La seconde décrivait l'influence exercée par les innovations de cette génération sur l'économie. La troisième indiquait le formidable impact de la consommation d'une génération. La quatrième représente les répercussions du pouvoir.

Une fois qu'ils occuperont les postes de direction dans les entreprises, les enfants du baby boom feront face à la nouvelle économie — et ils apporteront de nouvelles solutions basées sur leur histoire et leur expérience entièrement différente. Les entreprises seront obligées de passer à de nouvelles formes d'organisation. Longtemps après le boom, les transformations structurelles resteront au centre des préoccupations des chefs d'entreprise soucieux de demeurer compétitifs. La génération du baby boom adoptera finalement des structures correspondant à ses compétences, ses technologies et ses priorités en matière de mode de vie après des décennies passées à essayer de s'adapter au système hiérarchisé de la génération précédente. Beaucoup ont fui vers les petites entreprises dynamiques et créatives ou ont créé leur propre entreprise.

L'histoire nous donne quelques informations sur le pouvoir. Tout d'abord, les jeunes ont certainement conscience de la nécessité du changement de pratiques managériales. Mais le pouvoir est entre les mains des plus âgés. Par conséquent, la révolution technologique n'est immédiatement suivie d'une forte augmentation de productivité. Les entreprises doivent d'abord changer pour s'adapter aux nouvelles technologies. Naturellement, ce changement n'intervient pas avant que la nouvelle génération ne prenne le contrôle de la structure du pouvoir. Quand à la seconde chose que nous apprend l'histoire à propos du pouvoir — le changement est incontournable, car la génération du baby boom fera bientôt adopter ses propres valeurs aux conseils d'administration et autres organes de direction. A l'horizon 1995, les enfants du baby boom représenteront 75 % de la population active américaine (et 85 % en France). Nous commencerons alors à voir les postes directeurs plus souvent occupés par un enfant du baby boom que par un membre de la génération précédente. Les technologies du baby boom continueront à gagner les marchés grand public et l'économie continuera à évoluer vers le sur mesure.

Lorsque les enfants du baby boom seront dominants au sein de la classe dirigeante entre 1995 et 2010 environ, nous assisterons à une révolution virtuelle dans la structure et la gestion des entreprises. On peut difficilement sous-estimer les répercussions de cette restructuration. Elle consiste à passer de la standardisation à la personnalisation, des méthodes managériales hiérarchisées à des structures dynamiques et à une prise de décision plus proche de la clientèle.

Le look des entreprises dynamiques dominantes

La nouvelle vague d'innovation en matière d'organisation est particulièrement visible dans les entreprises spécialisées dans certains créneaux qui commencent à conquérir les marchés grand public. Généralement, ces entreprises mettent l'accent sur :

- la prise de décision sur le terrain et une organisation axée sur le consommateur
- l'élimination ou l'automatisation des tâches de bureau intermédiaires
- l'auto-gestion et les structures favorisant la libre entreprise
- les systèmes informatiques en temps réel pour les communications et les contrôles précis
- la concentration sur le domaine stratégique dans lequel elles excellent, en sous-traitant tout le reste à des partenaires ou des revendeurs stratégiques
- les alliances stratégiques avec des entreprises possédant des compétences complémentaires
- un style de management davantage axé sur le soutien. Il ne s'agit plus uniquement de donner des ordres et de dicter la manière dont le travail doit être effectué

Ces entreprises se caractérisent par un environnement de travail hautement stimulant, un service personnalisé et des produits sur mesure, permettant un apprentissage rapide, dénotant un fort esprit d'innovation et une culture solide.

La restructuration de l'entreprise du futur s'effectuera de deux manières possibles

Evolution des entreprises nouvelles. Elles ne seront plus exclusivement axées sur les créneaux spécialisés. Au fur et à mesure qu'elles gagneront les marchés de la consommation courante, elle devront commencer à adopter l'attitude d'une grande entreprise.

Elles devront sérieusement penser à réaliser des économies d'échelle et à abaisser leurs coûts, afin de permettre aux nouveaux produits et services de pénétrer sur les marchés plus larges, tout en restant dynamiques et en mettant l'accent sur le consommateur.

Evolution des entreprises existantes. Les grandes entreprises solidement implantées se tourneront vers les marchés porteurs rentables lorsqu'elles verront le succès des entreprises dynamiques qui émergent. Au début, elles suivront leur tendance naturelle à copier simplement la technologie ou la tactique logistique de leurs petites sœurs. Mais cela ne fonctionnera pas toujours. Souvenez-vous quand aux Etats-Unis Sears s'est lancé dans le discount afin de concurrencer Wal-Mart. Cela ne pouvait pas marcher sans un changement radical.

Et vers quel type d'organisation ces deux types d'entreprises évolueront-elles? Ce que j'appelle l'entreprise du futur — ou la structure en réseau — telle qu'elle est représentée sur la figure 11-2.

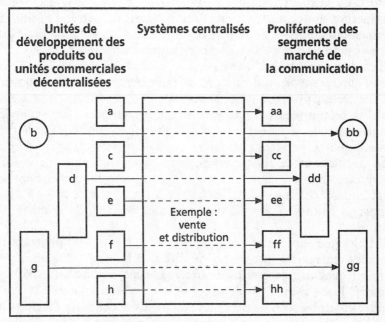

Cf. figue 11.3, tableau de ces unités et systèmes

Figure 11-2. L'entreprise du futur

Ce schéma illustre la structure qui permettra à la fois la centralisation et la décentralisation. La colonne de gauche des unités décentralisées, portant les lettres de *a* à *h,* représente les équipes de l'entreprise ou les équipes de produit spécialisées dans les segments de marché correspondant aux lettres *aa* à *hh*, offrant la meilleure personnalisation et le plus grand contact personnel. L'entreprise du futur réalisera des économies d'échelle en fournissant des services centralisés et communs à la plupart des unités et des segments de marché. La figure 11-3 illustre ces fonctions.

Cette structure permettra aux entreprises de réaliser des économies d'échelle sans pour autant sacrifier leur capacité de réponse. Les principales fonctions décentralisées comprennent de nombreuses unités autonomes, constituées par de petites entreprises. Ces dernières fournissent des produits et des services correspondant aux besoins des segments de consommateurs encore plus petits. Ces unités partagent les opérations à grande échelle centralisées, nécessaires pour réduire les coûts de la fourniture de ces segments de marché très fragmentés, où les économies d'échelle représentent encore un élément critique. Le point essentiel consiste à déléguer aux petites unités les fonctions liées à l'interface entre le produit et le consommateur — y compris la production, dans la mesure où le facteur des économies d'échelle n'y fait pas obstacle.

Les deux possibilités que j'ai mentionnées permettant l'évolution vers l'entreprise du futur ne sont certainement pas les seuls moyens de mettre en place ce type de structure. On pourrait même dire qu'elles ne représentent pas les meilleures méthodes. Car sans aide professionnelle, il est fort probable qu'une petite entreprise de type dynamique ne parvienne jamais à apprendre les techniques de gestion permettant de traiter les économies d'échelle qu'une grande entreprise maîtrise déjà. D'un autre côté, les grandes entreprises parviendront rarement — elles ont déjà souvent échoué — à développer la culture et le style que la société dynamique acquiert par nature.

Ma longue expérience en ce qui concerne à la fois les petites et les grandes entreprises me permet de dire que les deux structures présentent chacune de grands avantages, mais aussi d'énormes faiblesses. Je crois qu'il est donc inévitable qu'elles apprennent à travailler ensemble afin de tirer parti du meilleur des deux formules au lieu de continuer à se concurrencer et se mépriser. Ce sera l'un des principaux avantages dont les Etats-Unis bénéficieront dans le cadre de la nouvelle économie — cette combinaison unique de

Fonctions décentralisées	Fonctions centralisées
Développement de produit	Vente et distribution
R & D de produit	R & D fondamental
Marketing	Production à grande échelle
Publicité er relations publiques	Informatique
Etude de marché	Vision stratégique
Production	Direction stratégique
Contrôle de la qualité	Financement et évaluation
Expédition	Gestion des espaces publicitaires
Services techniques	Coordination du frêt
Acquisitions	Coordination du service

Figure 11-3. Comparaison des fonctions centralisées et décentralisées

grandes entreprises de dimension internationale et de petites entreprises dynamiques.

Les petites entreprises peuvent s'avérer très performantes dans l'exécution de certaines tâches, car elles peuvent répondre rapidement aux besoins changeants des clients. Les secteurs tels que le marketing adapté aux créneaux spécialisés, la publicité locale, le développement rapide de produits et le service personnalisé de qualité fonctionnent pratiquement toujours mieux dans les petites sociétés. A l'inverse, les grandes entreprises sont mieux adaptées pour réaliser des économies d'échelle et la standardisation correspondant aux marchés de la grande consommation. La figure 11-3 résume certaines de ces fonctions.

Affranchissement de la force de vente et du service clientèle

La nouvelle poussée dans le domaine technologique, notamment dans l'informatique, va entraîner une tendance à l'automatisation de la force de vente (AFV). L'AFV permet d'équiper le personnel de vente d'ordinateurs dont il peut se servir sur le terrain pour prendre davantage de décisions et offrir ainsi un meilleur service à la clientèle. Ce qui élimine de nombreuses tâches de bureau. Les formalités administratives sont programmées dans le logiciel du bloc-notes électronique confié au vendeur, de sorte que les informations concernant les stocks, la livraison, la facturation, etc. peuvent être directement gérées par ce dernier à partir de son point de rencontre avec le client.

La principale caractéristique de l'entreprise du futur pourrait être résumée comme suit : le vendeur ou « consultant clientèle » se déplace au domicile ou au bureau du client avec toutes les capacités de l'entreprise entière inclues dans son bloc-notes électronique. Il configure le produit ou le service en fonction des besoins du client, en établit le prix, vérifie les limites de crédit et enregistre la commande de manière très précise (contrôles et vérifications sont effectués automatiquement). Le vendeur peut donc se charger de toutes les tâches habituellement remplies par le personnel fonctionnel. Il transmet ensuite la commande directement par téléphone à une unité de production souple, de sorte que la commande peut être honorée le jour même ou dans les 48 heures suivantes. Mieux encore, le consultant clientèle fournit sur place toutes les informations requises par le client lorsqu'il s'agit d'un service de renseignements. En poussant les choses un peu plus loin, vous pouvez fournir à vos clients des logiciels leur permettant d'analyser eux-mêmes leurs besoins et passer leur commande par ordinateur, sans avoir recours à l'aide d'un vendeur.

Elimination de la bureaucratie grâce à l'automatisation

De même que la pénurie de main-d'œuvre entraînera l'automatisation de la production, l'automatisation des entreprises est inévitable. Il n'y aura tout simplement plus assez de gens pour maintenir une organisation hautement administrative et hiérarchisée. Et vos clients ne voudront pas supporter le coût de toute cette bureaucratie. Mais surtout, les enfants du baby boom ne travaillent pas très efficacement dans un environnement bureaucratisé. La bureaucratie est l'ennemie du sur mesure ! Nos petites et grandes entreprises de pointe ont prouvé qu'une entreprise est plus performante lorsqu'il y a moins de personnel administratif centralisé.

Au cours des vingt dernières années, nous avons investi dans l'automatisation pour les secteurs qui avaient le moindre impact sur la clientèle. Nous avons adopté l'ordinateur afin d'améliorer un peu les performances de notre personnel de bureau — traitement de texte, tableurs, etc. Mais nous avons peu investi dans notre personnel de vente et de service clientèle, alors que ce sont eux qui ont le plus d'impact sur la clientèle. C'est pourquoi nos investissements en informatique des années 70 et 80 ont produit un aussi faible accroissement de productivité.

> Le plus grand avantage de l'automatisation de la force de vente ne tient pas uniquement au fait qu'elle rend ces salariés clefs plus productifs en leur permettant d'offrir un service de meilleure qualité aux clients, mais au fait qu'elle élimine l'énorme bureaucratie et les coûts en aval !

La nouvelle race de dirigeants

Jusqu'à présent, la fonction primordiale des cadres consistait à superviser, autrement dit à expliquer aux employés subalternes ce qu'ils devaient faire et à évaluer leurs performances. Mais la nouvelle race de salariés individualistes refuse de plus en plus ou a de moins en moins besoin d'être supervisée. Cela ne veut pas dire pour autant que les employés prennent toujours les bonnes décisions. Mais, comme nous l'avons appris à travers le succès résonnant des économies libérales, les gens sont beaucoup plus motivés et prennent davantage de bonnes décisions lorsqu'ils sont libres d'exercer leur jugement dans leur propre sphère d'autorité.

Là où les entreprises ont osé encourager l'auto-gestion, les chiffres font état d'une formidable progression de la productivité — jusqu'à 40 et 50 %. Le principe clef est que les gens les plus proches de la clientèle sont les plus sensibilisés aux besoins de cette dernière.

Ils prennent de meilleures décisions que les responsables assis derrière leur bureau lorsqu'ils disposent des compétences et des informations nécessaires. Ce qui veut dire que les cadres doivent :

Se concentrer sur l'organisation et la formation d'équipes polyvalentes disposant des compétences nécessaires pour résoudre les problèmes techniques et les problèmes de la clientèle.

Fournir une formation, le personnel, l'information et l'évaluation des performances nécessaires.

Déléguer une grande partie de la prise de décision.

Faire savoir aux équipes qu'elles sont responsables des résultats.

Vous verrez que le nombre des cadres supérieurs et des spécialistes se réduira de lui-même et qu'il y aura davantage d'équipes de terrain davantage axées sur l'action et responsables vis-à-vis de la clientèle. Les rôles des hauts responsables changeront également. Les cadres supérieurs ne prendront plus les décisions pour les employés et les services subalternes. En revanche, ils leur apprendront à réfléchir comme des cadres et, par conséquent, à prendre leurs propres décisions. Ce qui signifie que même si nous devons déléguer, nous aurons toujours besoin de personnel disposant de compétences professionnelles et de connaissances en matière de gestion. Ils passeront davantage de temps à enseigner et à encadrer et prendront moins de décisions pour leurs subalternes.

> La vérité est que nous aurons besoin de plus de personnel d'encadrement. Toutefois, les responsables ne devront pas uniquement disposer de connaissances techniques, mais aussi faire preuve de compétences humaines. Les cadres supérieurs seront appelés à jouer un nouveau rôle en tant que superviseurs au sein d'un réseau de relations et d'alliances complexe. Ils seront chargés d'organiser les programmes de formation permettant de faire fonctionner le système. La plupart des cadres et des spécialistes exerceront leur savoir-faire plus près du terrain, où l'action aura véritablement lieu, en faisant partie des équipes polyvalentes qui prendront les décisions plus près du client.

Le secret du sur mesure

Le secret du sur mesure n'est absolument pas un secret : organisez toute votre entreprise autour de votre personnel de vente et de service clientèle, car c'est lui qui est en relation directe avec le client sur le terrain. Votre objectif doit consister à fournir le meilleur service demandé à des coûts et des prix abordables — c'est de cela qu'il s'agit dans l'économie personnalisée! Et vous ne pouvez pas vous contenter d'investir uniquement dans la force de vente pour y parvenir. Vous pouvez améliorer le niveau du service, mais souvent au prix seulement de coûts élevés — à moins que vous ne conceviez un système vous permettant d'éliminer tous les aspects bureaucratiques et les énormes coûts et délais qui vont généralement de pair.

Pour réussir, tout chef d'entreprise doit se poser la question suivante : que faire pour que l'entreprise prenne toutes les décisions au plus bas niveau possible et apporte le plus de valeur ajoutée possible à notre produit ou service sur le terrain, sans que cela entraîne un trop grand impact ou une trop grande interférence sur les services fonctionnels ?

Les directeurs généraux doivent donner à leur entreprise une stratégie et une orientation clairement définies. Ils doivent s'efforcer de mettre à la disposition de leurs employés les informations, les outils et la formation nécessaires pour prendre les décisions et fournir une réponse directe au client.

Les directeurs généraux de l'entreprise du futur doivent remettre en question toutes les décisions ou le traitement de l'information qui ne sont pas liés aux postes situés en première ligne de leur entreprise. Leur préoccupation centrale doit tourner autour de la question suivante : comment puis-je former mes employés de première ligne et leur fournir la vision et les informations nécessaires pour qu'ils prennent les décisions que je prendrais moi-même si j'étais en contact direct avec le client ? Ce qui signifie l'abandon des anciennes pratiques managériales et l'adoption d'un style laissant aux personnes travaillant sur le terrain la liberté de prendre les décisions et de commettre les erreurs qui leur permettront d'apprendre.

Ce n'est qu'une fois que vous maîtriserez la fourniture d'un vrai service de proximité, personnalisé, dynamique et humain que vous parviendrez finalement à en réduire le coût. Cela implique l'automatisation ou l'élimination de la plupart des tâches administratives, qui occupe une grande majorité de salariés! Mais cela n'implique pas pour autant une augmentation des taux de chômage, excepté durant la récession actuelle. Nous allons connaître une formidable croissance durant la fin des années 90 et au-delà. Nous aurons donc urgemment besoin de cette automatisation fonctionnelle afin de nous libérer pour accroître le nombre des emplois qui répondent plus directement aux besoins personnalisés du client. La plupart des employés de bureau devraient être encouragés à passer à des fonctions plus directes telles que la vente, le service clientèle, la conception, le marketing et la production — celles-là mêmes que le client perçoit dans l'immédiat et pour lesquelles il est disposé à payer. Cela n'est pas une mauvaise chose car cela signifie que les emplois seront plus intéressants et plus épanouissants!

Actuellement l'employé de bureau type entre les informations dans un ordinateur ou s'occupe de comptabilité. Dans l'entreprise du futur, il utilisera ses compétences techniques et sa connaissance de l'entreprise et des produits pour renseigner les clients directement au téléphone. Il se chargera de prendre et d'enregistrer les commandes par téléphone ou sur le terrain, de fixer un prix sur mesure ou de proposer une configuration personnalisée. Finalement, cela signifie que les employés de bureau doivent compléter leurs compétences techniques par des compétences humaines et apprendre à gérer les interactions avec le client — qu'il s'agisse du client final ou d'un service interne à l'entreprise.

Le besoin de compétences humaines

Pourquoi les compétences techniques seront-elles moins importantes? Nos logiciels et nos systèmes d'ingénierie vont tellement se développer que les ordinateurs se chargeront des calculs, de la paperasserie et de toutes les manipulations techniques. Sur le plan technique, tout ce que les employés auront à faire sera de savoir manipuler un ordinateur et se servir de logiciels conviviaux. Même la dactylographie ne sera plus un obstacle dans l'avenir. Nous avons déjà des ordinateurs à écrans tactiles. Et les programmes à commande vocale sont déjà disponibles à des prix abordables sur le marché des détaillants. Ces innovations informatiques feront appel aux fonctions du cerveau gauche, celles qui calculent et stockent les données. Dans l'ensemble, la plupart des choses qui font uniquement appel au cerveau gauche seront totalement automatisées au cours des vingt prochaines années.

La tâche essentielle consistera à résoudre les problèmes rencontrés par le client en utilisant les fonctions créatives du cerveau droit. Savez-vous utiliser vos pouvoirs intuitifs? Savez-vous résoudre les problèmes personnels complexes? Etes-vous sensible aux besoins du client? Etes-vous en mesure de fournir un service personnalisé? Etes-vous capable d'identifier les besoins du nouveau client, de développer et de tester de nouveaux produits afin de les satisfaire? Ces aspects font appel au cerveau droit ou aux facultés créatives, qui seront privilégiées dans l'entreprise du futur.

Ceci m'amène à une autre préoccupation importante. Certains analystes nous disent que si nous ne devenons pas des informaticiens-programmeurs ou des fous de la novotique, nous ne trouverons pas de travail dans l'avenir. Parce que les Japonais ont tant de matheux, ce sont eux qui auront le travail. J'admets que nous aurons certainement besoin d'un plus grand nombre de programmeurs, de techniciens et d'ingénieurs. Mais à l'ère de la personnalisation et du sur mesure, il me semble que nous aurons surtout besoin de savoir gérer les contacts humains. Les gens qui disposent des compétences humaines permettant de résoudre les problèmes humains au lieu d'équations mathématiques et ceux qui aiment avoir affaire avec les employés et les clients plutôt que de jongler avec les chiffres seront fortement demandés.

La principale préoccupation des dirigeants

La gestion et la motivation des ressources humaines est une question fondamentale. Il faut prendre le temps de découvrir ce qui motive vraiment chaque employé. Quels sont ses désirs profonds? En d'autres termes, les dirigeants doivent concevoir les postes et les structures autour des besoins de l'individu et de la motivation des employés au lieu d'essayer d'intégrer chacun dans un profil de poste standardisé. Un cadre supérieur doit avoir deux objectifs : d'abord embaucher des gens qui correspondent à la culture d'entreprise et deuxièmement s'assurer que chaque employé occupe le poste le mieux adapté à ses aspirations et ses compétences.

L'avenir des entreprises

Ce que nous allons voir dans le futur, c'est l'émergence de la civilisation des entreprises — dans laquelle les réseaux des petites et grandes entreprises formeront l'unité sociale et communautaire de base. Aussi différentes soient-elles, ces structures réuniront les petites et les grandes entreprises offrant une vaste gamme de débouchés professionnels. Elles seront souvent dispersées, les unités professionnelles et le centre de gestion étant localisés dans les grandes villes. Mais de nombreuses unités de vente et de service clientèle seront disséminées dans le monde entier. Et de nombreuses unités de consultants sur le terrain seront situées dans les petites villes où les salariés préféreront vivre. Tous ces segments seront connectés par un système informatique commun qui permettra à tout le monde de rester en contact avec les autres. Il tiendra tout le monde au courant de tout en temps réel. Evidemment, cela signifie que la communication sera instantanée et synchronisée. Mais surtout, cela contribuera à solidifier le concept de mission et de culture communes à toutes les unités dispersées ayant la liberté de se développer dans les cultures locales dont elles auront besoin pour leurs clients. Davantage de gens travailleront à domicile à temps partiel ou à plein temps. De nombreux services seront implantés dans les quartiers où les gens pourront être proches les uns des autres pour des raisons professionnelles et personnelles avec un temps et un coût de transport minimum.

Tournez-vous vers l'avenir, pensez l'avenir

La clef du changement dans le monde du travail consistera à s'orienter vers les objectifs définis par Stan Davis dans *2020 Vision* : « Chaque client est un marché » et « Chaque employé est une entreprise ». Nous allons voir les « Mégatendances », dont John Naisbitt a été le premier à faire état dans les années 80, s'accélérer et gagner le monde du travail et le marché plus rapidement qu'au cours des deux dernières décennies. Vous verrez des produits sur mesure fabriqués et fournis par des réseaux d'entreprises, de fournisseurs et de systèmes de gestion divers et variés hautement spécialisés et fortement auto-gérés.

A vous de trouver votre place au sein du système. Etes-vous un créateur d'entreprise, un commercial intéressé par la vente ou les services grand public, un planificateur stratégique, un spécialiste du renseignement ou un concepteur de systèmes ? Voici le type de fonctions créatives dont la nouvelle économie va avoir besoin. Les gratte-papier, les preneurs de commande et les technocrates ne seront plus de mise. Si votre poste est essentiellement administratif, il se pourrait fort bien que vous fassiez partie d'une espèce en voie de disparition.

Ai-je dit qu'il faut s'attendre à voir ces changements de structure radicaux se produire du jour au lendemain ? Non. Bien sûr que non. Le changement d'organisation ne peut intervenir que progressivement, au fur et à mesure que la génération des individualistes prend possession des postes de direction laissés vacants par la génération Chares Trenet. Et ce genre de transformations humaines et culturelles demandent forcément du temps et de la détermination.

Les entreprises de pointe, celles qui ont vu le jour lors de la révolution entreprenante des années 70 et 80, ont déjà prouvé que cela est possible. Les entreprises américaines telles que Cypress Semiconductor sont déjà passées à l'économie personnalisée. Vous pouvez également voir que les sociétés telles que General Electric et Johnson & Johnson, dirigées par des directeurs généraux progressistes comme Jack Welch et Ralph Larsen, arrivent au premier rang et repoussent les limites de l'avance technologique des grandes entreprises. Et j'ai même vu des petites entreprises régionales positionnées dans des industries très basiques faire la même chose.

N'importe quelle entreprise est capable de faire de grands progrès dans cette direction.

Certes, les changements humains sont difficiles à promouvoir. Et les changements de méthode de management axés sur la politique de non-intervention sont difficiles à accomplir, c'est pourquoi la plupart des sociétés préfèrent attendre ou opérer un changement en douceur. Les années 90 n'attendront, toutefois, pas les retardataires. Les entreprises qui lanternent paieront sans doute très cher ce retard de compétitivité. Peut-être disparaîtront-elles même carrément de l'horizon.

Les entreprises dirigées par des visionnaires tels que T. J. Rogers chez Cypress Semiconductor s'adapteront à l'économie personnalisée en développant de nouveaux savoir-faire chez les managers et les salariés. Ces compétences seront dirigées vers le passage à une gestion et une prise de décision plus proche du terrain.

Tôt ou tard, le changement opéré à la tête des entreprises et le passage à l'économie personnalisée affectera votre branche industrielle et votre secteur d'activité. Toutes les entreprises devront s'ajuster ou suivre les traces des autres dinosaures de l'économie standardisée — vous savez, ces compétiteurs jaunes tant redoutés, pourtant en pleine perte de vitesse. Le choix intelligent est celui qui permet de prendre rapidement l'avantage au cours du boom que nous allons connaître bientôt et qui s'accompagnera d'une concurrence acharnée. Le seul fait que les changements humains et logistiques soient si difficiles devrait vous permettre de prendre l'avantage si vous parvenez rapidement à appliquer ces principes dans votre entreprise. Plus tôt vous changerez, plus tôt vous aurez l'avantage sur vos concurrents. Et n'oubliez pas qu'il n'y a pas de meilleure période pour effectuer ces changements que durant la récession de 1993 et 1994.

Si les changements interviennent plus tard, ce sera lorsque la génération individualiste du baby boom arrivera dans les hautes sphères de la société économique américaine. Il est inutile de placer l'entreprise en position de danger ou d'attendre que les hauts responsables de la génération Charles Trenet prennent leur retraite. Les compétences nécessaires à la future race de cadres s'apprennent. Le principal défi à relever consiste à passer d'une structure de hiérarchie verticale à une structure favorisant la libre entreprise et l'initiative sur le terrain. C'est essentiellement dans ce domaine que les entreprises devront rivaliser au cours de la prochaine vague de prospérité.

C'est un sujet tellement vaste en lui-même qu'il nécessite qu'on lui consacre un autre livre.